学校管理及其创新策略研究

赵小勇　龚志婧　庞芸◎著

北方文艺出版社
哈尔滨

图书在版编目（CIP）数据

学校管理及其创新策略研究/赵小勇，龚志婧，庞芸著.--哈尔滨：北方文艺出版社，2024.3

ISBN 978-7-5317-6168-6

Ⅰ.①学… Ⅱ.①赵…②龚…③庞… Ⅲ.①学校管理 - 研究 Ⅳ.①G47

中国国家版本馆CIP数据核字(2024)第066403号

学校管理及其创新策略研究
XUEXIAO GUANLI JIQI CHUANGXIN CELUE YANJIU

作　　者 / 赵小勇　龚志婧　庞　芸	
责任编辑 / 刘立娇	封面设计 / 郭婷
出版发行 / 北方文艺出版社	邮　　编 / 150008
发行电话 / （0451）86825533	经　　销 / 新华书店
地　　址 / 哈尔滨市南岗区宣庆小区1号楼	网　　址 / www.bfwy.com
印　　刷 / 北京四海锦诚印刷技术有限公司	开　　本 / 710mm×1000mm　1/16
字　　数 / 324千字	印　　张 / 13.5
版　　次 / 2024年6月第1版	印　　次 / 2024年6月第1次印刷
书　　号 / ISBN 978-7-5317-6168-6	定　　价 / 78.00元

前　　言

随着社会的进步与发展，我国的学校教育正经历着一场变革与创新，对学校管理的重视程度也越来越高。而作为重点指向教育教学核心与前沿的学校管理系统的改革与创新已经成为教育共识，重建教育管理平台，优化教育管理方略，提高教育管理效能势在必行。学校管理及其创新是培养创新人才和促进学校管理的创造性的改革，是改进学校管理、提高学校教育教学质量的重要理念和方法，也是促进教育改革与学校发展的重要策略、途径和手段。其实质是对办学资源的拓宽、提升和优化组合，形成新的管理格局，以提高管理效率，促进和保障创新人才的培养。学校管理及其创新策略研究的目的不仅是给学校管理人员提供一些管理技能、技巧方面的知识，而且要赋予学校管理知识以"现代精神"的灵魂，以便让学校管理人员借助知识为建设现代社会和现代国家贡献力量。

本书是学校管理方向的书籍，主要研究学校管理及其创新策略，本书从学校管理基础理论入手，针对学校管理的基本内容与理论基础、学校管理发展与战略规划等内容做了详细介绍，另外分析了学校教育管理理念、学校组织与公共关系管理、学校人力资源与学生管理、学校课堂教学管理策略创新、多元化教育理念下的学校管理创新策略等内容；本书内容准确、结构合理，条理清晰，对学校管理及其创新策略做了全面的讲解，希望可以为从事相关专业的学者与工作人员提供参考。

本书由广西工艺美术学校赵小勇、龚志婧、庞芸著。

作者在本书的写作过程中得到了许多专家学者的指导和帮助，在此向他们表示诚挚的谢意。由于作者水平有限，加之时间仓促，书中有不尽人意处在所难免，欢迎各位读者进行批评指正，以便作者进一步修改，使之更加完善。

目　　录

第一章　学校管理基础理论 ... 1
第一节　学校管理的基本内容与理论基础 ... 1
第二节　学校管理发展与战略规划 ... 10

第二章　学校教育管理理念 ... 27
第一节　学校教育管理的多元探索 ... 27
第二节　"以人为本"的教育理念 ... 37

第三章　学校组织与公共关系管理 ... 46
第一节　学校组织管理 ... 46
第二节　学校公共关系管理 ... 50

第四章　学校人力资源与学生管理 ... 64
第一节　学校人力资源管理 ... 64
第二节　学校学生管理 ... 80

第五章　学校课堂教学管理策略创新 ... 106
第一节　课堂的有效管理 ... 106
第二节　课堂组织技术 ... 122
第三节　职业学校课堂教学管理优化策略 ... 140

第六章　职业教育管理体制机制创新 ... 147
第一节　构建新型现代职业教育体系 ... 147
第二节　职业教育管理体制与运行机制创新 ... 154

第三节　职业教育保障机制创新..170

第七章　多元化教育理念下的学校管理创新策略..................184

　　第一节　开放性教学理念下的教学管理......................................184

　　第二节　多样化教学理念下的教学管理......................................194

　　第三节　后现代教育理念下的教学管理......................................202

参考文献..209

第一章 学校管理基础理论

第一节 学校管理的基本内容与理论基础

一、学校管理的基本内容

学校管理活动是提高学校教育活动有效性的重要途径之一，科学的学校管理将为师生提供愉快的学习与工作环境。因此，什么是学校管理、谁是学校管理者、学校管理要研究什么、怎样研究学校管理等问题，是学校管理研究首先要解决的。管理是一种古老的活动，是人类社会的基本活动方式之一，它存在于现实生活之中，也存在于学校活动之中。在学校中，不仅有人们熟悉的教育活动，也有对教育活动起着、重要影响作用的管理活动。因此，随着学校教育活动的研究越来越深入，学校管理活动研究也正在吸引着越来越多的有志者参与其中。人们在思考着：怎样的学校管理活动才能使教师和学生感到幸福愉快，怎样的学校管理活动才能提高教育的有效性。

（一）学校管理的内涵

团队成员共同努力使团队更科学、更合理、更有效地完成任务的过程就叫做管理。学校管理就是学校的管理人员对学校的所有资源进行有计划、有条理的科学管理的过程，目的是贯彻教育方针、实现培养目标和提升教学质量。学校工作始终伴随着两条线来展开。第一条线是学校的教育活动，主要发生在教师和学生两者之间。教育活动是通过教育者依靠某种社会所需或者受教育者的发展情况而进行的一种教育实践活动，它的特点就是受教育者会受到直接的影响。第二条线就是学校的管理活动，其特点是受教育者会受到这一活动的直接或者间接的影响，这种活动是依靠学校的管理人员对学校教育活动进行有计划有组织的科学指导和管理来开展的。因此，对于学校而言，教育活动和管理活动显然不一样，它们都有着各自的作用。教育活动是学校实现培养目标的关键性实践活动，而管理活动是在教育活动开展过程中能够起到辅助和补充作用。可见，学校教育活动和管理活动两者同等重要，缺一不可。学校管理活动在施行过程中会出现诸多问题，因为学校管理者在此过程中会运用多种方式和手段来应对不同的学生和教师的个体，出现问题在所难免。这些问题会引发人们对学校管理的思考，启发人们寻找更全面的方法、采取更有效的措施去指引学校管理活动走向更科学、更合理的方向。

（二）研究学校管理的目的

第一，研究学校管理的目的是发现和认识学校管理规律。研究学校管理离不开对学校管理现象的认识，而对学校管理现象的认识则有助于发现和认识学校管理的客观规律。学校管理过程中出现的诸多学校管理现象，能够体现出其自身发展的内在逻辑，并且造成学校管理现象在某种程度上反复出现，同时能够反映出这些现象的变化趋势。学校管理现象不受学校管理者的态度和思想的控制，它具有稳定和呈规律的特性。因此，学校管理者可以深入分析学校管理现象的发展趋势和变化的原因，以便对其有一个科学准确的认识。当学校管理者对学校管理现象发生原因的剖析越发深入、细致时，就能够发现学校管理现象变化的客观规律，也就能够依照学校管理的本质和规律进行管理活动。

第二，研究学校管理的目的是科学规范学校管理行为。学校管理行为主要体现在三个方面：首先，学校管理者无视学校管理规律，将自己的思想凌驾于规律之上，这种管理方式是荒谬的，必须加以修正；其次，学校管理者将经验放在首位，认不清客观规律的重要性。如果是在经验的基础上做出的决定与客观规律相符，那么这样的行为没有问题，但是当经验产生的某些因素发生改变时，学校管理者仍依照经验行事，那么就会受到违背客观规律的惩罚；最后，学校管理者积极正确地认识学校管理的客观规律，根据客观规律进行管理活动，这是值得肯定和推崇的管理行为。

第三，研究学校管理的目的是发现并探索出学校管理的延伸点。人们对学校管理的客观规律的掌握并不是简单的事情，尽管许多人对学校管理现象的变化规律有一定的认识，但是却无法保证他们会自主遵循客观规律来进行学校管理活动。所以，学校管理者要采取全面科学的方法、举措对学校管理现象及客观规律进行深入分析和探究，比如：对显性学校管理规律和隐性学校管理规律的探究，对动态学校管理规律和静态学校管理规律的探究，对普通学校管理规律和特殊学校管理规律的探究，等等。通过对学校管理规律的不断分析研究，以找到其延伸点，有助于学校管理朝着更加准确合理的方向发展。

（三）学校管理与教育管理的关系

教育管理是有权管理教育的部门为实现教育目的，执行党和国家的政策和法律，采取有效的手段和措施提高教育质量与效益的活动过程。教育管理是一个范围十分广泛的社会实践活动领域，它不仅包括教育部门在其职责范围内各级各类教育的管理，而且也包括非教育部门在其职责范围内对教育事业的管理。这种管理的主体是多重的、范围是广泛的、内容是丰富的、手段是多样的。对教育管理活动，如果以其管理主体的层次作为管理范围的划分标准，那么可以将教育管理划分为以国家行政部门为管理主体的、宏观上的教育管理与以学校为管理主体的微观上的教育管理。这两个层次的管理构成了教育管理的总体范畴，宏观上的教育管理又被称为教育行政，微观上的教育管理又被称为学校管理。

在我国教育制度中，学校可因其施教对象的不同而分为实施学前教育的学校、实施初等教育的学校、实施中等教育的学校以及实施高等教育的学校；又可因其施教内容的不同而分为实施普通教育的学校、实施职业教育的学校以及对已经走上各种生产或工作岗位的从业人员实施教育的成人学校。学校管理与教育管理是从属关系，二者既有不同点，又有相同点。不同点在于：学校管理与教育管理的范围是不同的，学校管理是教育管理的一部分，其管理范围小于教育管理；相同点在于：学校管理与教育管理的目的都是通过有效的管理活动促进人的发展，管理的要素都是人、财、物、时间、空间和信息。

（四）学校管理的意义

学校管理研究不能简单地从该学科论述学校管理，那样的话会陷入视角狭隘、概念不明晰、方法不明确的困境。长期以来，相关学者对学校管理从教育学视角进行审视的比较多，缺乏从管理学视角对其进行透视。因此，对于学校管理的学习首先应该厘定其上位学科及其发展路径，这样才能从源头明确其概念，了解其含义。

1.学校管理的教育学意义

要想从教育学视角上定义学校管理，就要从源头开始梳理。中华人民共和国成立前，最早的学校管理名为学校行政。这个时期的学校管理主要采用以往沿袭下来的管理方式。当时我国的教育管理研究可以说处于同期教育研究的领先水平，特别是"教育行政"已初步形成"学科体系"，有了自己的研究对象、研究方法和概念系统。

教育学意义上的学校管理在很大程度上是以教育对象为自己的研究对象，进而对其进行相应的安排与调节。其主要研究的内容是怎么管理教育，怎么管理教学，如何研究学校管理的规律，等等。

既然学校组织的本质是教育组织，那么它对管理的要求也必然是最大可能地体现其教育性，发挥其教育影响力。换言之，学校管理的出发点，即其所要解决的根本问题，就是要保证教育活动的顺利进行。从这一点出发，学校管理活动的归宿即其所要达到的目标就是学校要最大可能地发挥教育力量、促进学生全面发展。因此，学校管理的价值追求归根结底是而且必须是其教育性。可以说，没有教育性的组织不是学校组织，不为教育的管理也不是学校管理；失去了教育性，学校及其管理也就失去了其本身存在的意义。可见，教育学意义上的学校管理更加注重学校这一教育实体，同时将教育的目的作为学校管理的出发点与立足点。

2.学校管理的管理学意义

管理学上的管理概念还没有一个清晰的界定。由于不同的相关学者关注的侧重点不同，所以管理的内涵也是各有殊异。事实上，管理学意义上的管理，首先，它是一种活动。管理必须采用活动这一具体的行动方式来开展。其次，它是一种职能活动。管理并不是一种无序的活动，而是运用各种职能组织起来的活动。最后，它是计划、组织、协调、领导、控制等一系列的职能活动。因此，学校管理在管理学意义上应该是在学校内部及其外部所进行的计划、组织、协调、控制等一系列的职能活动，该活动的具体场所是学校。当前，美国的学校管理较多地采用这一概念。管理学意义上的学校管理在我国大约开始于20世纪80年代初期，是由一批学者翻译国外专著而兴起的。

管理学思想的引入为人们全面理解学校管理提供了思想基础。可以说，20世纪80年代初期的学校管理学开始从单一的"教"转变为"管"。但是简单地照搬西方的教育管理思想是不当的做法。以西方的教育管理为理论，同时结合国内的教育发展实情，提出我国特有的学校管理理论才是根本要义。

（五）教育管理与教育行政

教育管理是指国家为贯彻教育方针，实现培养目标，而对教育系统所进行的计划、组织、控制等一系列有目的的连续活动。它包括教育行政管理及学校管理两个部分。学校管理主要的内容是学校管理体制、学校管理过程和方法、学校思想政治工作、教学、科研、生产劳动、体育卫生、人事、保卫、总务、财务以及其他各项工作的管理等教育行政，亦称"教育行政管理"，其定义为，国家对教育事业的组织、领导和管理，以及承担对国民教育的义务和实现教育目标，由各级教育行政机关负责。其主要内容有贯彻教育方针，推行教育法令，拟定教育规章，编制教育计划，审核教育经费，任用教育人员，视察、指导和考核所属教育行政单位和学校工作。

其实教育管理本身不是目的，而只是一种手段。教育管理的目的归根结底是保障全体公民的受教育权利，并为实现国家的教育目的，促进社会教育事业的发展创造条件。教育管理的外延与内涵是明显大于教育行政的。教育行政是教育管理中的一部分，也就是说教育行政是一个从属概念，而教育管理除了包括教育行政管理之外还包括学校管理。从具体关注点来看，教育行政的内容更多的是站在一个领导全局的高度，制定相关的政策法规并对其进行执行与监督等。可以认为教育行政是同教育国家化紧密联系在一起的，是现代国家行政职能扩大化的产物。相对来说，它是从一个宏观的视角来进行管理，从总体上对全部的教育事业发展所进行的规划和协调，以求达到最佳效果。而教育管理的另一层面——学校管理更加关注微观的层面。它服从于宏观管理，其目的在于充分发挥校内人力、财力、物力诸因素的作用，利用校内外各种有利条件组织和领导学校全体成员，有效实现学校教育目标。

（六）学校经营与学校行政

学校经营与学校行政从其字面意义上，可能看不出很大的区别。仅有的差异可能仅仅体现在"经营"与"行政"两个词义不同上。通过研究发现，两者之间的差异不仅仅是用词的不同，其理论基础也有着显著的差别，也就是说这两个概念的确立是建立在不同的学科基础之上的。

学校经营更多的是从经济学的理论基础出发，结合教育机构（学校）的环境条件，合理配置教育资源，以实现学校效益最大化，最终实现教育目标。其更多的理论来源于上位学科——教育经济学。而学校行政则不同，它从政治学、管理学的理论基础着眼，将更多的思想源于教育行政学这一上位学科。它是为了实现教育目标，对教育事业进行组织、领导和管理的一种活动。它更偏重于宏观层面的指导，而学校经营更倾向于微观的"执行"。另外，这两者的历史发展时间也是不同的。学校行政在隋唐时代就已经形成，它是与当时大一统中央集权的政治领导体制相适应的。而学校经营是在计划经济体制向市场经济的转型过程中产生的。社会的迅速发展使外来的思想冲击着原有的落后的教育理念，人们逐渐认识到教育尤其是学校教育不能仅仅依靠国家管理，它要适应市场经济的需要，必须要有一个思想的突破，即学校在某种程度上也是可以被"经营管理"的。

学校行政的概念相对来说比较少见，因为教育行政的外延往往包括了学校行政。但是仔细分析后会发现这两者还是有区别的。学校行政单指学校这一特定场所，比较具体。相比学校经营来讲，学校行政应该是教育委员会根据教育行政法规，对学校有总括性的管理权，并且依照法令、条例、规则的有关规定，执行事务的管理，而这些事务没有超过学校的管理经营范围，更多的事务是由校长、职员共同进行处理的。

由此可见，就范围而言，学校经营的范围应该更为广泛，它不仅仅关注学校的内部，同时还注重学校的外部环境。而学校行政只重视了学校的内在行政管理，对于外部的关注相对较少。

（七）学校管理主体

学校管理主体是有权力对学校事务进行管理的人员，也称其为学校管理者。很多人可能将学校的领导者当成学校的管理者，认为只有校领导才有权力对学校的相关事务进行管理，实则不然。现代学校管理概念与以往的说法大相径庭，它认为有权对学校进行管理的人员不仅有学校领导者，还有学生、教师和家长，这些人共同组成了完整的学校管理主体。

学校领导者是学校的管理者。学校各项日常事务的管理、学校的环境建设、学校章程与制度的制定、学校教育教学的运行等，学校领导者都要对之做出相应的决策。学校领导有不同的层次，有高层的校级领导，也有中层的处室领导。另外，各个部门的职能人员也是学校的管理者。为了区分领导者与职能人员工作职责与分工的不同，通常认为，领导者是做决策的，职能人员是执行决策的。因此，在管理上通常有领导与管理的区别，也有领导者要做正确的事，管理者要正确地做事的观点。

教师是学校的管理者。由教职工代表组成的教职工代表大会是监督校长行使权力的民主机构，教职工有参与管理学校的权利。学校及其他教育机构应当按照国家有关规定，通过以教师为主体的教职工代表大会等组织形式，保障教职工参与民主管理和监督。教师对于学校的办学方向、教育改革及教学管理中的重大问题，对学校各级领导干部的奖惩、晋升、处分、免职等都有建议权，对学校领导干部的工作有监督评议权，这些都充分说明教师也是学校的管理者。

学生是学校的管理者。学校的社团组织、学生会等都是学生的自治组织，是学生自我管理的机构。对于关系学生切身利益的学校事务，学生自治组织有权代表学生参与相关的管理，如学校食堂的改进、学校图书馆的图书引进等，通过书面申请、参与讨论等方式，学生也成为学校的管理者。

家长是学校的管理者。家长参与学校管理是学校实施民主管理的具体体现。家长作为学生的监护人有权了解学生在学校的表现及学校为学生创设的学习环境。同时，家长参与学校管理能够改变学校管理的封闭状态，使学校了解更多的外部信息，对提高学校的管理效率及提升学校的管理质量大有裨益。家长参与学校管理有多种渠道。如成立家长委员会、召开家长会等，都是学校积极邀请家长参与学校管理普遍采用的形式。家长委员会参与学校管理，不仅拉近了家长和学校的关系，而且也提升了校园管理透明度，给校园增加了活力。

二、学校科学管理的理论基础

（一）一般管理理论

经营和管理是两个不同的概念。"经营"是指导或引导一个组织趋向同一个目标，它包括技术活动、商业活动、财务活动、安全活动、会计活动、管理活动，"管理"是这六种活动中的一种，它由计划、组织、指挥、协调、控制五种要素构成。管理应当预见未来，预见性即使不是管理的全部，至少也是其中一个基本的部分。预测，既表示对未来的估计，也表示为未来做准备。因此，预测本身表明管理者已经开始行动了。

计划工作可以在不同的情境中得以体现，可以有多种方式。行动计划是把需要实现的目标和完成目标的所有方式、手段、过程等进行详细记录的形式。行动计划非常详细地展示了所有的计划内容和安排。

组织包括有关组织结构、活动和相互关系的规章制度以及职工的招募、评价和训练。一个组织的效率取决于其成员的素质和创造性，所以应特别强调对职工的选择、评价和训练，职工的地位越高，则对职工的选择越应花费较多的时间。

指挥是为使社会组织建立后发挥作用所做的努力。指挥要分配给领导者，每个领导者都应承担他自己的任务和职责。指挥的目的是使本单位中所有的职工能做出较大的贡献。

协调是指组织的一切工作都要相互配合，以便组织的经营能顺利地进行，并有利于组织取得成功，因此，管理者应协调地组织每个部门的工作都与其他部门一致，协调地组织各个部门清楚自己所承担的任务和部门之间的相互关系，协调地组织各部门经常随情况的变化而调整计划。

控制是检验每一件事情是否同所拟订的计划、发出的指示和确定的原因相符，其目的是发现、改正错误和防止重犯错误。

（二）科层制理论

科层制理论，阐述了一种依据理性思维设定的高产能、理想型的工作方式，其中，团队工作分工和各个级别的设置是这项理论体系的重要组成部分。在高效的团队管理系统中，为了更好地完成任务，管理团队要把各个步骤都拆分成一项项基础的工作，然后将其分配给团队的每个成员。在这样精细的划分下，团队中有固定的人员进行特定的工作。团队中的成员之间并不会因为个人情感而影响工作，可以按照理想的规则开展工作。同时，团队要明确指定每个成员的责任和权利范围，使得员工可以准确地执行任务。

理想的行政组织体系的结构分为三个层次，最高领导层相当于高级管理层，行政官员层相当于中级管理层，一般工作人员相当于基层管理层。科学管理理论的代表人物不仅强调了上述理论，而且归纳了提高管理效率的基本原则。

一是统一指挥原则。这一原则是指组织中没有一个人应该接受来自多方面的命令，组织中的上级与下属要明确自己的权责范围，形成纵向的沟通渠道，以避免无人负责的现象出现。

二是授权的原则。此项原则的含义是高层的管理人员要在提出一项内容提出后，把最终的决策意见记录下来，便于日常工作中准确地使用，并且要尽量安排员工独立完成。这样可以使高层的管理人员把有效的时间留出来以完成更加重大和紧急的任务，专门负责和常规内容不同的事情。

三是责权相符原则。此项原则的含义是上层管理人员需要将任务分配给下属员工去完成，并且给予其一定的权利，这样，被给予权利的员工会对此项工作担起责任，在管理中的一个重要原则就是要让工作人员的职权和责任划分清楚。

四是控制幅度的原则。此项原则的含义是管理人员和其下属在数量层级上的关系，这关系到团队中的领导者和组成人员的基本组织架构。每一个上层管理人员负责的团队中的成员最好少于6人。这需要管理人员掌握幅度的定义。若下属工人人员的数量按照算数关系递增，那么需要的管理人员的数量也要呈几何关系递增。管理人员不需要对下属的人数做固定的规则，而要关注自己的个人特征及他的下属人员在地理位置的远近、他的下属工作人员在完成工作时的稳定程度。

（三）人际关系理论

人际关系理论为早期的行为科学理论，从人本主义的观点出发，它用试验的方法探讨管理过程中人的因素对管理效率的影响，给学校管理者以新的启迪。由此可以得知，学校管理效率的提高，既不能单纯按照学校组织的观点去设计，也不能完全以科学的工作分析方法解决。提高学校管理效率的重要途径为建立和谐的人际关系。受人际关系理论的影响，一些学校领导者更加重视教职工在学校管理中的主体地位，开始探索民主管理的理念和学校管理的民主化问题。教师参与管理的理念和做法反映出在教育管理领域，学校领导者一定要意识到教职工和学生才是学校发展的动力之源，要重视教职工和学生的心理、社会等需要，注意教师和学生的满意程度和内在动机，积极调动教职工和学生的积极性与主动性。为此，学校领导者应致力于以下几个方面的工作：重视教职工的工作热情、事业心、责任感和成就感；要为每个教职工的才能的发挥创造机会和条件；要加强组织内部的团结，消除人与人之间的矛盾和冲突，改善学校内外的人际关系，增强群体意识和组织的凝聚力；要帮助教职工消除困惑和苦恼。

（四）需要层次理论

1. 生理的需要

生理的需要是指人类对维持生存、延续生命的基本的物质需要，如对食物、水、住房等物质条件的需要。人们有关生理的需要是第一位的、最优先的需要，如果这一层次的需要不能得到较好满足，其他的需要便都失去意义。

2. 安全的需要

安全的需要是人们为了规避危险和威胁等的需要。具体包括稳定、免受恐吓等方面的需要，如对人身保险、医疗保险、食品卫生、住房保障等方面的需要。当生理需要满足时，人们就会追求安全的需要。

3. 社交的需要

社交的需要是指人们对感情和归属的需要，包括人们对朋友、亲人、团体、家庭等正式或非正式组织的期待等。当一个人的物质需要和安全需要得到了满足后就会产生社交的需要。如果一个人不被他人或集体所接受，他将会产生孤独感、自卑感、精神压抑、心情郁闷等体验。

4. 尊重的需要

尊重的需要是指人们对地位和受人尊重的需要，包括外界对自我的尊重和自己对自我的尊重等需要。尊重的需要是人类较高层次的需要。这种需要很少能够得到完全的满足，没有止境。

5. 自我实现的需要

自我实现的需要是指一个人为实现自己的理想不断地自我创造和发展的需要，包括发挥他的最大潜能，表现他的情感、思想、愿望、兴趣、能力、意志和特性等方面的需要。自我实现的需要是最高一个层次的需要。

需要各层次之间的关系如下。其一，五个层次的需要像阶梯一样从低到高，但次序不完全固定，可以变化，可以有例外情况。其二，当人的一个层次的需要相对地得到满足后，就会期望高一层次的需要得到满足。五种需要不可能完全得到满足，越到上层，得到满足的百分比就越小。其三，在同一时期内，可能同时存在几个层次的需要，但每一时期内总有一个层次的需要是占支配地位的。任何一个层次的需要并不因为下一个高层次需要的满足而消失，各层次的需要相互依赖与重叠，高层次的需要得到满足后，低层次的需要依然存在，只是减小了行为影响而已。其四，需要得到满足后就不再是一股激励力量。

需要层次理论虽然存在着抽象地谈论人的需要等不科学的方面，但他把人的需要分为不同层次这一点无疑是正确的，也是可供学校领导者借鉴的。学校领导者可以从解决教师和学生的基本需要入手，逐步解决其他问题，为学校教师和学生的创造力与潜能的开发，为他们的自我实现创造条件。例如，在学校管理中，管理者可以通过改善学校的校舍、保险、工资待遇等物质条件，满足或基本满足教师和学生的生理需要与安全需要；通过营建良好的学校文化、增加晋职和奖励机会等，满足教师和学生社交的需要、尊重的需要以及自我实现的需要等高层次需要。

第二节　学校管理发展与战略规划

一、学校管理的发展

（一）学校管理，以教学为中心

如果说学校管理中，把安全比作正确拉引的火车头，那么学校的教学就是整个火车能正常运行的动力核心。因此，以质量立中心，就要想方设法调动师生员工，以质量求生存，以质量谋发展。首先，因校制宜，制定得体的常规制度。在广大边远的农村教师年龄结构偏大，在教学管理上，就要做到有的放矢。一方面，不能循规蹈矩。年龄大的教师，在教学活力与精力上都不如前，有的心有余而力不足，而有的随年岁的流逝，身体每况愈下，影响着教学。但另一方面，这些教师很多曾是一线的骨干，教学经验丰富，教学功底扎实，只要管理者奉引出他们工作的热情，督导他们如实完成每个教学环节，广纳他们的良言，因势利导，他们在各自的教学质量上仍能稳步前进。第二，以人为本，实行激励机制。一个好的校长，就是一所好的学校。校长对学校师生的管理，很大方面就是对教职工的调度。激励机制的正确实施，包括对教职工的评价方案，无不起着深远的影响。作为领导者在教职工中树立榜样，这是一种激励，使他们在纷繁的工作中，有样可依，而不落后。去关心每位教职工，并为他们排忧解难，多表扬，少批评，定会加强内部的团结合作，这种情感激励，使信任倍增，更利于整个学校的教育教学的良性发展。"人非草木孰能无情"，以人为本，在管理上以人性化管理，多管齐下，真正地发挥出每个教师的积极性，相信他们的工作热情就是教学质量的最好保证。第三校长要想方设法打造一支师德过硬的教师队伍。高尔基说过："谁不爱孩子，孩子就不爱他，只有爱孩子的人，才能教育孩子。"一个师德高尚的教师，必然勤恳敬业，甘为人梯，乐于奉献，也懂得团结协作，顾全大局，这样的教师才能真的搞好教学。

（二）学校管理，大力发展素质教育

在广大的农村，小学校长既是学校管理工作的"领头雁"，又是从事教学活动的一名教师：既要上级的先进教育精神，又要投身行动的第一线，领会要旨促进课程改革。首先，提高自己的理论水平。由于受传统教育影响，许多教师是"穿新鞋走老路"，没有什么有个性的新课程教学理念，严重制约了教育的改革和发展。因此面对当前教育的新形势，校长只有先从理论上加强对自身的学习，才能言谈课改，才能使自己在思想源头上引起对课改的关心和重视，也才能带动教师建构新课程的教学理念。否则，实施课改只是一纸空文。第二，校长要充分给予教师创造空间和展现舞台。新课程提出：新教材有许多章节都需要学生的情感体验，如果没有活动，这项目标就落实不了。一方面要满足课程的活动需要，让师生在活动中教学相长。另一方面，要多让教师上研究课、示范课，多让教师参加观摩课，理论学习课与实践课改活动等，丰富教师的理论水平和实践经验。激发教师打破传统教学的瓶颈，要求教师逐步形成适合自己风格且满足学生的教学模式和方法，建立新型师生关系，积极构建平等、合作、互动的探究式的有效课堂。第三，加大管理并充分挖掘现代远程教育设备及现代远程项目教学资源和教学光盘的价值，让这些现代化的项目服务于当前的教育教学，为发展素质教育和推进课程改革注入活力。

（三）学校管理，协调好与社会的发展

现代学校的生存与发展，提高教育教学质量是其根本保证。然而，从社会组织的角度来看，学校的生存与发展也需要一个良好的环境。学校与各种社会团体、组织、个人等之间既有简单又有复杂关系的环境，这种关系时刻都处在一个协调状态之中。校长作为学校的管理者，应该要善于协调和处理这种关系的发展。在农村小学，一个村或组就是一个学校的根基所在地。第一，尊敬学生家长，加强与学生家长的交流。学校与家庭应该是一种平等参与的关系，各自都有着教育下一代的权利。因此，实现家校联合，经常"走进去"家访和"请出来"参加家长会，有利于学校的健康发展，有助于提高学校在公众中的地位和威信。第二，要与当地的群众保持好一种"睦邻友好"的邻居关系。学校管理者，不能以高姿态站在群众面前，要虚心接受来自群众中的批评和意见，主动了解情况，维护学校的利益，倡导文明风气和文明行为。还有重要的一点，校长要加强学校与当地社会或政府组织及当地村委（组）间的关系，并通过多与他们交流解决一些学校中的实际问题。第三，学校领导者要善于协调对学校发展有益的事，寻找各方力量，

为学校的建设和发展献计献策。总而言之，随着教育的不断发展和深入，学校管理也日趋科学化、民主化。校长的管理角色也要求多元化，只有通过自身的不断学习和发展，审时度势，吐故纳新，才能当好一个新型的好校长，才能适应当前形势的发展，才能更好地服务于学校的管理工作。

二、学校战略管理规划

20世纪80年代以来，伴随着经济体制改革的推行和深化，我国的教育体制管理领域发生了深刻的变革。由此造成的办学形式多样化、学校自主权扩大、校际竞争加剧等形势，加之人民生活水平的日益提升，使社会各界对教育的期望不断提高，使各级各类学校都面临着新的生存和发展的重要问题。在当前社会环境急剧变化所带来的机遇和挑战面前，学校唯有从根本上转变自身的办学理念、管理思维和发展方式，才能实现学校的内涵发展、优质发展乃至卓越发展。而发端于企业组织的战略管理以其独有的魅力，受到了教育管理领域的青睐，日渐成为众多学校进行学校发展与变革的重要管理理念和思想。如今战略管理所蕴含的战略分析、战略规划、战略评价等一系列核心词汇逐渐进入学校管理的理论与实践中。由于这些关乎学校组织长远、深度发展的管理理念、方式和行为，能够为学校赢得竞争优势，使学校实现可持续发展，因而备受教育界的密切关注和广泛应用。比如，当前几乎成为各级各类学校的规定行动——学校发展规划的制定便是例证。尽管战略管理对于学校组织的发展正在变得越来越重要，学校也在一定程度上认识到战略管理思想对于学校发展的重要意义，但是，学校组织对于战略管理的概念、特征以及学校战略管理的概念、特征、作用，学校战略管理的模式、环节，以及学校发展战略的制定、实施与评价等方面内容还有待进一步认知和理解。

（一）学校战略管理概述

由于学校组织有别于企业、公共部门的特殊性质，源于企业管理领域的战略管理进入学校管理领域，必然会有与企业、公共部门不同的概念、特征和作用。因此，对学校战略管理的探讨首先就要对战略管理的概念与特征，学校战略管理的概念、特征与作用进行简要分析。

1. 学校战略管理的概念与作用

（1）学校战略管理的概念

战略管理之所以能迅速进入到学校管理领域，一方面，是由于战略管理在组织发展中具有方向性、长远性和全局性的意义，能够引导组织取得卓有成效的进步；另一方面，则是因为20世纪80年代以来的校本管理思想的盛行所带来的学校自主权的扩大，学校开始反思原有的目标管理、质量管理、制度管理等操作性管理的分散性弊端，逐步根据学校自身实际思考关涉学校发展的远景目标、前进方向等重大可能机遇问题，将战略管理理论逐步应用到学校管理中来。

学校战略管理是对学校的教育活动实行的总体性管理，是学校制定和实施战略的一系列管理决策与行动。显然，这一界定是套用战略管理概念而来的，只是替换了战略管理活动的内容，即改为对围绕学校的教育活动进行的战略制定、实施和评价等一系列活动。这种界定也是研究者从战略决策的角度上做出的，强调对学校管理的总体性、连续性和过程性。就目前已有学校战略管理研究成果来看，许多研究者无意于对学校战略管理概念进行过多的界定，而把更多的注意力放在分析学校战略管理的特征上。造成这种现

象的原因或许是许多学校战略管理研究者和管理人员看到对学校战略管理概念进行探讨没有太多的实质性意义。而对于学校这一特定组织的战略管理来说，对其特征和作用进行分析和阐释，更有助于学校战略管理行动的开展。

（2）学校战略管理的作用

①有利于学校的长期稳定的持续性发展：在社会这个大系统中，任何组织都必须不断地跟外界物质、资源发生交换以获取自身发展所需的养分、能量才能保持自身的持续、稳定发展。学校组织自然也不例外。尤其是在当前转型性社会发展背景下，教育变革不断深化、速度不断加快，这都对学校自身的发展方式和管理理念提出了更高、更新的要求，以便能够使学校不断适应和应对内外部环境的变化，甚至能够在预见内外环境的变化趋向的基础上，主动制订自身未来一个时期的发展战略规划，从而使自身的发展能够保持在一个较高的水平和层次上。而能够实现上述目标的一个重要手段就是学校审时度势，在的每一个发展阶段，制定出未来的发展战略。战略是组织针对环境和自身条件所选择的长远发展对策，通常包括组织的长远目标，以及为实现这些目标所需要采取的行动方案和指导资源获得、分配和使用

的政策方案。其突出特点是全局性、长期性和纲要性。学校只有充分运用战略管理的思想和思维方式，才能充分发挥战略在学校发展中的作用，也正如高鸿源教授所指出的，战略管理是对组织未来发展态势的思考、规划和行动，它不仅对组织现状做出判断，也要将组织放在环境发展的框架中，帮助组织分析新出现的社会要求，分析竞争对手的发展，还要揭示组织过去遗留下来的弊病，在此基础上形成组织新的发展战略，使组织在更高的起点上再造辉煌。正是由于战略管理能够帮助组织全面分析现有优势与不足，精准定位未来发展目标，并能够从整体的、系统的角度去配置组织内外部资源，并为实现目标而实施有序的决策策略，

其对学校发展的作用变得日益重要，成为当下绝大多数学校规划学校发展时所首选的学校管理理念和方式。

②有利于学校保持与创造竞争优势：随着我国教育市场化程度的进一步加深，教育组织之间的竞争将进一步加剧。在这种情况下，学校采取何种学校发展战略，运用何种发展方式，在保持现有特色和优势的基础上，去拓展和增强学校未来发展的核心竞争力，是当前每一所学校都需要思考的重要问题。因为在当前校长负责制和学校自主权不断扩大的背景下，每所学校都在反思和探寻基于学校客观实际的特色、内涵乃至卓越发展之路，概而言之，在社会发展和教育发展取得巨大成就的今天，人们对上"好学校"、享受优质教育的需求日益提升，致使学校为建设优质学校而产生的校际的竞争日益加剧，学校如何保持和提升自身核心竞争力与优势显得异常重要。

学校核心竞争力的增强是学校实现优质发展和卓越发展的重要目标，也是学校战略管理的核心思想。战略管理的目的就在于通过战略规划的制定、实施和评价来促进组织远景目标的实现。学校在战略规划的制订过程中，首先要分析学校组织内部的优势与劣势，竞争对手的优势与劣势，学校外部对于学校发展的期望与需求，从而确立学校发展的使命任务、近期目标、远景目标，并据此制定为实现这些目标的一系列具体措施和行动策略。学校在战略规划的评价过程中，可以敏锐地识别和察觉外部环境的各种变化，并预见变化趋势，及时对学校发展战略进行调整，做到趋利避害。而学校在预见社会发展需求时，也能够不失时机地把握外部环境变化对于学校发展的需求，从而创造适应社会需求的、新的学校发展优势。这不仅能够使学校的发展始终与社会发展同步，也能够为学校下一阶段的发展战略的制定，打下坚实的基础，还是学校组织探寻新的发展方向的重要切入点。

学校战略管理思想和方法可以保证组织在变动的环境下，选择适合自身特点的发展战略，使组织获得较大利益，立于不败之地。通过制定和实施战略，学校可以充分发挥自身优势，更好地利用外部机会，进而保持和创造竞争优势。

③转变学校领导者的管理思维方式，增强责任意识：从人的角度对战略管理进行的界定，着重强调了战略管理者的管理思想、意识、观念、能力、作用与价值。具体来说，战略管理要求管理者要有意识地选择政策、发展能力、解释环境。这就要求管理者必须有战略性的思维方式。这种战略性思维方式是一种全局性的、系统性的、动态性的思维，能够使管理者改变以往局部看问题的固有思维范式，在对学校发展战略分析和选择上进行多维度的、系统的考量，从而做出最优的决策选择。

此外，从战略管理所要求的思维观念和方式的要求上也可以看出，在战略管理的整个过程中，组织管理者在战略管理过程中具有较大的责任和使命。这种责任和使命主要表现在以下三个方面。一是在战略规划的制定过程中，管理者具有全局意识，做出与目的性和规律性相统一的决策行动。具体来说就是管理者要能够从全局的角度思考学校发展战略的使命和目标，系统分析学校组织发展所面临的机遇与挑战，也要发动组织全体成员参与到学校发展战略的制定过程中来，力求做到发挥组织成员的集体智慧，开启学校组织发展的成功之路。二是在战略规划的实施中，管理者要成为学校发展规划实施的先行者，在完成自己工作任务的同时，也要了解学校发展规划的实施进展，并给予各种指导和支持，争取及时排除实施中的困难与问题，提高学校组织成员的整体执行力。三是在整个学校发展战略过程中，管理者要做到全程评价。总之，战略管理思想在学校管理中的运用，能够使学校管理者站在更高的位置上，审视学校发展的路径和方法，从守业型领导向开拓型领导转变。学校管理者在把已经开发的领域做好的同时，勇于放弃旧的项目和领域，主动开拓新的项目和领域，努力做到"人无我有，人有我优，人优我新"，从而使学校组织的发展始终保持和创造新的核心竞争力和优势。

（二）学校战略管理模式及环节

战略管理过程是决定一个组织未来的发展方向及执行达成该组织既定目标的有关决策的过程。这一理性的决策过程包含了组织战略的制定和实施两个不可分割的组成部分。尽管这一过程对于任何组织都具有普适性，但是由于战略管理思想源于企业组织，所以更多的还是特指企业组织的战略管理过程。然而，由于学校组织的特殊组织性质与企业组织、公共部门的组织性质存在着多方面的差异，学校战略管理过程也必然会呈现出自己独有的特征。

由于学校战略管理的思想和实践来源和借鉴于企业战略管理，学校战略管理也基本上沿用企业组织战略管理模式的逻辑结构和过程思维，也就是说，学校战略管理过程基本上也包括战略制定、战略实施和战略评价三个阶段。但由于学校组织的特殊性，学校战略管理过程具体包括：明确学校发展远景，提出战略构想；分析外部环境，发现机会和威胁；分析学校内部资源，识别优势和劣势；重新评价学校宗旨和目标；制定学校战略；实施学校战略；评价结果这七个步骤。

1. 明确学校发展远景，提出战略构想

学校远景是指学校未来发展所要达成的目标。当然，这一个学校未来发展要达成的目标必须具备两个条件：一是必须是清晰的、可信的、富有挑战性的目标；二是必须由学校领导者提出并得到全校成员的理解和认同。学校战略管理的首要工作就是要确定学校远景。因此，管理者要思考为实现远景。学校所应肩负的使命，在这个过程中也会不可避免地要分析学校外部需求和自身发展需要，为学校各项工作的开展和实施，提出学校发展的总体战略构想。

2. 分析外部环境，发现机会和威胁

学校组织与其他社会组织一样，不是独立存在的，而是作为社会大系统中的子系统，与社会大系统中的各个子系统不断保持和发生各种物质、能量的交换和互动。也就是说，学校组织的持续发展必须要跟学校外部环境的各种因素保持协调、统一，以获取其发展所需的各种能量。这些外部环境主要包括经济、政治、社会、文化、科学技术等诸多方面。正是由于学校组织受到上述诸多外部环境因素的影响，学校在制定发展战略时，首先就要分析学校外部环境，以发现和评估外部环境给学校发展带来的机会和威胁，从而做到趋利避害。

当然，由于机会和威胁并不是绝对的，即使处于同样的环境中，由于学校控制的资源不同，可能对某些学校来说是机会，而对另一些学校来说却是威胁。这就要求学校管理者要动态分析学校外部环境变化，要依据学校组织所控制的资源，对学校外部环境变化因素做出判断。

3. 分析学校内部资源，识别优势和劣势

学校内部资源是学校发展的基础，对学校内部自身的优势与劣势有清晰的了解，对于学校战略的制定必定会大有裨益。学校内部资源状况主要包括以下几个方面。

一是学校的财务状况。包括经费水平、资金结构的合理性、办学经费的潜力、财务管理制度的健全程度、主管财务的校长和财务人员的专业水平等。

二是学校的设施、设备和仪器状况：包括教学和生活用房的设施条件和管理分配合理性、利用率，学校设备水平、完好率，教育教学仪器的配置水平和利用率。

三是人力资源状况。包括领导班子状况、师资队伍状况、职工的积极性和工作热情、人力资源的发展潜力等。

四是学校的信息系统状况。包括汇报的及时性、决策所需信息获得的可能性、信息渠道的通畅性、各种资料库的建设情况、工作常规资料管理的条理化程度；信息系统的技术化水平、沟通速度；政策出台后的扩散速度；下情上达的速度；等等。

五是学校规范化程度。包括人事制度、财务制度、分配制度的全面性和合理性、各种职责、办事程序的明确性和合理性、重大问题的决策制度，等等。

对于学校内部资源分析的目的不只是了解学校资源的一般状况，更重要的是使学校管理者知道学校的优势和劣势所在，在学校制定战略时，把学校的战略重点放在学校现有的优势上，集聚和拓展学校的办学优势，增强学校的核心竞争力。

而对于学校劣势的认识，也可以使学校战略做出有针对性的部署。当然，在战略实施阶段，学校也可以对资源配置进行有倾向性的调整。

（三）学校战略管理的基本环节

尽管不同学校的战略管理在阶段划分、具体步骤、思考内容等多个方面各不相同，但是从战略管理阶段所关注和考量的问题来看，似乎学校战略管理过程都可以被归结为战略规划、战略实施和战略评价三个基本环节。只不过每一个环节所要解决的问题和采用的方法有所差别而已。单就学校战略管理过程来说，由于学校独特的组织性质，其战略管理的三个环节所要分析和解决的问题，又表征出自己独有的内容和亮点。

1. 战略规划

一是战略规划是对当前决策的预测；二是战略规划是一个发展的过程；三是战略规划是"决策—执行—衡量"的循环过程。由此可得出，在学校组织领域的战略规划是通过对学校内外部环境、资源和自身能力的分析，确立学校远景、使命，并为实现远景而进行的战略方案的选择、发展规划的制定等一系列工作的过程。这个过程主要包括战略思想与战略远景的确立、战略目标与战略重点的确定、战略环境与战略资源的分析，以及战略方案与具体措施的设计等多方面多维度的内容。具体来说，首先，学校应运用SWOT分析技术对学校内外部环境和资源进行分析，旨在对学校现有的发展水平、特色、能力等方面有一个清晰的把握，对学校组织机构、成员的问题或不足有清醒的认识，对学校外部环境变化的特点（如教育变革的方向、课程改革的趋向等）及学校教育的需求等方面有一个全面、深度的认识，对学校发展中的主要竞争对手有一个深入了解。其次，在SWOT分析的基础上，确定适切的学校战略定位和目标。最后，选择学校战略实施的方案，并进行相关措施的设计。

战略规划是确定战略目标、选择战略方案、制定发展规划的过程。就战略规划的产生和发展脉络来看，其从最初的战略管理的雏形，逐渐演变为当下兼具系统性和合理性的战略管理过程的首要环节。这里主要将战略规划放在学校战略管理过程的这个系统中来审视，换言之，也就是把战略规划作为战略管理过程的一个环节来看待的。战略规划主要的任务是对组织的内外部环境进行分析，探寻出发展的趋势，发现对组织发展构成的威胁和新的发展机会，以使潜在的利益最大化，而其目的主要是通过制定组织的战略或规划组织的行动方案，实现外部环境和组织自身的最佳组合。

2. 战略实施

战略实施是战略管理过程的一个重要阶段。因为只有将战略规划所选择的战略行动方案落实在管理实践中,战略规划才能发挥作用。没有战略实施,战略规划再完美无缺,也是一纸空谈,不起任何作用。只有战略实施才能使战略目标转化为战略现实成为可能。换言之,战略实施是战略目标转化为战略现实的唯一途径。而战略实施是组织为实现战略目标,根据内外部环境变化调整组织行为模式的动态过程。这就要求战略管理者要不断地、适时地识别组织内外部环境和自身能力的变化,及时调整、修正和完善战略实施内容和环节。从学校组织角度来说,这就要求学校战略管理者要依据总体战略配置资源,同时把总体战略目标分解为各个职能部门和各项活动目标,然后用常规管理的各种手段推动学校良性运行,从而实现学校的整体目标。把战略目标拓展为战略规划并付诸实施是这一环节的主要任务。战略实施是一个精细的过程,需要权衡各方面的力量、条件和矛盾,需要管理者具有战略性思维,也需要管理者具有一定的战略实施艺术,即以战略目标为指南,灵活处理各种矛盾的能力。它是管理者把战略目标和自身发展实际紧密结合起来的过程,不考虑或没有充分考虑自身发展实际都会使发展规划出现某些偏差甚至严重偏差。而这些偏差是要通过对实施过程的反馈表现及对其认真全面分析才可得以纠正的。

总之,战略实施过程是实践的过程。只有对这一过程进行认真研究和总结,才能发展战略性思维,对战略管理的全局才会有更为准确的认识。与战略规划环节相比,战略实施不仅对管理者提出理论要求,更要求管理者具有丰富的实践经验。

3. 战略评价

战略评价是指评价者依据一定的标准和程序,对战略实施的效益、效率、效果及价值进行判断的一种行为,目的在于取得有关这些方面的信息,并将之作为战略变革、改进战略和新战略制定的依据。

战略评价是对组织战略、战略实施过程和效果进行系统性评估的过程。这一环节主要对战略的价值、战略执行的效果进行衡量与判断,以便为战略的调整、修正提供科学的依据。在当前组织内外部环境因素瞬息万变的背景下,战略评价在整个战略管理过程中的价值尤为凸显,日益成为战略管理过程链条中的重要一环。对于学校组织来说,进行学校战略评价,首先要认识和理解学校战略评价是一个动态的过程,这一动态的过程不仅要求对学校战略选择进行评价,也要求对学校战略实施过程与结果做出评价,也要求学校有计划、按步骤地进行活动,需要学校战略管理者事先思考战略评价的影响因素,制定战略评价的基本标准,以及选择学校战略评价的方法。在具体实践中,学校管理者要对学校既定的战略和战略实施的进行状况做出评估,当发现既定战略的局部或整体已不符合学校当时的内外条件时，要立即找出差距，分析原因，采取纠正措施。这一过程实际上是反馈、控制和修正的过程。这一环节的运行效率在一定程度上决定了整个战略管理过程的价值的体现程度。因此，要保证这一环节的科学、准确、高效，就必须在评价之前确立一个合理的评价标准和与之相匹配的评价方法。这一标准不仅要有一定的稳定性，还要有一定的灵活性。学校管理者要站在战略高度以全局意识去评判和修正。

（四）学校发展战略的制定、实施与评价

学校发展战略是学校战略管理的一个极其重要的内容。当前各级各类学校都着力运用战略管理的思想去思考和制定学校发展战略，以期保持和创造学校发展的特色和优势，并在日益激烈的竞争中拥有持久的核心竞争力。因此，这里根据学校战略管理的理论知识，对学校发展战略的制定、实施和评价三个环节进行较为详尽的阐释，以期为当前学校的发展战略的制定和实施提供一些具体的参考。

1. 学校发展战略的制定

（1）学校发展战略的内容

学校发展战略通常由三个要素构成，即学校使命、发展方针、发展目标，它们之间是递进的关系。使命和发展方针为学校管理者提供了一个广阔的发展视野；发展目标是学校发展的现实基础，它为学校管理者提供了具体标准和方法。

①学校使命：通常情况下，使命就像一个罗盘，指引着船只航行的方向。

使命有广义和狭义之分。广义的使命被限制在组织已经进行的工作的宏观范畴内，其优点是给出了广泛的使用空间，其缺点是比较模糊、不能很好地明确一个组织的重点。狭义的使命被限制在组织已经进行的工作的微观范畴内，它的优点是比较具体、明确，缺点是容易导致组织的创新和发展动力不足，进而丧失发展机会。

②发展方针：学校发展方针主要包括三个方面的内容：一是办学宗旨，包括对学校教育和学校管理的态度，对学生、家长、国家和社会的承诺以及兑现承诺的措施和方法必须遵循的原则；二是发展方向，包括发展目标和实现发展目标应遵循的原则；三是发展方针与学校总方针的关系。由于发展方针是学校总方针的重要组成部分之一，所以必须使发展方针与学校总方针协调一致，有时可以把学校总方针和发展方针结合起来、制定一个统一的学校教育方针。

③发展目标：学校的发展目标就是学校在一定时间内想要达到的办学水平，或取得的预期办学成果。相较而言，发展方针是总的宗旨、总的指导思想，而发展目标是比较具体的规定，是发展方针的具体化。

（2）制定学校发展战略的要求

①超前性：学校发展战略的超前性要求基于两点考虑：第一，发展战略本身的特点；第二，教育的滞后性特点。所谓十年树木，百年树人，所以学校在拟订发展战略时，还要考虑未来的结果。过去，我国许多学校在教育的超前发展战略方面，主要表现为对教育的重视和投入上，事实上，超前发展战略还包括另一层意思，就是对于教育内容、形式的安排要具有超前意识。因为教育具有滞后性，今天的教育并不是马上能为今天服务的，今天的教育是为明天、后天的社会服务的。

②明确性：从计划的角度来讲，作为一套完整的计划，大致要满足以下六点要求：明确每一个时期的中心任务、工作重点和要实现的目标；说明执行特定任务和实现特定目标的原因，这样，组织成员对待计划的态度，就可能是"我要做"，而不是"要我做"；规定计划中各项工作的起止时间及进度；规定计划的实施地点和场所，明确计划实施的环境条件和限制，合理安排计划实施的空间组织和布局；规定计划的负责人、执行者和参与者；明确实现目标和完成任务的措施、相应的政策和规则，以及控制的标准和考核的指标。

③客观性：学校发展战略的客观性有两方面的要求：一是主观设想与客观条件相一致；二是遵循客观规律，包括教育规律、管理规律和社会发展规律等。

学校管理者应从实际出发，针对实际情况，特别是存在的问题，做到有的放矢，体现特色。不同的地区、不同的学校、不同的部门有不同的特点。存在的问题不同，学校所选的突破口应不一样，具体的战略定位也应不一样。

④灵活性：为了应对变化和没有预计到的情况，制定的战略要灵活。学校管理者在制定战略时要做到两点：第一，在安排资源、决定任务时不要安排得过满，定得太高，要留有余地；第二，要充分考虑出现多种情况的可能，并分别设计出对策。

⑤连续性和协调性：连续性和协调性指的是发展战略在时间上要前后衔接；在层次、门类上要配套。要做到这一要求，首先，学校管理者要注意，中期计划的制定要以长期计划为指导，与长期计划紧密结合起来，短期计划的制定要与中、长期计划相衔接，本期战略的制定要以前期战略的执行及执行后的结果为出发点。其次，局部战略的制定要以整体战略为指导和依据，与整体战略相配合。

（3）学校发展战略制定的过程

学校战略管理过程是一个包含战略制定、战略实施和战略评价的完整过程。那么，学校最为重要的发展战略规划的制定通常包括以下几个步骤。

①确定当前学校的远景、使命和发展目标：在制定学校发展战略的初始阶段，

学校管理者需要凝练和概括一个能够得到全体师生认同的清晰、共享、富有挑战性的学校发展前景；同时，还要根据外部需求以及学校自身发展的需要，初步确定学校的使命，即学校的办学目的。在远景和使命确定之后，就要制定能够使使命成为现实的发展目标，以通过目标使使命具体化。可以说，学校的远景、使命和发展目标的确立是学校发展战略制定的起点或前提。

②进行 SWOT 分析，识别优势与劣势，发现机会与威胁：SWOT 分析是目前战略管理与规划领域广泛使用的分析工具，是一种综合分析评价组织内部条件和外部环境的各种因素，进而选择最优战略的常用方法。

一般把组织的优势、劣势分析叫作内部环境分析，这些内部环境主要包括：第一，学校的财务状况；第二，学校的设施、设备和仪器状况；第三，人力资源状况；第四，学校的信息系统状况；第五，学校的规范化程度，如人事制度、财务制度、分配制度、重大问题的决策制度等。一般把组织的机会和威胁分析叫作外部环境分析。这些外部环境主要是指组织外部的一切环境因素，如经济环境、政治环境、文化环境、教育环境和科学技术环境等诸多方面。

SWOT 分析的关键就是对组织内外部环境进行分析，并在此基础上形成行动战略。

优势和劣势是指学校自身资源方面的状况。优势是指相对于竞争对手或其他同类学校，本校与众不同的资源方面。劣势是指相对于竞争对手或同类学校，本校存在的明显处于弱势的资源方面。优势和劣势是相对的，通常与学校选择的对比范围有关。当然，不能随便选择对比范围，该范围要与本校业务和工作可以伸展的范围一致。选择的对比范围过大或过小都会夸大优势或劣势，从而导致对学校优势和劣势的错误估计。

机会和威胁是指学校外部环境对学校的潜在影响。机会指的是外部环境中可以帮助学校达到渴求状态的因素。借助外部机会，学校能得到更好产生发展或突破性的成长。威胁指的是外部环境中对学校发展或达到渴求状态产生阻碍甚至危害影响的因素。应该注意的是，各种威胁对学校的影响不是一成不变的。它们对于某些学校是重大威胁，而对于另一些学校可能只是一般的威胁甚至不是威胁。就是对于同一所学校，在不同时期，同一种威胁对学校工作危害的程度也可能是不同的。

目前有四种战略对策可供管理者选择。第一，WT 战略对策：避开劣势和威胁，即通过克服劣势的办法来应对外部威胁，或不与威胁正面交锋。第二，WO 战略对策：借助机会克服劣势，即利用外部大好时机弥补自身不足。第三，ST 战略对策：借助优势避开威胁。第四，SO 战略对策：借助优势利用机会，即把自身的优势和外部条件都发挥到最大限度。

上述每种战略对策都不是简单的单一战略对策，而是组合战略对策。学校实际的战略对策覆盖SWOT表的所有范围，即同时包括WT、WO、ST、SO四种战略对策。运用SWOT分析方法的主旨在于给出一个有关组织内外环境、问题集中的图表，并激励组织发挥其优势，以便最大限度地利用机会，规避风险。

③重新评估学校的使命和目标：第一个步骤中确定的使命和目标只是初步的，需要进一步评估，需要管理者把学校的优势、劣势与环境中的机会、威胁结合在一起，对使命和目标进行评估。如果需要修改组织使命和目标，则战略管理过程可能要从头开始。如果不需要改变组织的大方向，学校管理者就可以进一步制定比较具体的战略了。

④选择战略：在对环境和学校资源综合分析的基础上，学校管理者可以根据学校的优势、劣势和环境中的机会、威胁，做出适合学校发展的使命和目标，并据此选择兼具可行性和合理性的发展战略。

2. 学校发展战略的实施

学校发展战略的实施是一个包含诸多环节或功能活动的过程。从目前学校发展战略实践来看，其主要包括分解目标、优化资源配置、调整组织结构、建立和完善相应的制度和机制等环节。

（1）分解目标

学校发展战略中的目标往往是组织的长远目标和总体目标。长远目标和总目标往往是笼统而抽象的，不便于操作，这就需要把长远目标逐年加以落实，把总目标分解为具体的小目标，并逐层落实下去。

许多管理学者在强调目标分解的重要性的同时，更强调"纵向到底、横向到边"的目标分解原则。所谓"纵向到底"就是从总目标开始，一级一级从上向下，从学校整体目标到部门目标再到个人目标层层展开。"横向到边"是指在目标的横向分解中每一个相关的职能部门都要相应地设立自己的目标，而不能出现盲区，也不能出现重叠点。

在分解目标时，学校管理者也要注意防止出现目标置换现象。所谓"目标置换"是指分目标的执行者把分目标看作最终目的，而不是把它看作实现总目标的手段，因而导致即使这些规章制度已经有悖于总目标的宗旨，执行者也僵化地遵守分目标所规定的规章和制度。

（2）优化资源配置

战略的实施必须有一定的优质资源作为保证。而对于任何一所学校来说，人力资源、物力资源、财力资源总是有限的，不能满足学校所有工作的需求。在这个时候，学校领导者或管理者就需要对战略规划的各项工作进行审视，力求把学校有限的资源能够用在最重要和最需要这些资源的地方，使有限的资源产生最大的效果。

（3）调整组织结构

学校战略规划的有效实施还需要有与之相匹配的组织结构，才能够使战略规划的各项工作有序运行。也就是说，学校组织结构的调整和设计，要根据学校战略实施的需求来进行。与此同时，在组织结构的调整过程中，学校管理者还要注意到组织结构中的人员安排和分工，力求使每个职位都由胜任力强的人来担任，以使组织战略实施工作更加高效。无论是根据战略实施的工作需求调整组织结构，还是选择合适的人做适宜的工作，学校管理者都需要具有做出变革的勇气和能力。因为学校发展战略的要求或许会改变学校现有的组织结构、人员安排，原有的既得利益者利益可能受损从而会反对、阻挠学校发展战略的实施。

（4）建立和完善相应的制度和机制

任何一项工作的顺利完成，都必须有相应的制度和工作机制作为保障。因为，必要和完善的管理制度可以规范和指导组织和个人的行为，使其工作效率能够得到可靠的保证。一般来说，学校组织的管理制度主要包括教学管理制度、绩效评价制度、奖励惩罚制度、协调沟通制度和决策制度等。这些制度对战略执行者的工作任务安排、工作结果的处理、成员间的沟通协作等各个方面做了相应的、明晰的制度设定。这些制度的有效实施，必然能够促使战略执行者的工作井然有序地进行，推动战略规划的有效实施。而与战略实施工作相匹配的工作机制的建立，也可以协调和优化战略实施的各项工作任务，加强学校各部门之间的沟通协作，做到人力资源、物力资源的互通共享，使学校有限的资源发挥出最大的价值。当然，学校管理者应不断根据学校组织内外部环境的变化，不断完善现有的工作机制，以使工作机制不断得到改善，以持续发挥其应有的作用。

3.学校发展战略实施的手段

学校发展战略实施的手段是学校管理者为有效完成既定的战略任务，实现一定的战略目标，而采取的各种措施和方法。要完成不同的战略任务，就需要有与其相匹配的实施手段，否则，将直接影响着战略任务的完成和战略目标的实现。在学校发展战略实施中，学校管理者可以采取行政手段、组织文化手段和激励手段等。

（1）行政手段

要实现学校发展战略的顺利实施，学校管理者需要运用上级赋予其的学校管理权和惩罚权。因为权力的行使，可以推动学校发展战略工作在内的各项工作的开展。所谓行政手段，是指学校管理者依靠上级教育行政部门所授予的权力，采用行政命令、指示、规定及规章制度等形式来实施战略的方法。由于行政手段是管理者需要上级授予的具有强制性的权力才能够采取的，所以不仅是学校发展战略工作顺利开展的必要条件，也是学校其他各项工作得以正常运转的基本条件。试想，如果学校没有行政权力，学校各项工作会呈现出何种状态？正是由于行政手段具有强制性的特点，才能够有效调配学校所有的人力、物力资源，发挥其自身的固有价值。而在面对棘手问题时，学校管理者也能够迅速组织力量、集体行动来应对和解决。

（2）组织文化手段

所谓组织文化手段，是指学校管理者通过塑造具有强大内驱力的组织文化，使组织成员全身心地投入学校发展战略任务中去的一种方法。这种手段的作用的发挥，需要以组织文化的塑造为保证，因为组织文化是学校在长期活动中形成的、得到组织成员认同的目标、价值观、信念和行为规范，具有导向、约束、凝聚和激励的作用。尽管这种组织文化手段是一种软手段，具有隐形的作用，但是，学校组织文化一旦形成，便具有不可估量的力量，不仅能够修正个别组织成员的行为和偏好，使其形成趋向组织目标和价值观的行为，而且会促使学校组织成员为学校发展战略的实施释放自己全部的能量。但凡注重学校组织文化建设的学校，其发展的速度都是异常迅猛的。正是由于组织文化具有价值观的能动力，所以也可以把它看作学校战略管理的基础。

（3）激励手段

激励手段是组织经常采用的手段之一。在学校发展战略实施过程中，学校管理者需要发挥激励的作用，让学校战略执行者更加有动力地从事自己的工作。这里所讲的激励手段包括物质激励和精神激励两个方面。就物质激励手段来说，由于人们都有对物质的需求，物质利益的得失会影响人们做出一定的行动与选择。因此，学校管理者在战略实施过程中，要善于运用工资、奖金、罚款等来调配成员的各方面的经济利益，通过利益驱使战略执行者行动。

在运用物质激励手段的同时，学校管理者还应该注意精神激励手段的使用。因为，在学校组织里，学校组织成员不仅仅只看重物质利益，有时候更期望各种精神激励，如荣誉、鼓励、赞扬等。这些精神层面的奖励往往比物质层面的激励能发挥更大的作用。因此，为了促进战略的有效实施，学校管理者要学会综合使用物质激励与精神激励手段，做到两者的有机结合。

4.学校发展战略的评价

（1）学校发展战略评价的基本标准

评价标准的制定是进行任何一项评价活动的首要工作。一套系统、科学的评价标准，既可以保证评价工作的公正、有效，也能够使组织发现工作的成效与不足之处。由于学校与公共部门都具有非营利性质，学校管理者在制定学校发展战略的评价标准时，也可以参照公共部门战略评价标准。

①目标的一致性是指在评价系统中，战略目标内部以及战略目标与评价标准、评价目的三者之间应一致。这是建立有效的评价指标体系的前提条件。具体来说，这种目标一致性主要包括三个方面：第一，评价标准与战略目标的一致性；第二，评价标准与评价目的的一致性；第三，评价目的与战略目标的一致性。

②经济的可行性：一个好的战略必须不能过度耗费可利用的资源。战略的最终和主要的检验标准是其可行性，即是否可以依靠学校组织自身的人力、财力、物力资源去实施这一战略。在评价战略可行性时，需要注意：第一，在实施该战略的过程中，组织的物力、财力是否充足；第二，是否具备了有效竞争的技术和手段；第三，是否有相应的管理能力作为保证；第四，是否达到了所要求的水平；第五，是否有所需的相对竞争地位；第六，当环境突然发生变化时，是否可以处理危机事件。

事实上，学校管理者在考虑经济可行性时，主要应考虑以下两个方面：一是衡量战略实施的结果是否达到了组织的预期目的，在多大程度上实现了既定目标；二是考虑战略实施的成本和收益，也就是说衡量战略实施的价值，以及是否值得花费这些成本去实施这项战略。在衡量战略的成本和收益的问题上，学校管理者还要运用成本—效能这一评价标准，以确保评价的非货币化趋向。

（2）学校发展战略评价的内容

在战略管理过程中，尽管战略评价是战略管理过程的最后一个环节，但是其评价的内容不仅仅是对战略实施结果的评价，包括对战略规划的制定和实施过程的全程评价。这种全程评价的目的在于确保战略制定和实施的正确运行，在发生偏差时，进行及时纠正。从而保证战略实施的绩效和战略管理目标的实现。学校发展战略评价主要包括检查战略基础、衡量战略绩效、修正和调整战略等内容。

一是检查战略基础。检查战略基础是指在实施一项战略之后，重新审视组织所处的内部环境。也就是说，组织在检查战略基础时，首先就要对组织的内外部环境再一次进行评价。其目的在于了解所面临的机会与威胁、优势与劣势等是否发生变化，发生何种变化，为何发生变化，是否出现新的机会与威胁，如何趋利避害。同样，组织在对内外部环境进行评价时，依然要确认和评价外部环境中的政治、经济、科技、文化等因素对组织战略目标和战略实施的影响，而对内部评价时就要评价学校内部的人力资源、财力资源、物质资源等方面。

由于学校组织处在社会大系统中，随着整个社会环境影响的变化，战略实施的条件也会发生改变。因此，对战略实施的评价是不可或缺的。

二是衡量战略绩效。衡量战略绩效是战略评价过程中的另一项重要活动。它主要是指将预期目标和实际结果进行比较，研究实际进程与计划的偏离，评价个人绩效以及组织在实现既定目标过程中已经取得的成绩。管理者在对战略绩效进行评价时，首先，要明确绩效的评价指标；其次，要设计科学的绩效评价原则、标准和过程；最后，要把考核的绩效反馈给学校组织，不能为了评价而评价，而要发挥评价的改进作用。

三是修正与调整战略。在战略实施过程中，由于组织内外环境的不断变化，战略实施会面临不可预知和不确定的环境，进而导致战略实施过程中出现不同程度的偏差。这就需要学校管理者通过战略评价及时发现偏差现象，找出原因，并及时采取必要的措施。如果战略规划的目标与现实状况相差甚远，学校管理者就可考虑重新制定新的战略。

第二章　学校教育管理理念

第一节　学校教育管理的多元探索

一、学校教育管理的人格探索

（一）教育，教育改革与校长

校长是学校的领导和核心，是学校教育的组织者和决策者。校长个人的教育观念、价值取向甚至信仰、道德和人格等因素往往决定了学校的办学理念、办学风格，也影响着学校的物质文化的创造、教育制度的形成以及学校精神的培育。但同时也要正确认识校长的影响力。"一名好校长就是一所好学校"，这句在教育界学校管理中被奉为经典的名言，就过高地突出了校长的作用。把一所学校、一个单位、一个地区乃至一个国家的兴衰寄托于一个人身上，是幸还是不幸，是欢喜还是悲哀？那么，这句话反过来又将怎样？一名"不好"的校长又将如何影响学校？其实"好校长""好教师""好学校"是一个共生现象，好校长、好教师造就好学校，好学校又孕育好校长、好教师，而能使上述共生现象成为现实的关键亦在于共同的思想和价值取向因此，思想建设和定位的过程也将是优质学校与名校长、名教师成长、成熟的过程。

校长的伟大之处就在于能够把代表教育发展的先进理念，转化成为具体的、大家认同的观念，形成学校具体的、可操作的目标，把办学理念和办学思想转化成教师的共同追求，建立相应的学校管理制度，形成学校独有的办学特色。

1.校长的价值领导力

（1）力

物理学名词。凡能使物体获得加速度或者发生形变的作用都称为力。

（2）校长领导力

校长领导力就是通过校长的带领、引导，使学校发生变化的速度和程度。换句话说，就是校长积极地充分地带领全体师生，按照学校改革与发展的目标，在学校教育教学的各项工作中取得有效作用。提高校长的领导力就是要研究校长如何通过自身的作用，使学校又好又快地变化发展。

（3）价值与价值领导力

从哲学的角度来看，价值是指客体（事物或人）满足主体（个人主体或集体主体）需要的关系。从这个意义上看，价值既反映了客体的客观属性，也反映了主体的主观需要、偏好与理想；既具有客观性，也具有主观性。简而言之，价值表示了主体基于自身的需要、偏好与理想，对客体某种特性的肯定、接纳或欣赏。但是，人的理想（指向未来的需要）就更不相同。这样看来，在价值客体确定的情况下，人们由于主观需要、偏好与理想不同，所以对于价值客体的价值评价或价值感也会有所不同。这就使得主客体之间的价值关系比认识关系要复杂得多，并很容易导致社会生活中人们彼此之间产生价值分歧甚至价值冲突。

人的行为总是受行为主体价值观支配的。因此，当人们之间产生价值分歧或冲突时，就会直接影响人与人之间的团结和协作如果这种分歧或冲突是一个组织范围内的事情，那么就会影响到组织成员之间的团结和协作；如果这种价值分歧或冲突是整个社会范围内的事情，那么就会影响整个社会的团结和协作。因此，如何整合这种可能的价值分歧，化解或隐或显的价值冲突，培育社会或组织成员间的价值共识，促使人们认同领导者——政治家或学校校长——所提倡的价值观，并据此开展协调一致的行动，就成为领导者在实施领导行为过程中所面临的基本问题。这一基本问题的解决，不可能通过经济的手段来进行，也不可能通过行政的手段来进行，只能通过价值的手段来进行，校长不能只是一只辛勤的小蜜蜂，而要成为类似放风筝的人：心中有天空，眼中有目标，手里有分寸，脚下有土地。

领导不同于管理，领导力不同于管理能力。领导是做正确的事，而管理是正确地做事领导和管理的最大的区别就在于，管理更倾向按照机构的规则实施已有的程序，而领导则更加注重愿景的作用和启动实现愿景的过程。

校长要集中精力抓大事，善于抓"大"放"小"。做到校长出思想，副校长出思路，中层干部出举措，员工出行为。

从本质上讲，校长领导力是一种影响力。从影响力的来源来看，在知识经济时代背景下，就是一所学校的领导者在教师心目中能否获得真正的权威和影响力，在同行和社会上有没有地位，有没有发言权。价值观引领，重在提高师生的精神境界：价值追求的缺失，实际是灵魂的缺失。一个人当对事业的追求达到一心一意时，思想将不再流浪，精神将不再漂泊，行动将不再迟疑，实践证明，校长领导力不是指校长某一方面的能力，而是包含校长办学思想、育人目标、学识、人格、情感、意志等的综合素质，是驾驭、引领、发展学校的综合能力。校长领导力直接关系到学校的生存、发展与成功。

无数成功校长表明，校长应该具备思想力、学习力、规划力、用人力、决策力、执行力、经营力、协调力、权变力和创新力等十大领导力。

思想力——思想力是思想对客观世界的作用力，是经过历练、顿悟和升华后获得的一种思维活动能力。

学习力——学习力是自我学习提升的能力，包括学习动力、学习态度、学习方法、学习效率、创新思维和创造能力等构成的综合体。

规划力——规划是指人们对未来整体性、长期性、基本性问题的思考、考量和设计的能力。

用人力——用人力是指领导者对人才的鉴识、招揽、培养和使用的能力。

决策力——决策力是指领导者对某件事拿主意、做决断、定方向的综合性能力。在学校管理中，决策是校长工作的重心，决策能力是校长的最基本能力。

执行力——执行力是指贯彻战略意图，完成预定目标任务的操作能力。对于一校之长而言，执行力是将学校发展规划、发展战略一步步落到实处的能力，是把计划变成现实操作的能力，也就是将人员、策略、工作运作执行流程顺畅地统筹起来的系统能力

经营力——经营力是指为了实现某些特定的目的，运用经营权使某些物质发生运动从而获得某种结果的能力。

协调力——协调力是指正确处理组织内外各种关系，为组织正常运转创造良好的条件和环境，促进组织目标实现的能力。

权变力——权变就是随机应变，权变力就是随机应变的能力。

创新力——创新力又称创新能力，是人们革旧布新和创造新事物的能力。

当然，作为一种领导智慧和领导者的综合素质，校长领导力不是自然生成的也不是一蹴而就的，它需要校长在学校管理中自觉修炼、不断反思、积极践行。

2. 办学成就体现校长的价值领导力

校长特有的办学理念、思维方式、行为方式往往是学校发展的重要因素。同样，学校的形成和发展也见证了校长的领导力，反映了校长对教育的理解，是校长根据学校发展规律，综合社会各方面对教育的要求，开发、整合、利用有形和无形资源的结果，是校长办学经验的辛勤积累和智慧的结晶。

（二）教师的价值引导力

因为中职学生心理年龄的特殊性，往往会出现性格不稳定的情况，思想意识不够成熟，没有较强的约束性。因此，教师不能要求学生完完全全依据学生的制度做事情，学生发生一些违反学校的制度是正常的。教师应当要有正确的意识，

不应当感到大惊小怪。管理工作要倾向于艺术性，不要严格的批评学生，这样做可能会对学生的自信心带来伤害。就违纪学生的处理，教师应当采取正确的思想意识来解决，将工作做到学生的心里去，从本质上可以帮助学生能够正确地对待自己的错误并且加以改正。当中职教师在和学生进行交流过程中，应当全面对待每一位学生。尽管是一名任课老师，也应当要做好师生之间的沟通。除了在上课时间对学生进行正确引导之外，还应当在学校安排的一些活动中也要对学生进行掌握，和学生们多沟通交流，积极的鼓励学生，应当全面的对待每一位学生。其次，加强交流范围。通常班主任和任课老师都会对特别的学生进行交流，但是对于那些平常的孩子呢？倘若他们心里掩饰着自己的问题不能及时的处理，那么就会越积攒越多，容易使学生的情绪得不到控制，学习成绩不高等。对此，中职学校可以设置一个校长信箱，使平时不敢说的话通过写信的形式倾诉出来。与此同时，教师还应当掌握学生在学生和在家里的情况。在家里时有些学生可以畅所欲言，而到学校他们经常不善言谈。因此，学校可以成立一个心理咨询站，这样就可以使学生能够感受到家庭的温暖，愿意和老师分享自己心中的事情，进而能够倾诉心中的困惑，处理好自己的情感。

二、学校教育管理的课程探索

（一）新课程改革

1. 新课程改革的关键点

社会已经习惯了执行标准的课程，以至于校本课程、地方课程还不被认可，还没有起到应有的作用。校本课程就是个点缀，地方课程还无从谈起。

需要培养一支适应新课程改革的、能够进行课程研发和研发课程的教师队伍；需要建立推行新课程和教育改革的基础，更需要认真进行教考衔接的研究。

2. 新课程改革的发展空间

沸沸扬扬的新课程改革，可能专家们心里很清楚，但一线的老师们却一头雾水。这当中又加进了许多政治的东西，如"转变观念""校本教研"，我们的希望在于：新课改教材的教学空间很大，新课改的课程设计、研发、设置、实施、显效的空间都很大。这就是我们面对新课改要做的工作。

（二）教学的组织和运转

1. 选修课

（1）开设选修课的目标和内容

通过开设选修课的教学实践，学校及外聘教师开发课程、编写选修课校本教材，并不断改进更新，完善本校选修课体系，使学校的就校内涵有更深的文化积淀和发展。

在"立足学科、拓展学科、丰富学科"的课程思想指导下，在完成课程计划中国家课程的基础上，以必修课程为原点，通过开设选修课程，拓展学科学习范围，探究学科更深的知识层面，让学生接触、学习更多的知识和技能。

以教研组为单位，研究本学科选修课的方向，形成学科特色，建构和完善本校的选修课体系。开发选修课程、编写校本教材，应突出时代性、创新性、综合性、实践性，作为国家课程必修课的补充和拓展。促进教师的专业发展，使教师成为学校课程的管理者、决策者，并作为主体参加到课程开发与管理的过程中来，从而改变教师只是既定课程执行者的角色，形成一种开放的、民主的、科学的课程意识，形成一支一专多能的高质量的教师队伍。

（2）对选修课理论与实践的认识

选修课与必修课共同作用于学生的发展，但由于选修课的目标旨趣、任务功能、教学途径和方法乃至考核评价具有自身的特点，不能直接将必修课教学的做法简单移入选修课教学中。应深入研究选修课教学的特殊性，使选修课程的设计和教学实践顺利进行。

从教学目标看，必修课侧重共同知识、技能、素质的形成，为学生的终身发展奠定共同的根基，而选修课则侧重拓展学科视野，深化学科知识与技能，发展学生的特长、个性。

从教学功能看，必修课传授基本的科学文化知识、技能、技术，保障基本学力，培养基本素质，奠定个性化发展和终身学习的基础；而选修课则着眼于学科知识的拓展、深化，满足学生的兴趣爱好，发展学生的个性与特长。

从教学内容看，必修课强调知识技能的基础性、基本性、系统性与完整性，内容比较稳定；而选修课则关注较深、较广、较新的知识技能与当代社会生活中的重大问题，有较大的弹性，且需随时代变化及学生的要求进行及时调整。

从教学方法看，必修课实施应循序渐进、线性推进，注重课堂讲授、讨论探究和加强基本技能的训练；而选修课则可跨越跃进，以非线性的方式加以实施，专家讲座、学生自学、讨论、实践为其基本形式。当然，我们还应注意研究选修课的特点，根据选修课自身的特点与规律实施教学，努力提高教学质量。

（3）选修课程设置的原则和遵选标准

①有利于学生了解人类最基本的知识领域和思维方法。

②有利于加强学生的人文素质、创新能力和基础知识。

③有利于促进不同学科的交叉渗透，有利于培养学生的思辨能力。

④有利于引导学生了解学科前沿和新成果、新趋势、新信息。

⑤有利于从综合角度掌握经典著作的基本精神，启迪思路。

⑥有利于学生选修著名学术带头人的特色课。

⑦有利于学生对现有的必修学科有专题性总结以进一步提升。

⑧有利于提高学生的思想道德水平和身体心理素质。

（4）选修课程的教学管理和考核

全校性选修课的教学管理流程：课程设置规模数与学校班级建制数达到1∶1。提前公布课程及任课教师、上课地点。学生选课，每人一张选课表，选课打乱班级建制。上课时，会出现不同年级的学生同坐在一间教室里学习的现象，这本来就是一个很好的交流机会。学期末，每位承担选修课教师对学生进行考核，经教务处整理归档，成绩归班建制，与其他学科成绩一道通知学生和家长。

2. 新生分班之双向选择

（1）双向选择的理性认识

双向选择，源于企业雇主与雇员之间进行一次精神上的革命，使双方可以达到一种"双赢"的状态。雇主根据企业市场竞争力、职业绩效和员工经验来合理支付员工工资，视员工为常助解决企业问题而进入企业的共荣团队；雇员则充分认识到个人发展是建立在企业发展基础上的，个人对企业负责，企业才会对个人负责，称之为"现代双向选择"。从世界经济发展的趋势来看，构建现代双向选择是实现雇主与雇员"双赢"、实现社会利益最大化的当务之急。

（2）双向选择的教学运用

运用双向选择法进行分班是建立在分层教育的思想基础上的当年孔夫子提倡的因材施教，在今天的班级授课制中很难做到这一点。由于均衡教育的思想，学校的课堂里，教师面对着参差不齐的学生，却在同一教室同一时间同一大纲同一教材同一教学要求的情况下教学，并将面对同一场考试。平均分与优秀率同时困扰着教学，二者很难两全。

从各个维度来看，人与人是有差异的。均衡教育只是一个理想，对学习优秀和学习困难的学生都是不公平的。教育的公平应该是整个教育过程的机会公平，而不是机械式的给予和要求的公平。一系列"不准入学考试""不准实行快慢班""不准举办奥数班"等不准政策，遏制了人才成长。

行政计划式的分层教育行不通，可以采取市场式的方式。其可鉴方法如下：

①每一名新生在学校教务处报到后，手里拿到一张学生登记表，除填写学生的基本信息外，有一栏注明选择的班级和班主任。

②召开新生及家长大会，大会除一些必要的程序外，重点是介绍班主任和任

课教师，将各位教师的基本情况和闪光点一一做介绍。

③计划两天的时间，集中在初一年级的教学楼里，各班班主任老师守在各班教室里接待学生和家长。

④学生、家长与班主任、学科任课教师相互了解，最后以班主任老师在学生登记表的选择班级栏目中签字，该生即编进该班主任老师的班级这叫作"校长管进学校的大门，班主任管进教室的小门"。

⑤为平衡各班级规模数，班上任认定学生签字时，规定只能而且必须签多少名学生。

编班实施师生"双向选择"的效应：

①让学生有选择教师的权利，学生进校后，接受什么样的教师教育不再是被动的，而是可以进行选择的。当然，要选择优秀的教师，学生自己也必须具备较好的素质。

②让教师有选择学生的权利。教师特别是班主任老师新接受一个班级要带完整个学期，对于接受什么样的学生，不再是被动的，而是可以选择的。同理，要选择优秀的学生，教师自身也必须是优秀的，在过去的教学中是成绩显著的，学生家长信赖和认同的，在人民群众中是口碑好的、有影响的。

③由于学生可以选择教师，学生及家长就要千方百计地调查了解老师，这样就把教师由"两耳不闻窗外事，一心只读圣贤书"的封闭天地放到一个更广阔的社会空间去评判。对于教师成名成家，塑造个人形象和社会影响力，是极为有利的。对于年轻教师的成长，就更多了一份社会责任感和成长的压力。对于一般教师，优秀学生不找你，不是校长局长说了算，而是社会人民群众说了算，促使其努力提高自身的修养和水平，努力工作创出成绩毫不懈怠。

④由于教师可以选择学生，特别是优秀教师，少不了电话、条子、人情关系，那么迎合人情关系和把握教学质量的一对矛盾，就摆在教师特别是班主任的面前。如何正确有效地解决这一难问题，也是教师在教书之外必须学会的技巧。有人批评这样做会大量出现拉关系、走后门的情况。试想，学生、家长对一名普通教师、普通班主任能"拉关系、走后门"，总比对校长局长"拉关系走后门"要好得多。这才是尊重教师、重视教育的表现，这才是社会文明进步的表现。

三、中职教育管理中师生有效沟通的策略

中职教育管理的目的在于培养学生养成良好的学习习惯、生活习惯以及行为习惯，让其可以自觉抵制一切不良的行为，养成独立生活、独立解决问题的能力，进而让学生从身体上以及心理上都能得到良好的发展。因此，中职院校在对学生进行教育管理中，需要采取合理的方式，需要以学生为本，来对其进行情感、行

为、认知以及人格等方面的教育和管理，以此来实现向社会输送综合型人才的目标。由此可以看出，在具体的教育管理中，老师需要跟学生进行良好的沟通，这样才能保证信息传递的质量，传递的信息包括学生所学专业的基本文化知识、积极向上的思想品德以及情感等，进而保证教育管理的质量。然而，目前很多中职院校在教育管理中缺乏有效的师生沟通途径，在师生沟通中还存在着沟通障碍，不利于中职教育管理目标的实现，也不利于中职教学的开展。因此，对于中职院校教育管理中师生有效沟通的研究具有非常现实的指导意义。

（一）中职院校教育管理中师生沟通现状

目前很多中职院校教育管理中师生沟通存在着障碍。其具体表现为师生沟通信息的不对称、沟通地位不对称以及沟通方式不对称。其中沟通信息不对称，就是双方就某个问题有很大的分歧，而老师还在一味地向学生进行知识输出，从而导致了两方的矛盾。沟通地位的不对称是指教师常常会忽视学生的主体地位，所以对学生未给予公平的对待。沟通方式不对称，主要是指目前的沟通都是单向的，都是老师在跟学生沟通，学生畏惧跟教师进行沟通。

（二）引发中职院校教育管理中师生沟通障碍的因素

通过翻阅相关资料，总结出中职院校教育管理中师生沟通障碍的主要原因如下：

1. 缺乏有效沟通途径

当前教师教学压力大。具体教育管理中依然存在着重教育、轻管理的现象，从而导致老师没有时间跟学生沟通与学习无关的事件，学生也对老师有畏惧和不服从的心理，进而使得双方并没有一个有效的沟通途径来进行沟通。

2. 教育管理目标的偏差

在中职教育管理中首要任务就是管理，通过有效的沟通保证管理质量和教育质量，进而实现教育管理的目标。然而目前很多中职院校教育管理目标存在偏差，导致师生沟通障碍现象的发生。其具体体现在，教育管理中，以教育成绩为重心，有严重的应试教育倾向。并且在管理过程中，管理方式强制、粗暴，不利于学生的服从以及个性化的发展。此外，过分强调老师的尊严，从而忽视了学生的人格、自尊以及情感需求，导致师生之间存在着沟通障碍的问题。

3. 师生的认知能力差异

在教育管理中，师生的认知能力差异也会导致沟通障碍。对于教师来说，其受过专业的教育和培训，阅历和知识量也比较丰富，在具体实践中，总是觉得很简单的问题简单地向学生进行信息传递，但是学生却对老师所认为的简单问题表示不理解。并且,此时教师并未意识到导致这种现象的原因在于双方的认知差异,而是一味地认为学生并未认真学习或者学生就是笨,从而做出一些违反职业道德,或者不尊重学生的事情,影响了教育管理质量。

(三)中职院校教育管理中师生有效沟通的策略

通过上文分析了解到中职院校教育管理中存在着沟通障碍问题,因此,建议从如下几个方面来进行完善,消除师生沟通障碍、保证沟通的有效性。

1. 树立师生平等的沟通意识

其实对于教育来说,其最大的魅力不在于教会学生多少课本知识,而是让其将这些知识进行吸引,懂得做人的基本道理。这是教育的主要目标,也是教师必须要掌握的一个重点,因此这就需要教师在教育管理中树立师生平等沟通意识。

首先,教师需要改变在学生眼里不好的一面,塑造积极健康的正面形象。日常管理中就需要从学习、生活以及心理等各个方面对学生进行管理,拉近师生之间的距离。其次,教师要给予教育管理足够的重视,要意识到管理和教育同等重要,只有这样才能做到在师生沟通过程中,应用自己的智慧,把握正确的时机,以此来保证沟通的有效性。而且,教师还需要用平等的心态去对待每一位学生。学生在认知方面跟老师有很大的差异,而且每一位学生的学习能力也是有很大的差异,此时就需要教师公平平等地去对待每一位学生。首先教师先通过各种途径来对学生进行了解,从学生感兴趣的话题入手,来增进师生之间的关系。这种方式可以让老师快速融入学生群体中,学生也会敞开心扉向老师倾诉自己生活和学习中的困惑,教师也会以朋友的角度,用自己丰富的人生经历,以及专业的知识去帮助学生解决这些疑惑。通过师生沟通,学生感受到了教师对他们的关心,从而营造了一个良好的沟通氛围,保证了沟通的有效性。此外,要写引导学生自我沟通。引导学生自我沟通的目的在于完善其知识结构,让其可以将教师的教学内容转换成自己的理解,以此来保障教学质量。在引导过程中,通过互动、讨论等方式,来让学生进行自我沟通,让其当教学的主人,改变其对专业知识,以及对教师的看法,从而上其站在教师的角度去思考问题,认识到教师教育管理的不易,进而会更加理解教师。这样在以后双方的沟通中,都可以做到互相理解,从而保证了沟通的有效性,保证教育管理质量。

2. 创造师生沟通机会

沟通是人际关系的纽带,也是人们维持情感的一个桥梁,因此可以说沟通是人们必须要掌握的一项技能。在中职院校教育管理中,受应试教育观念的影响,师生沟通不仅途径少,而且沟通的次数也很少,不仅影响师生之间的关系,也影响教育管理的质量。因此,在教育管理中就需要为师生创造沟通机会。首先,在学校方面，学校应该定期对教师的口才进行培训，并且对其情感教育等方面进行培训，以此来提高教师的沟通技能。学校还要减轻教师的教学压力，要以向社会输送综合型人才为教育目标，不再以教学成绩作为教师福利待遇、职位变迁或者职称的评定等方面的参考，要从学校开始注重教育与管理。其次，在教师方面，其需要改变自己传统的教学模式、教学理念，通过各种方式来加强跟学生的沟通。如可以通过模拟教学场景，可以通过探讨专业知识，以教学为基础来促进双方的沟通，增进师生之间的感情，消除师生沟通的障碍。因此，教师需要站在学生的角度，给予学生足够的自我成长的时间，尊重学生的课堂提问、日常提问，帮助其解决专业学习、情感以及生活上的困惑，用自己丰富的人生阅历，来呵护和教育中职院校的学生，真正做到理解学生，尊重学生，跟学生当朋友，以此来消除师生沟通上的障碍。

3. 提高沟通技巧

在师生关系中，教师的表现非常重要，因此，这就需要其控制好自己的情绪，来跟学生进行有效的沟通。

首先，教师需要提高自己的教学素养。教师需要有较高的人文素养以及道德情操，在日常的教育管理中，如果遇到跟学生意见不一致的现象，或者有学生故意激化矛盾的现象，教师切忌对学生发火。教师需要及时调整好心态，用自己的专业知识以及良好的职业素养来教育和感化学生，既要让他学习了专业知识，也纠正了其一些不规范的行为，进而消除了沟通障碍。

其次，掌握师生沟通的重点。在中职院校教育管理中，沟通的重点在于分享和分析，就是要分享一些他人的成功，还要分析成功的原因，并对原因进行总结，以此来培养学生应对困难的勇气。如目前中职院校的学生都认为自己可以上更好的学校，其是因为自己考试失利，没办法才来上的中职。因此，懊恼，没有自信，不愿意与人沟通、自卑等，教师在沟通过程中根据沟通重点，采用及时鼓励以及帮助学生摆脱困境的方式，加强师生之间的沟通。最后，教师还需要从沟通中找到学生的闪光点，以此来引导其树立自己的理想目标，并为了实现目标而努力。

此外，教师要善于应用语言进行沟通。教师需要有较强的语言能力，说的话既要有分量，也要有震撼力，可以直击学生的内心，以此来保证沟通的有效性。如可以使用一些优美的语言，如当学生面对他人质疑时，可以对学生说"这个世界太喧嚣、做好自己就好"，当学生面对学习和生活压力时，可以对学生说"天降大任于斯人也，必先苦其心志……"，当学生开始对自己向社会妥协而烦躁时，可以对学生说"短暂的妥协是为了以后更好的遇见"等，不仅让学生感受到了尊重，也让学生感受到了文字和知识的力量。或者应用一些幽默风趣的语言，让学生感觉老师非常亲切，从而会不畏惧老师。

4. 应用各种途径来拓宽沟通渠道

首先，可以利用新兴媒体，如微信、微博、抖音等各种学生会用到的 App 进行沟通。这样即符合学生的兴趣喜好，又能促进跟学生的沟通。如看看学生微博和抖音在发什么东西，在转什么东西，或者在对什么内容进行点赞和收藏，以此来了解学生，根据学生的喜好来进行沟通，不仅消除了沟通障碍，还能保证教育管理质量。这种沟通方式不受时间空间限制，也是学生们特别熟悉，以及每天都会用到的 App，实现了师生之间零距离的沟通，这种沟通模式会让学生放下对教师的戒心，更愿意将自己最真实的一面展现给教师，进而消除了师生沟通障碍。其次，可以通过教学评价来跟学生进行沟通。改变以成绩为主的评价方式，针对学生各方面的表现来给予学生综合性的评价，让学生通过评价可以改进不足或者获得更大的进步，从而保证了师生沟通的有效性。此外，可以从情感教育中进行沟通。如通过思想政治教育，帮助学生树立自信心，解决生活和学习中遇到的各种困难，帮助其克服心理障碍。在情感教育中，教师要采取倾听的方式来与学生进行沟通。倾听本身即是一种尊重，是因为对某件事欣赏，才会去倾听，因此，这样的教学方式，既可以增进师生之间的情感，还可以消除师生之间的隔阂。通过倾听，老师可以了解到学生的心声，并且在倾听过程中，通过学生的面部表情以及小动作等，来判断学生的情感以及需要，从而做出最准确的回馈。学生感受到了被尊重，课堂教学气氛也就会变得活跃起来，不仅激发了学生学习的兴趣，还提高了其参与度，进而保证了教育和管理的质量。

第二节 "以人为本"的教育理念

一、"以人为本"教育理念的内涵

（一）"以人为本"教育理念的时代内涵

"以人为本"就是要从人的本位出发，一切制度安排和政策措施要体现人性、要考虑人情、要尊重人权，不能超越人的发展阶段，不能忽视人的需要。"以人为本"是对自由、平等、法治等理想社会的价值诉求，是社会文明进步的基本目标。尽管目前我们仍然无法绝对有效地使全社会共享社会所赋予的人类权益，但强调"以人为本"则是实现和谐社会的根本途径，它也是对社会普遍的每一个体的关怀和尊重,整个社会成员中的弱势群体、少数人的利益以及个性化的要求都会受到充分的关注。因此,"以人为本"是在不损害群体利益的前提下,使得人的个性得到充分展现。

学校人本管理是人本原理在学校管理中的运用,就是以关心人、尊重人、激励人、解放人、发展人为根本指导思想来进行的学校管理,就是一种把人作为管理的主体,充分利用和开发学校的人力资源,服务于学校组织内外的利益相关者,从而为实现学校目标和学校成员个人目标而进行的学校管理学校人本管理的含义主要包括以下两点:

第一,所谓"以人为本",就是以学生和教师的成长、发展为本,这是教育的根本在学校管理系统中,人既是管理的主体,又是管理的对象,还是管理的产品,因此,人的因素在学校管理中占有重要地位"以人为本",首先就是要尊重师生的意愿,尊重他们成长和发展的规律,按教育教学规律办事。学校人力资源的显著特点是知识性、智力性、教育性,它要求学校管理不仅要尊重人、激活人、调动人的积极性和创造力,更要塑造人、发展人;不仅停留在表面意义上的尊重,实行简单的人文关怀,而是统领学校精神,引导价值追求,在深层意义上即观念层面上,对管理对象中的人施以潜在的、无形的、隐性的再造就;对人施以理性关注、价值观引导和精神锻造;用学校目标影响教师价值选择、转变生存观念、提升人文境界、培养现代教养,进而达到学校目标与个体价值追求的理性整合,使组织和个体进入自为状态,实现组织的持续发展和个人的自由全面发展。

第二,"以人为本"绝不只是办学特色,而是办学的根本指导思想。以人为本,应当统领并渗透到各种不同类型的管理中去,否则,具体的管理模式就可能发生异化。例如,科学管理如果不以人为本,就可能异化为科学主义指导下的机械式管理,这将大大挫伤人的积极性;法制管理如果不以人为本,就会发生异化,限制人的能动性,甚至转化为专制。所以,以人为本是管理的根本指导思想。学校人本管理思想应该贯穿于学校管理的各个环节、各个行为之中。如教育目标的制定、学校环境的建设、教学任务的分配、管理决策的制定与执行、教学内容的选择、教育过程的实施、教学方法的选择以及教学评价等都要体现出对人的尊重、理解、信任,并能有效地为促进人的发展服务。

与传统学校模式相比,人本特色学校模式更加重视人的尊严,遵循人性形成的规律,更重要的是,人本主义学校模式把教师主体性与学生主体性发展有机地在教育过程中统一起来,为学校持续健康发展开拓了广阔的前景。

(二)"以人为本"教育理念选择的历史必然性

首先,"本"有终极追求之意,就这一点来说,"以人为本"与人的全面发展的理想目标相吻合人的全面发展和自由个性是马克思人学思想追求的最高殿堂，如果我们把共产主义理解为可以跃上的平台，那么，这就是最基本的实现条件。当代世界经济、政治、科技发展的事实证明，人是一切发展的关键，世界各国之间的竞争归根到底是人才的竞争没有现代化素质的人，就不可能有真正的现代化：严酷的事实迫使各国不得不实施人才发展战略。

"以人为本"教育理念，把人的全面发展的问题真正提到议事日程上来。贯彻"以人为本"是个巨大的实践工程，当前我国正把主要精力集中在解决民生问题上，这个问题解决好了，就为人的德智体美的全面发展奠定了坚实的基础。随着"以人为本"教育理念的深入实践和具体落实，我国人民的全面素质必将大大提高，我国的社会发展也必将出现新的腾飞局面。

其次，随着社会发展和人类文明的进步，物质生活水平越来越高，"物化"现象也日益严重，人变成了经济动物，为物欲所羁绊，其结果必然导致人的价值的衰退和生存意义的部分丧失，这也会限制、阻碍甚至破坏人际关系的正常交往、沟通和理解人的主体价值被忽视，人际的亲情、友好互助的平等合作精神被淡漠化，人对社会的责任意识和个性充分发展也受到制约。在科学技术高速发展的今天，人们将更加关注人的自由、人的情感、存在和价值，尊重、理解、沟通、信任等人文精神再次成为时代的呼唤。作为培养人的主体，教育应该承担起人本教育与管理的理念，教育并不是一件告知和被告知的事情，而是一个主动性和建设性的过程，这个原理几乎在理论上无人不承认，而在实践中又无人不违反，可见，抛弃学生的主体性原则，学生就不能真正地深入理解和运用知识，因而，要注重学生的主体性，把上课看作是与人的交往，而不单纯是劳作；是艺术创造，而不仅仅是教授只有坚持从学生的发展需要出发，立足学生实际情况，充分发挥学生的主体作用，通过转变观念，合理组织教学过程，进行师生关系、教学内容、教学方法等方面的改革与创新，才能实现"以人为本"的教学。

（三）"以人为本"教育理念下的课堂教学管理

课堂教学管理不仅要强调"人是管理活动的主体，是管理的核心和动力"发挥组织成员的积极性和参与精神、突出人在管理中的中心地位，更要实现在实施管理的过程中完成被管理者自我成长和自我教育的管理目标。这是课堂教学管理"既教又管"这一特征的直接显现。而以提高工作效率为目标的机关事业管理或以增加生产效益为目标的企业管理，尽管都把对人的关注作为管理的核心问题，但管理中的人仍然只是管理的手段而不是目的，是作为"经济人"而进行的管理。与此不同的是，学校教学课堂中的管理育人、服务育人是把管理的目标定位在育人上。因此教育管理的理念应该是充分人性化的，应依托于"以人为本"这个根本的出发点。

在"以人为本"教育理念的课堂教学管理中,管理就是服务,是"以人为本""以学生为本"思想的自然延伸,树立以"服务为本"的管理理念,真正把学生的需要作为管理的目标,改变传统管理中威胁、监督、命令、禁止、惩罚等暴力式的管理理念以及管理和被管理者之间命令与服从、支配与被支配的主从关系,以避免像传统管理中那样管理者把从管理体制中获得的管理权限直接转化为管理者的权力。在课堂教学管理中,打破传统师查尊严对管理的影响,管理者应善于倾听被管理者的心声,树立耐心和设身处地的为人服务的人本理念"俯首甘为孺子牛"般的工作态度和精神意识,既不是源于亲缘的责任,也不是境界的超越,而应成为当代课堂教学管理的基本原则。教育因为受教育者而存在,管理同样因为人的全面发展而获得意义。

二、"以人为本"教育理念的特征

(一)"以人为本"教育理念的具体表征

1. 教育观念的人本化

"以人为本"教育理念强调把学生看作目的而非手段,认为学生是教育的中心,也是教育的目的:学生是教育的出发点,也是教育的归宿:学生是教育的基础,也是教育的根本。但是长期以来,思想政治教育常常把学生当作手段而不是目的,这有诸多原因。首先,在长期的封建制度下,思想政治教育成为化民成俗的工具,妇女和儿童没有独立的人格,整个社会习惯于用封建礼教来规范人们的行为,学校也习惯于强灌硬输。教育的目的不是要使青少年全面而自由地发展,而是要把人驯化成统一的会说话的工具。其次,在计划经济时代,由于受苏联思想政治教育的影响,片面强调向学生灌输,对青少年做出统一的、脱离实际的一些要求,学生只能被动地接受教条式的教育,只能有共同的被人为拔高的成长目标。最后,在改革开放以后,随着中外交流的发展,各种思潮如潮水般涌入,传统思想政治教育要么固守阵地,要么又全盘接受国外的教育思潮,未能结合自身实际,在坚持主导意识形态的条件下对西方思潮进行正本清源,进行合理有效地批判和继承。因此,我们在以往的思想政治教育工作中都未能较好地认识思想政治教育的目的性,没能正确有效地把学生的发展看作思想政治教育的根本所在。

中国要繁荣富强,要屹立于世界民族之林,必须要有一代又一代的时代新人,因此,以人为本的思想政治教育应该高度重视学生的健康和全面发展,把学生看作所有工作的出发点和归宿,更视学生的意见和要求,改变单向灌输和高标准要求学生的思维习惯,对思想政治教育内容进行有效选择,对方法和措施进行及时调整，力争做到学校思想政治教育生动活泼。

2. 教育教学的个性化

"以人为本"教育理念要求教师要把学生看作具体的人而非抽象的人，看成有潜力的成长中的人，而不是一个分数或一次行为表现。在近年的思想政治教育改革中，广大思想政治教育工作者开始关注学生的发展，这是一个好现象，但同时也出现一个误区，即把学生看作抽象的人、机械的人，千人一面，没有个性。这是违背以人为本教育理念的。实施以人为本的思想政治教育不仅要把学生看作目的，而且要把学生看作具体的人，做到具体问题具体分析，具体的人具体分析，不要把学生统一看待，做完全同一的较高的目标要求。把人看作抽象的人还是具体的人，是专制主义与民主主义的根本区别之所在，也是传统思想政治教育与现代思想政治教育的分水岭。

3. 教育过程的主体化

"以人为本"教育理念凸显了学生是教育主体的地位，把学生看作能动的人而非被动的人。促成人的自我实现是以人为本教育理念的根本目的，发挥人的积极性和能动性是自我实现的重要条件。因此，以人为本教育理念要求在思想政治教育中必须把人看成是能动的人而不是抽象的人。在现代思想政治教育改革过程中，越来越多的人赞同这样的观点，即在教育中，教育者与受教育者的主客体关系是相对存在的。一方面，教育者对受教育者实施教育，教育者是主体，受教育者是客体；另一方面，受教育者接受教育的状况和受教育者自身的素质以及能力水平也会影响教育者，从这个意义上说，受教育者又成了教育者，教育的这种双向互动关系要求把学生当作能动的人而不是被动的人，这也是以人为本教育理念的根本要求。从思想政治教育工作来看，这就要求我们要认识到每一个学生都有自己的意识和思想，都具有主观能动性，有自己独特的接受和反应方式，从而充分调动学生的积极性和参与性，发挥他们的潜力。任何有效的教育都是通过学生自己的学习和接受来实现的，而不是通过教师的单纯灌输所能奏效的，思想政治教育也不例外。没有学生的主观能动性的发挥，就不可能有真正的理解和接受，就不可能有思想和道德上的实践，这样的思想政治教育是无效的。因此，以人为本的思想政治教育的任务，既要向学生讲解思想政治和道德品质方面的知识，还要启发和调动学生的积极性和参与性，发挥他们的能动性，引导学生正确认识自我，正确进行自我评价、自我管理和自我教育，引导他们在理解的基础之上进行自我思想和道德上的实践。

（二）学校人本管理特征

学校人本管理最显著的特征就是以"人"为中心，人的作用乃是管理的根本。

这是将人与其他管理要素，如财物、时空、信息等的管理作用相比较得出的重要结论。以人为本所说的"人"是多元的，既包括管理者，也包括被管理者，还包括管理的人文环境。就学校管理而言，以人为本涉及的人有学校领导、教职工、学生，还有家长、社区群众等，这些人对学校管理的质量都有重要的影响。

以人为本注重促进管理中人的发展，认为这既是管理的手段，也是管理的目的。人的能动性和才干，是管理目标实现的重要保障，这是称其为手段的原因。现代以人为本的管理还认为通过管理实践，也应使人自身得到发展，并指出这是管理的重要目的之一。

以人为中心是相对于以事为中心提出的。学校管理的对象是人和物两大类，管理工作中无时不遇到人和物的关系，以"事"为中心的管理着重于工作的成就，以增加生产，提高效率为重心，所建立的监控制度及所设计的方法，皆是在管束员工去努力工作，谋求较高的工作效率，他们以为只要有合理的制度、科学的方法、一定的标准化的工作程序交由员工去运用、去遵行就可以了。以人为中心的管理则侧重于关心员工的生活需要及其心理反应；主管与员工之间建立起彼此友谊及感情管理，互相支持。主管尊重员工的人格，予以信任，使其能独立自主地自觉、自愿地努力工作；对员工施以激励，使其内在的潜能得到最高的发挥；培养员工的快乐情绪及热诚的工作意愿，使其能积极主动地工作；使员工理解组织的目标、政策及业务等，并给予参与的权利与机会、增强其责任心、荣誉感及对组织的认同与依附；对员工因材施用，量能授职，使能用其所学，展其所长，为他们创造自我发展与自我实现的条件和机会。

以人为本，在处理人和物的关系时必须坚持先人后物的原则，不能先物后人，更不能见物不见人。如对学校资源的管理，图书馆、实验室、计算机教室等学校教育资源及设备的管理，是只把东西看管好的"看摊式"管理，还是利用其资源及设备充分为师生服务？看摊就是见物不见人，为师生服务就是以人为本。校园环境建设是有利于师生的生活、学习和健康，还是不利于师生的生活、学习和健康？前者就是目中有人，后者就是目中无人。教学中如何处理教材、教学内容与学生的关系，也同样有个是否目中有人，是否以人为本的问题。如何看待学生与分数的关系，也是一种处理人和物的关系问题。不能否认，在学校的教学中，还存在着不同程度的不顾学生身心健康发展，违反教育规律，一味追求高分数的行为。这是一种严重的见物不见人的行为，这种行为往往表露出学校和教师的一种功利思想。概括起来，学校人本管理具有以下特征：人在学校中的地位得以提升，充分开发人力资源成为学校发展的根本，学校管理的服务对象是所有利益相关者，学校管理成功的标志是学校目标与教职工个人目标都能得以实现，学校管理的最终目的是解放人、发展人。这些特征不同于传统的学校管理模式，主要表现在：一是人本管理思想改变了过去对学校中的个人价值的判断，将人在其中的地位加以提升；二是使传统的学校人事管理向人力资源开发转变；三是改变了学校管理的服务对象的观念，学校的服务对象应包括学校的全体教职工和学生、家长，还包括学校外部的所有利益相关者；四是将学校目标和教职工个人目标有效地结合，充分地发挥教职工的主动性、积极性和创造性；五是人本管理实现了解放人、发展人的学校教育理念，由此以人为本成为现代学校管理的根本指导思想。

三、在中职学校班级管理中，引入以人为本的理念

第一，转变理念，变"管理"为"引导"。在传统的教学观念中，教师与学生的关系就是，管理者与被管理者、教育者与被教育者，是一种上级与下级、主要与次要的层次关系。在中职校园中，管理者往往会限于制度的约束，以标准制度为准则，从教育体制出发，忽略了学生的真实感受，长此以往，教师与学生之间，就形成了一道沟通"隔膜"除了探讨知识理论与学习文化，学生与教师之间，再无其他延伸。要在中职学校班级管理中，引入以人为本的教育理念，那么就要在思想上进行根本转变，中职学生是一群活泼、好动且积极向上的有为青年，在思维模式上、心智发展上，都日趋成熟，并形成了独立的价值观、人生观以及世界观。强制性的导入以人为本的教学模式，往往会适得其反，要遵循人本思想的规律，从人心入手，循序渐进、耐心引导。将高校的制度教育、制度化理念，转变为"引导"理念，深入贯彻以人为本的教育思想，用引导的方式激励学生，从内心深处，认识自己、审视自己，最终实现综合能力的培养，人本教育的管理。第二，贯彻以人为本的教师管理。教师是辛勤的园丁，学生是祖国的花朵，花朵只有经过园丁的悉心培养，才能尽情盛放，学生也只有通过教师的不断培养、悉心引导，才能学有所成。教师在教育管理中，占据着重要的地位，是学校的中心主体，对学校的教育发展事业，起到了积极的引导作用。在教学管理中，深入贯彻入以人为本的教育理念，首先要以教师为基准，采取有效措施，不断提升教师的授课能力与教育水平，树立以教师为标准的，人本管理理念，只有以教师为楷模，在中职学校班级管理中，学生才会更加尊重教师、模仿教师，并以教师为榜样，深入学习，全面贯彻以人为本的教学管理，实则是一种曲向的人本管理。第三，树立以学生的发展为本的管理理念。以人为本的教育理念，就是要以尊重学生为前提，在教学过程中，以学生为中心，关爱学生、帮助学生，合理看待学生发展，不搞形式主义与浮夸主义，要脚踏实地。构建一种师生平等的管理模式，还要统筹兼顾，在学生成长过程中，既要培养成绩好，能力强的学生，同时也要注重，成绩差、能力差的学生，以人为本，就是要充分顾及，学生的感受，学生

的尊严，这样才能合理的，对中职学校班级管理学生，进行人本思想的引导。

四、中职教育管理策略

计算机、互联网的发展，使得教育信息化对中职教育产生了深远影响，中职教育的教学模式发生了明显改变，从传统的讲学模式，向信息化、互动性、协作教学的模式发展，学生对课堂的认识也发生了变化，中职教师应充分利用各种信息化手段，提升教学管理水平。

（一）树立以人为本的教育理念

中职院校作为管理工作的实施者，应始终强调以人为本的教育管理理念。具体落实过程中，由于学生众多，难以掌握每个学生的心理变化，难以有效贴合学生的兴趣，掌握其学习进度，所以，在学校教育管理工作在组织实施过程中，难免会遭遇一定程度的困难和挑战。

信息化的引入使教育工作者可以依托多种有效手段，准确、全面地了解学生，可以使用微博、QQ群、微信朋友圈等信息化平台，加强与学生的沟通交流，合理调整对学生的评价角度与标准要求。借助平板电脑等移动终端及配套教学服务，可对学生学习、教学任务完成、知识兴趣方向有充分的了解，定制个性化教学内容，提高学生学习兴趣和教学质量。通过互联网平台组织学生参与课外活动，唤起中职学生对学习的信心与兴趣。通过社交平台加强与家长的沟通，督促家长履行监护职责，配合学校做好学生的教育管理工作。这些手段的应用都有利于确保教育管理工作的顺利实施，发挥教育作用，真正体现以人为本的教育理念。

（二）加强校园文化环境建设

传统中职教育管理制度不完善，如教师考核奖惩不透明、不公正，影响教师队伍工作的积极性。应用信息化技术进行系统的教学考核评估，实施奖优罚劣，可提高教学效率。组织教师进行信息化培训，提高教师专业水平，提升教师队伍总体素质。鼓励教师使用移动工具进行交流沟通，身教重于言教，以营造良好的教风、校风。通过学校门户网站、微信公众号、微博号、校内平面广告等媒介，宣传古今中外具有"工匠精神"的人物，让学生看到"工匠精神"的力量，从而树立正确的职业理想，以敬畏之心投入职业学习和工作中去，创造良好的校园文化环境。

（三）创新人才培养手段

我国教育系统中，中职院校承担了为国家培养专业技能型人才的重大任务。企业发展需要更多高素质、创新型技术人才，中职院校学生的培养，要求将学校、社会、企业三者的需求有机结合，培养学生全面的知识体系、创新的思维方式和专业技术能力。通过互联网等工具，可充分了解市场需求，提升教学内容品质，根据职业需求，将教学内容项目化、模块化，对课程内容作出合理设计，合理安排课程中心点、教学进度、教学形式，为教师教学效率的提高奠定基础。充分利用虚拟现实技术、多媒体技术，可为中职生提供虚拟实践环境，拓展教学实践，培养学生动手能力，使学生的学习不受时间、地点限制，提升学生学习兴趣。通过直播技术等手段，引入外校精品课程，学习其他学校优秀的教学管理方式，提升本校的竞争力，达到教学管理模式改革的目标，还可以邀请企业技术人员进行远程讲解，促进教育资源的共享。

第三章　学校组织与公共关系管理

第一节　学校组织管理

一、学校组织的基本含义与特点

（一）组织的概念

"组织"这个名词曾经在自然科学和社会科学中得到广泛地使用。按照《辞典》的解释："为特定目的而作之系统的安排。"古人曾把编织布帛称作组织，生物学中把器官也称作为组织。而在管理学上则是把分散的人群和分离状态的任务、机构，按照一定的原则集合起来，发挥整体精神，为达到共同目标而行动的一种实体称作组织。

"组织"具有下列特点：

1. 整体性

组织是一个整体。它把处于分散状态的人群、分离状态的事物、机构集合在整体的目标上。组织对外代表整体，对内统辖每一个成员和组成部分一FL整体瓦解了，组织也就不存在了。

2. 系统性

组织与组织之间或组织内部各个要素之间都要发生关系。有自上而下的纵向关系，也有左右之间的横向关系。这些关系和联系不是杂乱无章的，而是有秩序的，这就是系统性。

3. 纪律性

在社会上，无论是正式组织，还是非正式组织，都需要依靠纪律来约束各个组成部分的行为纪律是组织的灵魂。无组织状态总是伴随着无纪律的行为。

4. 放大性

组织的力量大于各个分散状态人群力量的总集合。所谓"乌合之众""一盘散沙"都是没有组织的状态。

5. 目的性

组织存在是因为它有明确的目标，这种目的性把分散状况聚合在一起。缺乏明确目的的组织是一种涣散的、缺乏生命力的、难以持久下去的组织。

（二）组织在学校管理中的作用

学校是一种教育组织，是培养一定规格人才的重要基地。它把教师、学生、职工和教育、教学工作、管理工作集合到一起，为全面贯彻党的教育方针，提高教育质量，改善办学条件和培养人才做出贡献。

学校组织在教育上的作用，远比家庭教育、社会教育大得多，其组织性是一个重要的原因。组织在学校管理中的作用有下列几点：

1. 协调作用

学校组织通过任务结构和权力关系协调全校人员统一行动。学校组织承担着多方面的任务（如教学任务、科研任务、社会服务任务、改善教职工物质生活和精神生活的任务等）。这些任务就其性质来说是各不相同的，重要程度也不一致，要把它们联合起来构成学校组织的任务结构。从完成学校总任务来说，它们都是不可缺少的。但是各项任务之间难免会发生矛盾。矛盾长期得不到解决，或解决得不好，就可能激化。矛盾激化会影响学校总任务的完成，因此学校组织要有自我调节的功能，以协调各个任务之间的关系。

组织的协调作用又是靠组织的权力关系来维持的，各个任务的直接承担者在接受任务的时候，还要明确自己的职与权的范围。上级组织在下达任务时，同时也要下放权力。但是作为上级组织又不能把全部权力都下放，因为上级组织还要保持一部分协调的功能。

组织的自我调节功能需要靠一定的自主权来维持。如果没有起码的自主权，事事处处都要依附于上一级组织，这个组织的任务很难完成，本身的功能将逐渐衰竭。

2. 沟通作用

学校组织通过其管理系统对社会环境、上级教育领导机关和学校内部诸成员之间进行信息沟通学校通过信息沟通来了解职责、需要与现状之间的差距，促进成员之间的相反了解这是学校组织对内部或外界影响力的表现，也是实现学校组织目标的重要条件。

学校组织的影响力是和组织的沟通作用、信息沟通渠道的畅通程度紧密相连的，信息传递的渠道多而且通畅，组织的影响力也就大，个人对组织的责任感也就强反之，信息沟通渠道太少，甚至出现信息梗阻，这时组织对内、对外的影响力也减小了，个人对组织的责任感也就弱了。加强学校组织的沟通能力则是健全组织的重要条件。

3. 聚合作用

一个健全的学校组织具有强大的聚合力，它能够把学校中各种各样的人和事连接起来。学校组织的聚合力的大小是和组织成员对期望的满足程度有直接关系一个学校里教师队伍不稳定，就说明该校组织缺乏聚合力。教师们要求调动工作有多方面的原因：有的是实际困难，该校无法解决；也有的是教师的才能、特长得不到发挥，合理的需要得不到满足，领导与教师之间缺乏相互尊重、信任、支持和谅解的问题。这样的学校组织就不能把大家聚合在一起。学校领导人除了要处理好人际关系之外，在确定组织目标、提出任务、安排工作、建立与执行规章制度，实施奖励与惩罚等措施时，要把提高学校组织的聚合作用放在重要位置上。

4. 教育作用

学校组织是教育组织。组织中的每个成员，无论是教师、职工还是校长，他们既是教育者又是受教育者。学校组织的一切措施也都要有教育人的作用。

二、学校组织机构的建立健全

学校的组织机构是为学校任务服务的。随着工作任务的变化，学校的组织机构也要有相应的变化，例如前几年许多学校都没有微型电子计算机房。语言实验室、电化教育设备也很简单，就没有必要专门建立一个专管这些业务的组织机构。而现在就有了电化教育和微型电子计算机的管理部门由于学校有些工作任务是固定的相对组织机构也是稳定的。有些工作任务是后来发展起来的，就有必要从某个组织中分化出来，成立一个独立机构。究竟哪些部门要建立新机构，那些机构应该精简、合并，这是学校组织管理中要讨论的问题。常用的方法有：

（一）行政职责工作说明书

它要求各个单位详细地开列出本部门有多少项工作，每项工作质量求，职务岗位的分配和权力界限是什么，一直落实到每个人的工作性质、范围、职责、工作量以及与其他工作人员的关系。

这是一项很复杂的工作，最好有一个专门的工作班子来完成。其工作步骤如下：

①请每位教职工自己先填一个表，说明自己这个职务应该完成的工作，尽什么责任，工作量有多大。

②直接执行领导人（顶头上司）检查每个人填的表有无相互矛盾、遗漏或重复的地方，修改后交群众讨论，最后上报。

③上一级组织专门成立一个委员会，进行综合平衡并对其复查、评价和修改。

④经校长和教工代表大会讨论批准后作为设置机构招聘人员的依据。

这种方法力求做到组织机构的设置、人员的编制、职责权的范围、工作质量的评估是合理的、可行的。但做起来费时、费事。

（二）授权法

以工作任务为中心，按任务的需要，设置相应机构，规定权力由于把人、财、物三类的权力都下放了，就可以减少相互之间的矛盾。谁也不要再向校长要人、要钱、要设备了，这是实行包干到组（处）办法。

（三）目标管理法

要让全校人员都知道本校的总目标、总任务是什么，每个成员要完成总任务中的一部分任务，也就是他的分目标、分任务是什么。学校主要是解决三个问题：

①每个人的分目标是否与总目标一致，确保总目标的实现。
②做好平衡工作，防止发生工作重叠的现象。
③每个人定的目标和任务是否有偏高或偏低的现象。

在制定目标的同时，还要有一套评价的方法。根据目标管理工作情况，成绩突出者可以提升，不胜任者要调动工作。这些虽是人事安排，也要把机构与人的作用统一起来考虑。

三、中职学校组织管理制度

中职学校是职业教育机构，为了保证学校的正常运转和学生的良好学习环境，需要制定一套科学合理的管理制度。中职学校管理制度包括了学校的基本管理原则、组织架构、师生管理、课程管理、考试评价、安全管理等多个方面。下面我们就来详细介绍一下中职学校组织管理制度的具体内容。

（一）学校管理原则

中职学校的管理原则主要包括民主决策、依法治校、科学管理、公平公正等方面。学校应该建立起完善的管理体系，确保学校管理的科学性和公正性，保证管理的透明化和规范化。

（二）组织架构

中职学校的组织架构主要包括学校领导、教职员工、教务处、保卫处、后勤保障等部门。学校应该明确各部门的职责和权限，形成协同工作的机制，实现学校管理的高效性和灵活性。

（三）师生管理

中职学校的师生管理是学校管理中非常重要的一环。学校需要建立起规范的师生关系，明确师生的权利和义务，加强对学生的思想教育和行为规范，提供良好的学习、生活环境。

（四）课程管理

中职学校的课程管理主要包括教学计划制定、课堂教学管理、学科竞赛等方面。学校应该制定合理的教学计划，确保教学内容的科学性和实用性，提供多样化的教学方法，培养学生的实践能力和创新精神。

第二节　学校公共关系管理

一、学校公共关系管理的内涵

（一）学校公共关系应明确的问题

学校公共关系管理应该明确以下几个问题：

第一，公共关系是学校的一种主动行为。对学校来说，只有主动地、有计划地与自身的公众开展沟通活动，公共关系才能有效地展开，才能说学校有公共关系行为。学校与公众的公共关系不是无缘无故自然建立的，而是学校因内在需要而发出的一种主动行为。

第二，学校公共关系的对象是目标公众—这里指学校内部公众和外部公众。对学校来说，开展公共关系活动时，必然有一个主要目标和重点，针对的对象只能是目标公众，而不可能是任何公众，只针对特定目标公众，学校的公共关系才具有有效性。

第三，公共关系的传播是双向交流。学校开展公共关系活动时，从本质上来说是传播活动，表面上看，这是一种单向的信息传输活动，实际上，这一传播活动要进行和维持下去，必须依赖于公众的反馈，因而，具有效率的公共关系活动一定是组织与公众平等的双向交流活动，双向交流是公共关系活动的基本手段。

第四，公共关系的目标是营造社会环境。对于学校来说，在其周围存在着不同的组织或群体，它们与社会构成一个相互依存的社会状态，学校要想生存，必须要与这些社会组织或群体处理好关系，并获得它们的支持。可见，学校公共关系的目标是营造学校生存与发展的良性环境。这是学校开展公共关系活动的内在动力。

第五，公共关系是学校的战略管理。学校运用公共关系手段来营造其生存和发展环境，使公共关系担当起了影响学校未来发展的战略性使命，公共关系的成功会极大地帮助学校快速发展，而公共关系的失败，则可能导致学校陷入难以自拔的困境。因此，在现代社会当中，学校要密切关注自身公共关系状态，积极进行有效、合理的公共关系管理，从战略的高度重视公共关系活动的开展，为学校的生存和发展创造广阔的空间。

1. 学校公共关系管理基础

作为一种职业和策略，学校公共关系管理是非常独特的，它是一种受到观念驱动的职业和工作。公共关系操作运行的背后有着强大的理论基础和复杂的理论依据。学校公共关系管理是以多学科作为理论背景的。

（1）公共关系管理学科基础

学校公共关系管理是以多学科作为背景的。作为一门交叉学科，公共关系本体学科涉及管理学、传播学、社会学、政治学、经济学、心理学、哲学等诸多学科，与营销活动、选举活动、宣传活动、广告活动、策划活动等存在诸多的交叉。在诸多学科中，公共关系管理主要是管理学和传播学交叉形成的边缘学科。

（2）公共关系调查研究

任何类型的公共关系管理无外乎三个主要职能：传播、协调和形象管理。任何一项职能的落实都需要三个方面的技术和技巧支持：调查方法和技术、传媒技术、交往技巧和礼仪规范。交往和礼仪主要服务于高质量的人际经营，调查方法和技术服务于专项公共关系和综合公共关系的调查工作，传媒技术主要服务于项目公共关系经营与管理，贯穿于整学校形象建设和学校发展过程，调查研究是公共关系管理的核心工作，没有调查研究，就没有成功的公共关系及其管理。调查研究能够提供信息管理的来源和内容，提高决策质量。

2. 学校公共关系的组成

公共关系管理按照公众管理、事务管理、学校形象管理三个等级，分层、分类管理学校的公共关系。

学校公众关系管理的核心，是指向学校内部和外部的公众关系经营，具有长期性和潜移默化的特点。学校形象是指公众对学校的总体认知和评价，学校形象管理是对学校理念识别系统、制度识别系统、视觉识别系统等的管理，具有系统化、长期性等特点。

（二）学校公共关系管理的价值

学校公共关系管理是学校的一种主动行为，学校公共关系的有效管理，有利于优化外部环境实现社会职能，也有利于优化学校内部环境实现管理职能。

1. 良好的公共关系有利于优化学校外部环境实现社会职能

第一，使学校更能适应新形势的需要。学校在竞争中发展，不可能脱离外部环境，应与政治、经济文化、科技相联系，使自身能力转化为社会生产力。学校良好的公共关系管理，有助于学校树立良好的形象，而良好的形象能够将学校与市场的联系转化为学校的生存环境。政治、经济、文化、科技等因素的影响将对学校发展起到更好的支撑作用。市场经济越完善，学校良好的形象的竞争优势越会从学校综合实力中凸显出来。因此，学校应积极开展公共关系管理，树立良好形象，并将其转化为社会效益。

第二，为学校生源提供了有力保证。学校一切管理活动的目的是学校能够更好地生存与发展，生源是学校生存的基本保证。良好的学校形象预示着学校的办学水平、师资队伍、育人环境、教育教学质量以及科研能力的程度。因此，能够吸引更多优秀的生源，但不得不承认的是，面对如今市场的激烈竞争，很多学校的生源越来越少，建设良好的学校形象能够保证教育消费者对学校需求的稳定意向，缓和外界环境不稳定造成的不利因素对学校的打击。

第三，有利于获得外界支持一所学校的发展，离不开人、财、物的获取，在学校的生存与发展中，常常会面临国家教育经费不足的问题，这就需要学校有自己筹备经费的能力。良好的学校形象更能够使得学校得到外界的信任和认同，促进外界达成投资意向更为重要的是，良好的形象有利于得到上级和政府的重视，因此，学校更容易获得政策的优惠和政府资金的支持。此外，良好的学校形象更容易与企业进行科研合作、联合办学、实习基地建设等，有利于学校把科研力转化为生产力，缓解学校资金压力。

第四，有利于简化教育消费者的消费行为。若把教育行为看作是经济行为，学生应当是学校的消费者。当消费者在选择学校的时候，良好的学校形象更能吸引消费者的目光。有良好的形象作为保证，消费者会更愿意购买学校提供的教育服务，从而提升学校在市场中的竞争力。当初次购买者对学校的情况还处于未知状态，并且收集学校信息困难的时候，往往要通过在校的学生了解学校的状况，作为在校的消费者，他们的满意度直接关系到之后消费者的决定，因此学校良好形象的树立，能够使消费者直接体会到教育消费行为的保障程度。从而简化教育消费者的消费行为。

第五，促进学校形象形成健康的免疫系统。良好的学校形象会具有一定的知名度和美誉度，人们信任这所学校并给予它积极正面的评价，当面临危机的时候，良好的形象首先能够缓和危机带来的打击，人们更有可能站在学校的角度考虑危机的发生，为解除危机提供了时间的保证。因此，良好的形象是一种无形的资本，能够使学校在舆论中坚定立场，在发展中形成健康的免疫系统，为学校发展提供强大支持。

2. 良好的公共关系有利于优化学校内部环境实现管理职能

第一，增强学校内部凝聚力，有利于学校内部团结统一。内部公众既是学校内部公关工作的对象和目标，又是代表学校进行外部公关工作的主体和实施者，是与学校自身相关性最强的一类公众对象。内部公众相对于学校来说，对学校形象的塑造可能提升，也可能败坏。

内部公众与学校是相互依赖共存共荣的关系，一方面学校离不开内部公众，学校的生存发展，学校各项目标的实现，必须依靠内部公众。另一方面，内部公众归属于学校，依赖于学校。

正确有序地开展公共关系管理，塑造良好的学校形象，有助于学校形成最大的向心力，学校的价值观若受到教职员工以及学生的认同，就会形成极大的凝聚力，员工会积极调整自己的价值观符合学校的价值观，主动协调个人与集体利益，使得内部环境团结统一。

第二，增强满意度，使员工更加乐业敬业。良好的学校形象，能够有效地增强教职员工的责任感和使命感，促使他们更好地完成教育教学或管理工作，对学校内部的行为规范起到积极强化作用。同时对师生形成一定的约束力，教职员工如果感到学校的形象越来越好，对其自身也会起到鞭策作用，更有利于校内各项工作的顺利进行，有利于学校的管理和保持较高效率，从而创造效益。进而为教职员工创造有利的工作环境，有助于教职员工获得心理上和精神上的满足，使他们更乐于奉献

第三，增加校园文化氛围，有利于校园文化品牌建设。学校本身就是文化的存在，文化立校是时代的取向。学校的文化是学校的内在灵魂，而良好形象是学校的外在表现，两者是辩证存在的，既密切联系，又相互影响。一般来说，学校的文化品牌决定了学校形象优劣程度，而学校形象的优劣又直接影响到学校文化品牌的建设。一所在校园环境、校风校训、教育质量方面都高的学校，本身就具有强大的精神感染力，师生长期接受熏陶，更加容易产生正强化，向学校的核心价值观靠拢，形成学校目标奋斗的向心力。

良好的学校形象，对内具有的激励、凝聚、潜移默化、自律自省的功能，对外具有扩散、辐射、宣传的功能，学校能通过形象管理改变已有的固着状态，使

学校更上一个台阶，同时能在激烈的市场竞争中求得主动发展。

第四，提升学生基础素养，有利于生成学生文化精神。学生是学校公共关系中一类特殊的公众，既是内部公众，同时也是外部公众。良好的学校形象，有助于规正学生的人生观、世界观、价值观。三观正确的发展有助于学生形成相对稳定的行为方式和思维方式，在长期的学习生活中，使学生更加容易培养创新精神、实践能力和社会责任感，以高质量的学习实现发展自身的愿望。长此以往，在不同级别的学生之间，通过传承和创新的力量，使得学生文化保持内在的精神相通，树立学生的文化精神。

（三）学校公众关系管理的内容及特点

学校的目标公众包括内部公众和外部公众，其组成和特点是不同的，因此需要分类具体分析。

1. 学校内部公众关系的构成及特点

学校内部公众包括校长领导团体、中层干部、教职员工和学生。学校内部公众关系管理即是员工关系管理。其目的是通过开展管理活动和传播沟通活动，提高学校内部凝聚力，形成全体教职员工的士气和对学校和工作的忠诚感。员工关系是学校公共关系工作的起点，是通过日常实践积累完成的，它是学校内部最重要的公共关系。学校内部公众是学校内部沟通、传播的对象。内部公众相较于外部公众具有稳定性、密切性、可控性等特点：

①稳定性是指在一定时间和条件下，学校内部的公共关系是相对稳定的。如果学校关心员工，保障其应有利益，学校内部员工积极工作，以学校的利益为最大利益，公共关系工作面对内部公众就保持基本稳定。这种稳定性应是学校内部公关工作努力追求的目标，同时也需要学校内部公关工作长期、连续地进行才得以巩固。

②密切性是指学校与公众之间关系的密切程度，内部公众与学校的关系最为密切和直接。内部公众对学校的情况较外部公众更加了解熟悉，同时内部公众的利益同学校的整体利益息息相关，他们的工作效率直接关系到学校目标的实现。学校可以利用这种密切关系，使员工为同一目标共同努力。

③可控性指与外部公众关系相比较，内部公众更容易控制。一方面，学校可以利用行政关系来控制和调节内部公众的活动；另一方面，由于员工与学校之间有着最直接、最密切的关系，员工本身也有一种自我控制能力。内部公众的三个特点是相互联系、相互依存的、其可控性是由稳定性和密切性决定的。学校如果内部是相对稳定的，便易于协调和控制。同时，如果学校内部的公众关系较为密切，信息沟通便易于反馈，也是内部公众具有可控性。

2.学校外部公众关系构成及特点

学校外部公众主要是指关乎学校生存发展的目标公众，包括学生家长、社区、政府、媒介、国际公众等。学校日常对外的人际交往蕴含着提升人际关系质量、提升学校形象、累积信誉和声誉的机会学校对外部公众的管理要积极争取外部目标公众的理解和支持，为学校创造更好的外部环境，提升学校形象。

公共关系作为塑造组织良好形象的艺术，不是一个公共关系部门和几个公共关系从业人员就能够完成的，它需要组织全体员工共同并不懈地努力。对于学校来说，公共关系管理达到目标的原则和要求是：

①从内到外——通过教职员工对本职工作的负责向外部公众提供优质的教育服务。

②通过教职员工对学校的关切和对学校的热爱共同达到此项目标，即"全员公关"——学校的每个人都是公共关系成员，都是学校形象的一线解说员和信誉的创造者或破坏者。

③每件事情每个时刻都是公关，即"全程公关"，全程经营。把每一次与外部公众打交道的机会都公共关系化，都看作是提高学校形象的机会。

④开放经营。开放经营有两个含义：一是指学校向市场开放，向社区开放，向家长开放，在此过程中管理好学校的资源，计划好发展的每一步，让学校的固有资产增值。外部公众关系及其传播的管理是学校公共关系和学校营销的交集——外部公众关系管理包括关系经营和市场营销另一个含义是向社会开放学校和教育，开放其内容和方法，尤其是见识的开放，智慧的增长要靠学校与外部力量的合作。

二、学校公共关系管理的价值研究

（一）有助于优化学校外部环境实现学校的社会职能

学校的繁荣兴旺在很大程度上取决于学校与它外部环境相适应的程度，学校与其外部环境形成相互依存、相互发展的关系，运用公关管理优化学校的外部环境，促进学校的发展。

1.有助于学校扩大知名度和美誉度

任何组织良好形象的树立，首先应建立在组织自身的工作质量的基础上，应努力向公众宣传组织的情况，让公众了解自己对社会的意义和贡献，帮助组织塑造形象，一所学校的知名度、美誉度是否高，是其在社会中的形象地位和影响力大小的标志一所学校一旦能在社会中确立较高的知名度、美誉度，便会引起社会的广泛关注，并得到各类社会组织和社会团体的支持，这对学校来说，无疑是一种生存和发展的重要保障，这也是学校公共关系管理的目的。

2.有助于学校更好地处理与周围公众关系以取得广泛的认同与支持

学校与社会环境的良好关系状态，是学校获得社会支持的基础，学校公共关系管理工作就是要帮助学校建立与各类相关的社会组织和社会团体的沟通网络，争取公众了解和支持。学校通过与外部广泛的交往和沟通，能避免或减少学校与外部环境的摩擦和冲突，一旦发生了冲突，也能在沟通的基础上迅速予以协调，使矛盾得到妥善处理。家长是学校形象的重要评价者和宣传者。如果学校与家长间关系良好，他们就会成为学校形象的义务宣传员；当然，如果学校与家长关系处理不好，他们又会成为学校形象的破坏者社区也是学校办学的重要支持力量，社区是学校形象最直接最准确的评价者良好的社区关系，不仅可使社区成为学校的生源地、就业地、后勤保障地，而且还可使社区成为学校积极舆论的传播者校友们往往对母校怀有很深的感情。大多数校友会关注母校的情况，愿意关心和支持母校的发展，而且校友分布在社会的各个领域，通过他们联系社会各界公众，宣传学校的成就和发展，能使学校的形象获得更高的知名度、美誉度在现代信息社会中，新闻界是社会信息流通过程中的"把关人"，它在信息的传播沟通中有极重要的地位学校与新闻机构及新闻工作人员处好了关系，等于学校拥有了良好的舆论关系学校还得处理好与它的教育行政主管机关的关系才可以获得上级机关的理解、支持，特别是财政支持、政策扶持。

3.有助于学校了解社会公众的态度并引导公众形成对学校的积极评价

公共关系管理的一个重要职能就是进行信息的传播沟通，即及时、全面、准确地将有关公众信息传递给学校。同时将学校的政策与行为信息向公众传递。公共关系能帮助学校随时监测社会环境状态，观察和预测影响学校目标实现的公众情况和其他社会环境变化情况，了解公众对学校的各种态度变化情况。学校与社会环境的良好状态，就是与学校有关的公众团体和公众组织的态度，向有利于学校的方向转变。要实现这一点，最基本的前提是要严密观察周围的环境，知道公众现有的态度是怎样的，对公众和环境的变化做出预测。在这个基础上，学校才会有目的地组织开展各种公关活动，影响和劝说公众，有效地改变公众的态度，消除公众的误解，争取公众对自己的了解和支持，引导公众形成对学校的积极评价。

（二）有利于优化学校内部环境实现学校的管理职能

学校的内部环境主要是指其内部公众和内部关系问题，包括教职员工公众、学生公众及其相互关系问题。内部环境是学校内部各个群体共同营造的，学校领导、行政人员、教师、内勤工作人员、学生都是学校内部环境的组成部分。这些内部群体相互影响，创造的学校内部氛围和学校的组织文化。学校公关管理能从以下几个方面优化学校的内部环境，使学校内部公众之间配合默契、团结一致、士气高昂，充满生机与活力。

1. 有利于健全学校的民主管理机制

公公共关系的一个基本原则是双向沟通，即强调在管理者与教职员工之间建立正常的、制度化的、通畅的对话渠道，通过这种渠道能使学校与教职工之间彼此互相沟通，达到上情下达和下情上达，为实现民主化管理创造条件。通过学校公共关系，使教职工能够及时了解高校的各项决策，从而提高执行决策的自觉性、创造性，更好地开展工作，学校也能够及时、全面地了解和掌握教职工对学校管理的意见和建议，以及教职工的思想、工作、学习、生活等情况，充分考虑和满足教职工的合理需要，调动教职工的积极性。这样一种双向沟通方式，大大增进学校管理者与教职员工之间的相互了解，使双方相互信任，而且增强管理的透明度，增强教职员工的参与意识和监督意识。

2. 有利于培养教职员工积极向上的精神风貌

一个能够取得卓越成就，并能长久保持竞争优势的学校，其中一个相当重要的因素就是重视公共关系管理，积极开展学校内部的各项公共关系活动，培养广大教职员工积极向上的精神风貌。不论哪所学校都需要有一个基本信念和目标宗旨，以维系、动员和激励全体教职工，充分调动他们的积极性、主动性和创造性。学校积极开展公共关系能使他们在自己的业务岗位上建立一种个人与学校的认同关系，获得归属感和荣誉感。

3. 有利于协调和改善学校内部的人际关系，充分利用学校人力资源

学校是培养人才的地方，也是人力高度密集的场所。开发人力资源对于学校意义十分重大。人力资源开发管理的目标有两个：一是降低人力资源的投入成本，增加人力资源的收益；二是促进人力资源价值的实现，最终实现学校的组织目标。公共关系管理主要是通过优化人际关系来实现其价值的。公关管理是一种以人为本，尊重人的合理需求，尊重人的个性发挥的管理。教师具有较高的知识教养，他们对自己人格的关注特别敏感，学校管理者运用公关管理手段，尊重教师，加大感情投资，不仅关心教师的工作，还关心他的生活，不仅使广大教师的经济需求，社会需求得到满足，还能使他们心理的，精神的内在需求获得满足，那么广大教师必定会勤奋工作，努力劳动。公关管理还要通过倡导积极的人际交往，使领导与教师之间，教师与教师之间形成和谐的人际关系。一个学校能否取得成功，关键在于学校内部各类公众的人际关系，如果学校能够从自己的实际情况出发，满足内部公众各个层次的不同需要，那么这个学校内部的人际关系必然是良好的，

必定有助于学校提高工作效率，实现既定的目标和任务。总之，公关管理能够帮助领导树立真正依靠教师办校理念，关注教师的切身利益，倾听他们的需要和意见。营造一个宽松、民主的校园气氛，从而使教职工心情舒畅，减少不必要的摩擦，提高工作效率。

4. 有利于正确导向和规范学校教职员工、学生的行为

学校的公共关系管理通过造就全体教职工、学生良好的价值观念，可以导向、规范和约束他们的行为正确的价值观念把他们的日常工作与高层次的价值目标联系起来，使他们超脱低层次的狭隘眼界，获得精神动力。一旦全体教职员工形成了共同的价值观念，那么这些共同的追求目标和共同的利益宗旨，必然对学校内部的全体公众有一种强烈的感召力，这些价值观念与行为规范一经广大员工的认可、接受，就会对他们的行为产生巨大的导向作用。

（三）有利于维护学校经济利益实现学校的经济职能

学校利用公关管理手段，将带给学校的是无形的和现实的财富。无形的财富体现在：为保留或吸引人才创造了条件；为吸引社会资金提供方便；为该校任何一项教育服务创造出一种消费信心；有助于增进政府对学校的好感和帮助，有助于增进社区的支持等，也就是说可以获得有利的政策、拨款、招生名额、捐款和生源等。现实的财富即经济利益，它包括两个方面，一是维护学校现有经济利益，二是获取未来经济利益。学校正在从事的教育服务工作和经济活动的经济收益就是学校的现有经济利益。这些经济利益的保持，一方面需要有坚实的教学质量和管理质量作保证，另一方面也需要有卓有成效的公共关系工作。学校管理的目标是为了取得好的效益，而办学效益的高低与学校现有经济利益的多寡，以及获得未来经济利益的能力大小密切相关。因此，学校的一切工作都必须包括维护学校的经济利益并尽力获取更多经济利益等内容。所以，学校公共关系管理工作不仅仅具有传统的信息采集、咨询建议塑造形象、搞好传播和协调关系等职能，而且还应该具有一项重要职能——维护和获取经济利益。

1. 学校公共关系管理工作能够维护学校的经济利益

学校要发展，就必须在保持既得经济利益基础上，占有更多的经济资源或获得更多的经济利益。学校任何部门、个人都必须维护学校的经济利益，并在力所能及的范围内发展学校的经济利益。学校公共关系管理工作就担负这一职责，因为学校公共关系管理作为学校管理的一项职能活动，其目标是与学校管理总目标相一致并为其服务的。而且公共关系管理的根本目的，就在于维护学校已经取得的利益，尤其是经济利益，并发展学校的经济利益。

学校的经济利益既包括学校教育服务的收入即财政补助收入、上级补助收入、

事业收入，又包括经营收入、社会捐赠、投资收益等非教育服务收入。无论是教育服务收入还是非教育服务收入，都需要保持，即需要通过各方面的工作，尤其是公共关系工作维持现有的收入水平。学校与政府、教育行政部门、社区公众和其他组织和个人的良好关系，能保证学校有稳定的生源和收益。由于我国的教育投入与教育规模和发展之间，还存在着较大的差距，从事经营活动已经成为学校获得教育经费补充的重要途径。我国的中初等学校的经营和经济活动在学校的地位和作用十分重要。没有公共关系工作，就很难保证学校经营活动的最佳经济效益。

2. 学校公共关系管理工作能够获取未来经济利益

公共关系通过与学校公众的交往、沟通，能使学校公众对学校有全面、正确的了解，使他们对学生产生好感。对于学生家长公众来讲，学校的教学质量、声誉、学校精神等是他们选择学校时考虑的主要因素同时，学校公共关系工作还能密切学校与教育行政部门的关系，争取教育行政部门对学校的教学教育工作予以各方面的支持，包括拨款、政策等，学校公共关系还可以促使社会将资金、物质资源投入到学校因此，通过学校公共关系能获取与教育服务有关的未来经济利益，使学校的办学效益提高。

三、学校公共关系管理策略

（一）学校内部公众管理策略

学校内部公众关系管理的脉络是，学校与全体教职员工、学生之间通过双向沟通方式，在互惠互利原则下寻求并达到和谐一致，形成学校足以抵制外部不良影响的凝聚力。使学校和内部公众之间消除内耗，齐心协力完成共同目标。

双向沟通是互动互惠的交流过程，沟通的参与者既发送也接收信息。谈话、研讨、辩论、交互式教学都是双向沟通的范例。双向沟通可以有效规避单向沟通的弊端，大大提高沟通的效果。在学校公共关系管理中，多采用双向沟通有利于了解民情民意，有利于集思广益，可以提高决策与管理的科学化、民主化水平。

1. 学校与教职员工关系管理

教职员工作为学校最直接的公众，是学校公共关系中最重要的关系之一。良好的员工关系是公共关系的起点，公共关系的基本任务之一是内求团结，搞好员工关系，因此学校可以从以下三点着手：尊重教职员工的个人利益和价值，尊重教职员工分享学校信息的权利，重视与教职员工的情感交流。

2. 学校与学生关系管理

学生是学校比较特殊的公众，既是学校的内部成员，也是学校教育的消费者。

这样双重的身份使其成为学校形象管理和公众管理的中介者。这项关系管理主要包括学校与学生的双向沟通项目、教师与学生的沟通。

首先，学校与学生的双向沟通项目。学生是连接学校与社区的重要纽带之一。学校与学生的关系直接形成家长、社区和社会对学校的直觉初步印象。学校与学生之间良好关系的建立和相互关系的改善，需要完善与学生正式的双向沟通机制。双向沟通方式大致分为学生会、学生意见调查、学生出版物等。

其次，教师与学生的沟通。教师在学生成长过程中具有重要的影响作用。师生关系的主动权在教师手里，具体可以从两个方面说起：有语言的使用技巧。教师在与学生沟通时要考虑到学生的自尊心和心理承受能力。还有非语言的沟通技巧。非语言的沟通也是十分重要的，学生能够读懂老师的表情、目光、姿势、手势、距离等的准确含义。非语言的沟通包括肢体语言（表情、目光、姿势）、空间语言（身体指向、与学生的人身距离、方位角度）和类语言的使用技巧。

再次，非教学人员与学生的沟通。包括图书馆和阅览室，这是学生容易集中形成对学校看法的地方，其看法和评价是和这里的服务态度、质量联系在一起的。把图书和阅览室管理员分为三类。第一类是微笑服务，热心和学生交流，了解他们的需要，接受服务者的感觉如坐春风般舒适敞亮。第二类是沉默型的，尽量少说话或不说话，表情中有不耐烦的神态，盼望来者快走，有着对工作的厌倦和冷漠，让来者的心里不舒服。第三类是暴躁型的，说话像吵架一般，声音高八度，一脸不耐烦。

学校餐厅和校外的营利餐厅是不同的，它设立的目的是方便学生和教职员工的生活与工作。如果说图书馆是与学生打交道最多的学习机构，那么餐厅就是与学生接触最多的生活场所，既是学生们随意发表评论、表达各种意见的地方，也是最容易产生问题的地方。学校餐厅承担的工作比其他机构要烦琐，要求更细致入微。

还包括保安人员。门卫和保安能够礼貌、热情地对待每一位来访者，会让学校的形象很阳光，否则会使人产生不好的感觉。学校的责任是，让每个员工都意识到，自己是学校形象和声誉的创造者，对这些非教学人员进行必要的培训—不要把所有的人当作假想敌，而应该当作朋友。

（二）学校外部公众管理策略

在现代市场经济社会中，服务至上的观念已经形成。学校建立良好的公众关系的目的是促使外部公众对学校的良好形象，提升学校的知名度、美誉度，从而使学校能够更好地发展。

学校目标公众是教育的消费者，在内部关系理顺的前提下，外部公众就是学校的上帝。

1.学校与学生家长关系管理

首先，多与家长进行信息交流。学校要及时收集和了解家长的相关信息，通过对家长调查、跟踪服务、接受投诉等方式，掌握来自家长的各种信息，并对之进行分类、归纳，依此调整和改进学校的工作。同时学校也可举办家长开放日、广告等形式，向家长传递学校的理念，发展现状，使家长更全面了解学校，融洽双方关系。

其次，正确处理家长投诉。当学校与家长发生冲突或纠纷时，一个成熟的、负责任的学校公关部门应该妥善、迅速地处理纠纷，站在家长的角度为其考虑，并解决实际问题。再好的外部公众关系也不可能不发生任何差错和纠纷，对此学校应全面收集和处理，把它当成改善学校形象的重要契机。要善于倾听家长意见，及时处理投诉，才能使家长与学校的关系长久稳定。

2.学校与社区关系管理

社区是人们共同生活和活动的区域，如村落、城镇、区、街查等。社区是一个相对独立的地域性社会。每个社区都有其特定的人口和地理区域，他们有着共同的利益、价值观和社会来往。对于学校来说，社区是学校的生存空间，也是学校的服务对象。学校和社区的沟通方案应该是双向的、相互的和互利的。

学校搞好社区关系，就是在学校和社区之间建立和保持一种亲情和相互理解的关系。其目的是争取社区公众对学校的了解、理解和支持，为学校发展创造个稳定的生存环境，同时能利用社区关系扩大学校的区域性影响。处理社区关系时，应注意两点：第一，加强与社区的信息沟通。这是搞好社区关系的基础。学校应该通过各种方式与社区加强交流与沟通，将学校的办学宗旨、校园建设、科研能力、获奖状况等及时有效地传递出去，增加透明度，提高知名度，求得社区对学校的支持。第二，将学校社区化。学校应当视自己为社区的一员，教职员工、学生适当参加社区的活动。社区希望学校帮助改善社区的文化建设，学校以社区利益和需要为中心设计沟通方案，通过提供帮助和支持获得社区资源和公众良好的形象。

（三）学校形象管理策略

学校形象管理策略主要包括三部分：首先是 SIS 形象定位系统；其次，根据 SIS 形象定位系统进行学校形象定位设计；最后，学校形象差异化管理策略，是学校长期塑造形象的有效方法。

学校形象定位要综合考虑很多因素，如学校长期战略规划、发展环境分析、营销策略和学校个性，以及形象定位实现的传播活动和管理职能的开展等。在形象定位的设计和管理过程中，战略性原则和差别性原则是设计中要重点考虑的学校形象定位设计是学校形象策划的核心，是学校形象管理的出发点和基础所在形象定位必须坚持与众不同的策略，包括学校理念系统定位设计、学校行为系统定位设计、视觉识别系统的定位设计。这是学校形象的定位框架。

1.学校理念识别系统设计

第一，准确定位、体现特色。学校要进行形象建设，都要以学校的发展现状和固有文化为基础。同时，学校的内外部环境也要得到充分的重视，学校管理者结合本校的具体发展情况，细致深入地分析学校所处的内部、外部环境，为学校形象建设找到合适的切入点，展示学校的独特形象。此外，还要注重学校特色的培养，学校的办学特色对于学校的发展具有指导性。学校在理念识别系统的设计时，要有建设学校形象品牌的意识，学校良好的办学特色、独特的校园风貌、深厚的学校文化内涵均来源于学校长期的实践活动。学校要确立具有本校特色的办学目标，就必须将现有的学校特色提升到具有一定高度的境界和标准。

第二，以人为本、建设校风。学校是文化的体现，主要以教育为主，担负着培养学生人格的任务，如果学校的形象建设脱离了育人，就失去了意义。在形象建设中注重教师与学生的沟通，了解内部公众内心所需，科学制定以人为本的定位计划。

第三，塑造精神、确定目标。学校精神的塑造是学校从学校实际出发，将学校置于动态的发展序列中，主动培养塑造学校精神，使学校文化良好传承，并在学校各项活动中不断丰富和升华。学校在进行形象建设的过程中，领导层要表达学校的育人目标，并以学校校训、校歌等方式传播。育人目标也应当是学校形象建设过程中学校精神的集中体现。

2.学校行为识别系统设计

行为系统定位是指以学校办学理念为基准，保证学校使命和目标得以实现的行为规范等的设计。学校行为识别是学校理念识别在学校工作中的具体体现。

（1）对内行为识别设计

校长行为。校长本人的价值观和领导风格总是反映在学校文化中，校长是学校形象建设引领者，同时也是学校形象品牌的代言人。不同的学校有着不同的办学特色和办学优势，这就要求校长在进行学校形象建设的时候，要深入挖掘学校固有潜力，分析学校所遇到的机遇以及问题，并针对这些影响因素制定相应的解决策略，以此为学校确定合适的发展目标。同时，校长也应注意到自身魅力的塑造，使自身行为与学校形象建设有机统一起来。

教育质量。学校在进行形象建设的过程中，还要注意到学校对内建设的教学质量的提升，要做到公共关系与提高教学质量的统一。学校教学质量的设计与提升要遵从于学校的办学理念，并且要对教师实施相应的激励机制，同时注重广大师生整体素质的提高，尊重学生的个性，努力培养学生的创新精神和动手操作能力，使整个教学活动能实现全面的发展，并且能使学生的身心健康得到发展。学生是教学活动重要参与者，一定要重视学生的作用，多接纳学生意见。此外，学校要经常召开教师大会，听取教师在教学中的意见，及时调整教学计划。

教师管理。教师是学校最为重要的内部公众之一，在学校不仅有教育学生、传播知识的任务，而且也是学校形象建设的重要环节之一。学校教师自身的行为态度、思维模式、工作态度等都会直接影响学生教育和学校形象建设。如果教师的行为不够得体，那么学校的形象也将会间接受到影响。同时，教师的思维方式也影响着学校形象建设，假如教师并不热衷或消极看待学校形象建设，便不会融入形象建设的队伍中去，这将直接阻碍形象建设。面对这些问题，学校应及时加强教师管理，应给予合理的指导并建立教师发展激励机制，为教师树立创新观念，并真正投身到学校办学理念和发展目标中去。

（2）对外行为识别设计

学校的对外行为识别，我们可以看作是学校与外部公众的沟通行为，这里我们需要强调的一点还有沟通礼仪。在学校与对外行为识别的过程中，礼仪是交往的技巧和规范，包括态度、行为和语言等方面。礼仪就是礼节和仪式，在人际交往中，要求互动的双方，按照约定俗成的规范和仪式礼貌待人，尊重是其核心要素，即尊重别人的人格、价值和尊严。这是礼仪的基本内核与前提。全校员工都是对外行为的使者，也是礼仪的使者。教师是学校的形象使者，学生是学校形象的传播者，办公室是学校形象的代表。学校中的每个人都担负着学校形象管理的责任。公共关系部门或者办公室人员不仅是学校内部公共关系活动中举足轻重的角色，而且其言行举止对公众产生的影响持久巨大，印象深刻。所以，校长应该花成本对公共关系部门或办公室人员进行必要的态度和日常基本礼仪方面的培训。

3. 学校视觉识别系统设计

学校视觉识别主要是把学校的办学理念、办学宗旨通过学校的标志、建筑布局等以视觉效果最直接地传达给社会公众。学校在进行视觉识别设计时，要结合学校的实际情况合理有效地进行推广，因为视觉识别的设计如果在正确的实际导入时，会使学校形象有很大提高，但是，我们不可忽略的是，学校形象的塑造是一个漫长的过程，如果学校视觉识别行为在应用中没有获得预期效果，这就更需要学校积极维护和建设学校形象，一般来说，除了固有的建筑形象较为稳定外，学校还应利用一些契机来良好地进行学校视觉行为设计。

第四章　学校人力资源与学生管理

第一节　学校人力资源管理

一、中职学校人力资源管理概述

（一）人力资源管理

1. 人力资源的含义

当代经济学家大多将资源划分为四大类，即人力资源、自然资源、资本资源和信息资源。其中人力资源是最富有活力的资源，因为离开了人力资源，其他资源都无法被利用。人力资源是指一切能为社会创造财富，能为社会提供劳务的人及其内在的能力，具体表现为人的体能、知识、技能、能力、个性思维、行为与特征等。

2. 人力资源管理的含义

人力资源管理，指运用一系列与时俱进的人性化方法，对人力资源进行科学的发掘、培训、组织和调配；同时运用必要的激励方式，对人的思想、心理和行为进行恰当的诱导、控制和协调，充分调动并发挥人的主观能动性、创造性，使人尽其才，事得其人，人事相宜，以实现组织目标。通俗地说，现代人力资源管理主要包括求才、用才、育才、激才、留才等内容和任务。

从两个方面来理解人力资源管理：

（1）对人力资源量的管理

这是一种外在管理，就是根据组织发展的实际需要，进行人力资源的最佳配置，包括人才招聘或引进的规格、数量配置；人力资源队伍结构的配置，人才、职位、薪酬的匹配和人才的培训、开发与协调等，使每个人的优势与长处都得到充分发挥。

（2）对人力资源质的管理

这是一种内在管理，指与时俱进地采用人性化方式，对人的思想和心理进行有效的疏导，激发人的进取心、责任感，从而驱动人的潜在能动性、创造性的勃发，以实现组织目标。

（二）人力资源管理的职能

具体地说，人力资源管理的基本职能包括工作分析与工作设计、人力资源计划、员工招聘、员工培训、绩效管理、薪酬管理、劳动关系等，各项职能之间有着非常紧密的逻辑联系，它们相互支撑、相互影响。因此，各项职能之间必须紧密协作与配合，才能达到人力资源管理的目的。

工作分析与工作设计、人力资源计划、员工招聘与测评的主要目标是为了确定并选聘组织所需有能力的员工，以及确立人员、岗位、职责的匹配；员工培训与开发的主要目标是为了使组织内部员工能够不断更新知识与技能，以适应新形势、新变化；绩效管理、薪酬管理与劳动关系管理主要是通过各种激励措施，使员工能够达到高绩效，同时也使得组织能够留住优秀人才。

（三）中职学校的人力资源管理

1. 中职学校人力资源管理的意义

中职学校有别于普通学校，它主要是培养生产、建设和服务等领域的一线技能型人才。教师是中职学校求发展的原动力，因此，中职学校必须重视教师的人力资源管理，制定教师工作职责，完善教师奖罚制度，构建灵活的发展机制，营造"进得来、待得住、留得下"的工作氛围，使教师在各方面得到应有的保障。对教师有效的人力资源管理是中职学校可持续发展的重要保障，做好中职学校的人力资源管理工作，整合学校资源优势，调动教师工作积极性，让教师在教学过程中发挥出最大的潜能，保证教学工作的高质量完成；同时，学生在一个运行有序、师资优良的学校会有更大的学习热情，并能更加熟练地掌握各项职业技能，进而满足当前社会经济发展的职业需求，更好地帮助解决就业和创业问题。

2. 中职学校人力资源管理的内涵

人力资源管理是对人力资源进行有效开发、合理配置、充分利用和科学管理的制度、法令、程序和方法的总和。它贯穿于人力资源的整个运动过程，包括人力资源的预测与规划、工作分析与设计、人力资源的维护与成本核算、人员的甄选录用及合理配置和使用；还包括对人员的智力开发、教育培训，调动人的工作积极性，提高人的科学文化素质和思想道德觉悟等。

中职学校教师人力资源管理是指根据中职学校发展战略的要求，有计划地对教师进行合理配置，通过招聘、培训、使用、考核、激励、调整等一系列过程，调动教师的积极性，发挥教师的潜能，为学校创造价值，确保预定目标实现的一种管理行为，主要包括人力资源战略的制定、教师的招聘与选拔、教师培训与开发、激励与绩效管理、薪酬管理、人员配置管理、关系与安全健康管理等方面。

3. 中职学校人力资源管理的目标

中职学校人力资源管理，在人本思想和效益最大化的基础上，就是进行人力资源优化整合，科学搭配，要做到人尽其才、人岗相宜；要充分调动每个教职员工的积极性，提高他们的工作质量和生活的幸福指数。针对中职学校而言，如何发挥学校人力资源的最大价值，需要运用科学的原理、原则和方法。要根据人才成长规律和学校的任务，对学校各级各类人员进行规划和组织，对人际与人事关系进行指导、协调和控制，做好教职员工的聘任录用、培训考核、奖惩任免、职级晋升、退休退职、薪酬管理、培训开发等工作，以达到中职学校人力资源利用的高效率与高效益，从而提高教职员工的工作效率和生活质量。

4. 中职学校人力资源管理模式的构建

（1）转变思想观念，树立现代人力资源管理理念

目前大多数中职学校对人力资源管理的认识和重视程度不足，传统的行政式管理依然普遍存在，"以人为本"的教育管理理念没有融入到学校的管理体制中去。因此，我们必须转变思想观念，树立现代人力资源管理理念，按照人力资源整体性开发思路转变价值观念，变工具价值观为主体价值观，让"以人为本"的管理理念深入人心，同时努力创造一种宽松的、有利于人才自我发展的人文环境，让教师们既能够感受温暖、又能找准方向、看到前途，这样有利于形成人才辈出的良好局面。

（2）加强中职学校人力资源规划，优化教师队伍结构

人力资源规划是指根据企业的发展规划，通过诊断企业现有人力资源状况，结合企业经营发展战略，并考虑未来的人力资源的需要和供给状况的分析及估计，对职务编制、人员配置、教育培训、人力资源管理政策、招聘和选择等内容进行的人力资源部门的职能性规划。

中职学校的人力资源构成基本包括管理人员、专任教师和工勤人员三个部分，其中专任教师是主体，管理人员是关键，工勤人员是补充。然而，由于历史条件的影响，中职学校人才结构形成了"两头大、中间小"的局面，非教学人员比重偏大。虽然许多学校在激烈的市场竞争中进行了精简机构和人事改革，但由于管理人员和工勤人员自身学历层次和技术职务的弱势，同时又缺乏现代管理思想和能力，造成了难以有序流动的现状。再有，在专任教师的构成中，基础课与专业课教师之间比例不协调。中职学校的教学不是让学生去掌握高深的理论知识，而是运用基本的理论和熟练的操作技能去从事一线生产，因此中职学校的定位决定

了教师队伍必须以专业教师为主，而目前的情况是传统基础课教师有余，新兴专业师资匮乏，后备年轻力量不足。这些比例失调问题影响着学校功能的正常发挥、教学质量的提高和效益的增长。因此应尽快培养与选拔一批懂教育规律、有一定开拓能力与市场意识的领导人才；尽快培养与造就一批有创新意识的"双师型"教师；应坚持尽量精简工勤人员与提高素质相结合，加强专业培训，提高服务意识，实行服务态度、服务能力与服务效益结合的考核与管理；把学校的发展同以教师为主体的教职工队伍的发展紧密结合起来，规划教师的职业生涯，为教师群体和个人的事业发展提供最广阔的工作平台，从精神到物质上都始终提供强大的支撑。

（3）以人力资源管理理论为指导，建立稳定的专兼结合的教师队伍

①拓宽教师来源渠道。中职学校要根据远期、近期发展目标和专业建设目标，制定师资队伍建设规划，根据专业发展需要编制人才引进计划，从企业引进"双师型"教师，充实技术型专任教师队伍，要使引进的人才明白来校以后的具体岗位目标与任务，在完成岗位目标与任务的同时实现个人价值与追求，达到以事业留人的目的。

②构建多元化的教师培训模式。加强立足于岗位的各类培训，包括参加各类职教师资培训和专业进修；进行短、长期脱产专业培训；到企事业单位合作进行挂职锻炼；参加各类行业技能大赛等，以更新教师的知识结构，提高专业技能水平。

③充分发挥兼职教师的作用。在中职学校中，不同类型的专业对兼职教师数量的要求不同，应根据实际情况制定任务指标并明确兼职教师比例，确定聘任兼职教师的数量；制定相关优惠政策激励企事业单位人员担任兼职教师，使其有一种荣誉感和成就感，得到社会的认可和尊敬，鼓励学校和企事业单位双向介入，共同育人。

④完善绩效考核机制及激励机制，防止教师资源流失。绩效考核也称成绩或成果测评，是企业为了实现生产经营目的，运用特定的标准和指标，采取科学的方法，对承担生产经营过程及结果的各级管理人员完成指定任务的工作实绩和由此带来的诸多效果做出价值判断的过程。中职学校在人力资源管理中适当引入激励机制，可对教职工产生巨大的内在驱动力和外在约束力。因此要在国家政策的指导下，进一步加大搞活学校内部分配的力度，扩大学校分配自主权，建立重实绩、重贡献，向教学岗位、重要岗位、艰苦岗位倾斜的分配激励机制，激发大家的积极性和创造性，吸引并留住人才。同时，按照岗位特点建立完善的绩效考核体系，明确考核的目的，设计合理的绩效考核指标和标准，选择最适合的考核方法，为公平合理地执行人员晋升、加薪、奖励等一系列人事决策提供确切的事实

依据，将考核结果和薪酬结合起来，多劳多得，优质优酬，达到绩效考核目标。

中职学校应根据自身的特点，合理借鉴先进的人力资源管理模式，打破传统的人事管理形式，整合人力资源并合理开发，利用宝贵的人力资源，以实现中职学校长久、持续、健康、稳步发展的目标。

二、中职学校"双师型"教师队伍建设

"双师型"师资队伍建设成为职业教育发展的重点，然而也是发展的难点。"双师型"教师的提法是在总结分析国外职业教育师资培养与建设经验的基础上，反映出我国过去对职业教育认识上的偏差，中职学校教育中存在重理论、轻实践的现象，教师来源不合理，专业实践经历和专业实践能力缺乏，师资评价上偏重于理论水平、忽视实践性教学环节等现状。

（一）"双师型"教师界定

由于"双师型"教师概念提出的历史不长，关于"双师型"教师还没有形成一种统一的认识，也没有一个公认的、权威的"双师型"教师的内涵界定。综合起来，有以下几种：①"双证"论，即持有"双证"（教师资格证和职业技能证）的教师。②"双能（双素质）"论，即既具有作为教师的职业素质和能力，又具有技师（或其他高级专业人员）的职业素质和能力的专业教师。③"叠加"论，强调"双证＋双能"，"双证"是"双师型"教师的形式或外延"双能"是"双师型"教师的内容或内涵。二者相辅相成，缺一不可。④"双职称"论，即要求"双师型"教师既具有讲师的职称，又具有工程师的职称。⑤"双层次"论，要求中职学校教师就是各级各类大中专中职学校中既能讲授专业知识，又能开展专业实践；既能引导学生人格价值，又能指导学生获得与个人个性匹配的职业的一种复合型教师。⑥"特定"论，该界定强调"双师型"教师的提法只有在特定的情况下才有意义，这一特定的情况就是当前中职学校重理论、轻实践的背景。

（二）"双师型"教师素质和能力要求

"双师型"教师的核心在于素质与能力的体现，而"双师型"教师的素质与能力，是一种隐性的、由知识内化而形成的相对稳定的心理品质，很难具体化，认定与评价的可操作性难度也就比较大"双师型"教师的本质是教师，所以必须先具有教师的基本素质与能力，如良好的政治素养和人格品质；良好的职业道德，包括热爱职教事业，热爱学生，为人师表，诲人不倦等；良好的教育教学能力，包括教育教学的分析能力、设计能力、实施能力、评价能力和研究能力等；良好的身心素质，即健康的身体、健全的人格等；以及良好的创新素质、先进的教育

理念、丰厚的文化底蕴等。其次，"双师型"教师必须具有与其专业相关的职业素质与能力。

1. 职业道德

良好的职业道德是成为职业教育教师的重要前提和基本道德之一。"双师型"教师应具备的职业道德素养是：热爱职业教育，爱护学生，严于律己，言传身教，勤于进取，熟悉行业道德，能为人师表。

2. 职业素养

"双师型"教师必须具备深厚的行业职业基本理论、基础知识和实践能力，能够把行业、职业知识及实践能力贯穿于教育教学之中，即能够根据市场调查、市场分析、行业分析、职业及职业岗位的分析，调整和改进培养目标、教学内容、教学方法、教学手段，注重对学生行业、职业知识的传授和实践技能、综合职业能力的培养，进行专业开发和改造。

3. 专业修养

掌握扎实的理论知识是作为一个教师最基本的前提。"双师型"教师与普通学校教师在知识能力素质方面相比，必须掌握理论与实践教学能力，本行业的技能技巧，有良好的示范能力，善于解决突发性技术问题。作为一名"双师型"教师，要时刻掌握社会及企业对岗位的专业要求，不断学习新知识、新技能，不断丰富教学手段，提高教学水平，以培养更多适应经济社会发展的技能型人才。

4. 创新能力

科技迅猛发展的今天，行业职业技术日新月异，必然要求"双师型"教师与时俱进，不断接受新知识、新技术、新观念，分析新情况、新现象，解决新问题，不断更新自身的知识体系和能力结构，以适应经济社会发展的需求；在一般教学的基础上，结合实际更新教学内容，创新教学方法；敢于发挥创新精神，突破传统观念，进行创造性教学。只有在教学过程中不断创新，并潜移默化到学生的思维习惯中，才能培养出具有创新意识的学生。

5. 协调能力

"双师型"教师要树立正确的市场观、质量观、产业观，必须要从学校走向社会、走向市场，即根据市场调查、市场分析、行业分析、职业及职业岗位的分析，调整和改进培养目标、教学内容、教学方法、教学手段，注重学生行业、职业知识的传授和实践技能、综合职业能力的培养，进行专业开发和改造，培养社会经济发展中面向生产、管理、服务一线需要的应用型专门人才。

（三）"双师型"教师队伍建设的途径

1. 完善政策、制度体系

制定和完善"双师型"教师队伍建设的政策、法规，是"双师型"教师队伍建设的保障，需要社会各界、地方政府政策上的支持和引领。纵观发达国家职业教育，不仅有宏观的国家发展政策，而且有一整套相应的法律法规作为保障体系。在德国企业界和职业教育界，但凡遇到有必要进行解释的行为时，都能在《中华人民共和国职业教育法》中找到依据，其规定具体明确。

2. 注重校本培训

校本培训是为了学校的发展，在学校中利用学校的教育资源进行一种教师继续教育的活动。校本培训是根据学校实际和教师工作及教师个人专业发展的需求来确定培训内容和培训形式，注重解决教师实际工作中遇到的各种问题，着力于满足教师的不同需要，具有很强的针对性和较高的实效性，且简便易行，教师不需要离岗，培训成本低，有利于教师的持续性发展。发挥"校本"优势是一种自力更生的做法，其目的在于充分利用自身资源优势，建立"双师型"师资队伍，但应当注意与外界的信息沟通，及时了解行业发展的新动向、新要求并及时反映到教学中。

3. 加强校企合作

校企合作为中职学校专业师资队伍建设，特别是对"双师型"教师的培养提供了一个良好的环境，在企业产品开发、技术设计、生产、营销、服务、市场调查、反馈等各个环节都可选派专业对口的教师参与。校企合作在建设"双师型"专业教师队伍中的主要优势是：通过合作、专业设置和调整与企业建立密切的合作关系，向企业提供智力和人力的支持，在专业技术人才使用方面建立共享机制；专业教师直接参与企业生产、科研、服务等活动，及时掌握企业最新技术，提高了生产实践和科研能力，同时又能把生产实践紧密嵌入教学过程中；企业负责学生顶岗工作安排及指导教师选派，也培养了企业专业技术人员的工作能力。无数事实证明，校企合作是提高教师科研和解决生产实际问题能力的有效途径，同时也是帮助教师达到"双师"标准的捷径。

（四）"双师型"教师队伍建设的对策

职业教育要形成自己的办学特色，要实现真正意义上的技术、技能型教育，就必须建立一支专兼结合的"双师型"教师队伍。

1. 转变观念是培养"双师型"教师取得成效的保证

中职学校大多数教师是从学校毕业后直接走上讲台的，由于他们都来自普通高校，学科教育的烙印较深，他们中的许多人对参加专业技能培训不感兴趣，甚至有人认为从事实践教学的教师是因为不能胜任理论课教学而为之。因此，要对教师加强职业思想的教育和引导，使他们从思想上重视职业技能的培训并积极主动地投身于职业技能培训之中。

2. 产学研一体化的办学路子是培养"双师型"教师的关键

要逐步实现教师能够从知识型向技术、技能型转变，努力做到中职学校既出人才又出成果、也出产品。鼓励教师积极参加实验、实训室的建设和新实验、实训项目的开发，主动到科研设计单位兼职和与企业联合申报科研课题，参加项目设计，从生产实践中为学生寻找综合毕业实践课题。要办好教学工厂，形成定型的产品，让更多的教师有机会承担产品的设计和工艺管理等专业技术工作。

3. "访问工程"模式是培养"双师型"教师的突破口

学校每年可以利用暑假等时间，安排教师到专业对口的企业，通过挂职顶岗、合作研发等多种合作形式，强化实践技能，提高"双师"素质。教师在公司实地接触到先进的专业生产设备、技术和工艺，及时了解专业生产现状和发展趋势，丰富实践经验，增强专业技能。教师回校在教学中及时补充反映生产现场的新技术、新工艺，提高了课堂教学的效果，会受到学生的普遍欢迎。

4. "教师工作室"是培养"双师型"教师的一个好方法

让有丰富实践经验和专业技能的教师负责一个实验或实训室，可以将这样的实验或实训室直接命名为某教师工作室，既改善了教师的教科研条件，也增强了教师的责任感和自豪感。

5. 拓宽师资引进渠道，扩大兼职教师比例

要加大对高学历、高职称、高技能人才的引进力度，工程硕士要求具有两年以上实践经验的企业技术人员才能报考，这应作为中职学校"双师型"教师的一个重要来源。兼职教师是职教师资的重要组成部分，美国社区学院兼职教师占教师总数的 2/3，加拿大社区学院兼职教师比例在 80% 以上。企业里也不乏博学多能之才，要有计划地聘请本地区、本行业的能工巧匠担任兼职教师。

6. 充分发挥职称评审的导向作用

教育行政部门要根据中职学校的"双师型"教师的特殊性，尽快出台中职学校独立的教师职称评审标准，要把技能考核作为中职学校教师职称评审的主要指标，适当降低学术要求，真正体现职业教育对"双师型"教师的素质要求。

7. 提高"双师型"教师的待遇

"双师型"教师是理论知识和实践能力都有较高水平或造诣的教师群体，承担着较一般教师更为繁重的工作任务，因此，应制定"双师型"教师的奖励政策，

使"双师型"教师在晋升职称、出国培训、工资津贴等方面享有相对优厚的待遇，以保证"双师型"师资队伍的稳定。

三、中职学校行政队伍的管理

（一）中职学校行政队伍建设的意义

中职学校的基本任务是培养技能型人才，中心工作是教学工作，但切不可因此而忽视学校行政管理工作的重要性。行政管理工作同样是中职学校日常工作的重要内容，肩负着对学校各项工作的组织、指挥、决策、协调、管理和服务的重要任务，行政管理人员的管理水平、工作状态及管理效能直接影响教学水平和办学效益，对中职学校教育教学等各项工作的正常运行，对中职学校提高质量、办出特色起着保障的作用。

随着我国职业教育快速发展，中职学校办学规模不断扩大，职业教育教学改革持续推进，产学合作、工学结合的人才培养模式不断深化，在与区域社会经济的联系日益密切的同时，社会对职业人才培养质量的期望不断提高，这也就对中职学校行政管理工作提出了更高要求。如何遵循职业教育教学规律，结合学校实际，建立适应职业教育发展要求的行政管理机制，确保学校内人、财、物、事、时间、空间、信息等各要素有机配合，协调运行，实现中职学校行政领导和行政管理工作的科学化、现代化，促进中职学校更好更快发展，为社会培养更多的技能型人才，这是中职学校应当予以重视的。

（二）中职学校行政队伍应具备的基本素质

1. 政治思想素质

良好的政治思想素质是中职学校行政人员应具备的核心素质，是做好行政管理工作的保证。只有明确了政治方向，才能保持政治上的敏锐，在复杂的情况下明辨是非，不随波逐流。同时，行政管理人员又承担着"管理育人"的重任，是对学生言传身教的示范者，必须具备高尚的情操、优良的师德和以身作则、为人师表的职业道德。

2. 心理素质

积极良好的心理素质，包括良好的个性心理特征、积极进取的人生态度、坚强的意志品德，还有对工作和生活中遇到的各种挫折的承受能力。在行政管理工作中，会遇到许多挫折和无法自主的情况，有时还会受到误解甚至是讽刺打击，这就要求中职学校行政人员在日常工作中要沉着、冷静、耐心、宽容、豁达，在逆境中具有承受能力，学会自我调节，建立良好的人际关系，创造舒心宽松的环境，保持一种积极向上、乐观进取的精神面貌。

3. 知识结构素质

科学文化和专业知识是做好行政管理工作的必要条件，如果缺乏全面、合理的知识结构，就难以胜任工作。作为行政管理人员，要掌握教育学、心理学及相关学科的理论知识，站在教育发展前沿对教育形势、发展态势、教改方向、现代教育理念进行深入的、高瞻远瞩的思考、分析和研究，掌握管理知识的特点和规律。

4. 工作能力素质

对中职学校行政人员来说，工作能力素质主要包括业务能力素质、管理能力素质和协调能力素质。一个合格的管理人员，不但要精通政策、教育理论，管理规律、公文写作、现代化办公设备的操作和使用，还要具有一定的组织协调能力、沟通能力，善于处理上下左右、校内校外、各部门之间的各项事务，在工作中形成因势利导、多谋善断、独当一面的能力。当然，工作能力并不是一朝一夕获得的，需要在工作实践中日积月累，逐渐养成。

5. 敬业与创新素质

中职学校行政人员的工作门类众多、千头万绪、任务繁重，而且一般比较清苦，因此管理人员要有高度的工作使命感、责任心和事业心，要有无怨无悔、孜孜以求、甘受清苦、敬业乐业的奉献精神。只有投入感情、精力，方能有管理工作的高效运转。同时在工作中要有与时俱进的创新精神，不因循守旧，勇于开拓，勇于突破。对事物的观察要敏锐，思考问题要严密，善于发现问题，积极创造条件解决问题。

（三）加强中职学校行政队伍建设的主要措施

加强行政队伍建设是提高中职学校管理水平和办学效益的关键环节，加快行政队伍建设步伐，构建定期轮训机制、有效奖惩机制、多样交流机制、严格监督机制，对形成管理科学、运转协调的管理机制，是加强中职学校行政队伍建设的重要举措。

1. 建立定期轮训机制，提高行政人员素质

（1）定期轮训的重要性

规范化的轮训机制，有利于进一步提高行政队伍的理论素养、知识水平、业务能力。通过建立定期轮训机制可以促使广大行政人员更新理念，拓展视野，增强科学决策思维力，主动适应职业教育的快速发展。

（2）采取灵活多样的轮训形式

要通过集中学习、分散学习、自学等形式，有针对性地学习经济、政治、文化、社会、党建、法律、管理、科技、卫生、新农村建设等方面知识，不断优化

完善行政人员知识结构，提高综合素质。

（3）定期轮训的重点

要以提高工作能力和服务水平为重点，增强服务意识。通过整合管理资源、优化管理要素、规范管理行为、改善运作方式、转变工作作风，提高行政队伍素质，切实解决机关效能中存在的突出问题，使广大行政人员在履行职责和改革创新上有新的突破，在服务质量和办事效率上有新的改进，在师生对机关工作的满意度上有新的提高，形成行为规范、运转协调、公正透明、廉洁高效的管理体制和运行机制。

2. 建立有效奖惩机制，激发行政人员潜力

严格的考核制度是管理干部队伍优胜劣汰的前提，要建立一个规范做事、有效服务的奖惩激励机制，鼓励人多干事、干成事，主动服务、用心服务。既要注重公平，更要注重效率，重奖重惩，责权利对等，真正体现"服务与否不一样，是否服务好不一样，是否尽力服务不一样"。

（1）有效奖惩机制的重要性

明确的奖惩机制是实现高效管理的重要手段，也是建立长效机制的重要动力。建立有效激励机制，弘扬先进，鞭策后进，充分调动干部的工作热情和积极性，对鼓励创新、引导合作具有十分重要的意义。行政人员的工作业绩与职务晋升、待遇等挂钩，量化考核指标，硬化考核标准，强化考核措施，加大奖惩力度，才会形成靠素质立身、凭能力进步，积极创业的良好局面。

（2）有效奖惩机制的内涵

有效奖惩机制包括物质和精神两方面，物质需要是人的第一需要，是人们从事一切社会活动的基本动因，是促进干部努力工作、提高工作效率的有效动力。但物质奖惩也存在着不利因素，如大锅饭式的平均分配，容易使干部产生不公平感，引起不满心理和埋怨情绪，从而影响工作积极性。另外，精神奖惩是有效奖惩机制的重要内容，又如物质奖惩如果不与思想教育紧密结合，则易导向人对物质的片面追求。精神奖励的方式可以是授予某种象征意义的称号，也可以是对行为、价值观的认可与赞赏。职务晋升、荣誉称号授予、工作成绩的肯定及对人的信任尊重等，可满足行政干部的精神需求进而激发其工作热情。

（3）有效奖惩机制的关键

现行绝大多数学校用人机制是以人为主，讲究因人而异，根据不同的能力给予不同的分工，这具有较强的直接效应，可以有效地发挥每个人的特长与优势。科学设置岗位，合理进行分工，是有效运用人力资源，实施有效奖惩机制的一个不可忽视的问题。

3. 建立多样交流机制，丰富行政人员经验

建立行政人员交流机制，不仅有利于增强行政队伍的生机与活力，也有利于促进干部学习，拓宽视野，开拓思路，丰富阅历，培养工作的"多面手"，提高行政人员综合能力；还有利于优秀干部的脱颖而出，调动行政人员内在的积极性、主动性和创造性，改进工作作风提高工作效率。多样交流是加强干部队伍建设的一项重要内容，让每一个人在多种岗位上进行锻炼是十分必要的。通过交流，能使行政干部随时接触新的知识，遇到新的问题，迫使他们必须主动地学习，刻苦地研究各种工作，这样才能适应新的工作环境，从而达到提高行政人员整体水平；可以使行政人员在不同岗位、不同部门接触到多方面的业务，了解多方面的情况，处理多方面的问题，从而达到开阔干部的视野，扩大知识领域，拓宽工作思路，丰富工作经验，提高干部综合判断和协调能力的目的。

职业教育的开放式办学，加强了行政干部对外交流，及时掌握市场信息，增长见识，敢于创新的能力，同样能有效地为学校发展献计献策。同时，学校要积极构建形式多样的交流平台，广大行政人员要主动把握各种交流机会，在交流中"互相学习、互相借鉴、合作共赢、共同提高"。

4. 严格监督机制，优化行政人员作风

学校的事业要保持长期发展就必须树立和落实科学的发展观，奠定并夯实法制基础，促进依法用人、依法办事的氛围形成，进一步健全人事法制。不断加强对行政人员的教育、监督和管理，把党内监督和党外监督、专门机关监督和群众监督、自下而上监督和自上而下监督结合起来，加大监督力度，提高监督效能。

（1）坚持民主、公开

在设定监督形式和手段时，要尽最大可能保证群众参与的广泛性，并赋予群众监督意志的权威和效力。也就是任何权力的行使，都要经过师生员工的把关检验。要以民主监督为切入点，认真倾听广大师生员工的意见和建议。进一步扩大校务公开范围，充分发挥教代会、工会以及民主党派的作用，充分行使教职工参与学校民主决策、民主管理和民主监督的权利，切实解决广大师生员工反映的突出问题，坚决纠正损害群众利益的不正之风。

（2）坚持规范程序

程序本身也是一种监督，从这个意义上说，坚持程序就是坚持监督。进一步规范议事和决策制度，按照"集体领导，民主集中，个别酝酿，会议决定"的要求，建立健全校级重大决策制度，涉及学校重大决策、重要干部任免、重大项目安排、大额度资金使用的事项，必须经班子集体研究决定；进一步健全办事制度、财务管理制度、人事管理制度，严格执行招投标制度，完善大宗物品、图书教材、

医疗用品、实验器材的采购招标制度,完善招生录取、科研立项、人员引进、职称评定等制度办法,规范操作。

(3) 坚持明确职责

建立健全齐抓共管的党风廉政责任机制,建立党委统一领导、党政齐抓共管、纪委组织协调、部门各负其责、依靠全校师生员工支持和参与的反腐败的领导体制和工作机制。明确职责,严肃纪律,要坚持有法必依,违法必究,执法必严,以公正体现严明,以平等体现严厉。

四、中职学校领导班子的建设

加强对中职学校领导班子的建设,认识现阶段中职学校所面临的新形势与存在的突出问题,明确中职学校领导班子建设的原则与目标,加强和完善领导班子建设的内容与形式,建立健全保障与运行机制,从而切实提高中职学校领导班子的凝聚力和战斗力,事关全局,意义重大。

(一) 中职学校领导班子建设的原则与目标

1. 中职学校领导班子建设的原则

加强和改进新形势下党的建设,着眼于继续解放思想、坚持改革开放、推动科学发展、促进社会和谐,是全面推进中职学校领导班子的思想建设、组织建设、作风建设、制度建设和反腐倡廉建设的背景。许多中职学校领导班子在长期的建设实践中,探索形成了加强自身建设的基本原则:坚决把广大师生的利益放在首位,提高领导班子的号召力和凝聚力;坚持把推进班子建设工程与国家职业教育发展战略紧密结合起来,保证领导班子的先进性;坚持改革创新,增强领导班子的生机活力。这些原则必能加强和改进新形势下领导班子的建设,要在实践中长期坚持,并不断丰富发展。

2. 中职学校领导班子建设的目标

为了适应新形势下中职学校领导班子的建设,中职学校领导班子建设首先必须明确建设的目标。

(1) 领导班子必须组织健全

班子成员应按照党员干部队伍的建设方针,坚持德才兼备的用人原则,注重干部实绩。同时,要合理调整和改善结构,合理搭配班子成员的特长,使领导班子成为整体素质优良、成员优势互补的坚强集体。

(2) 领导班子必须政治思想坚定

中职学校领导班子必须维护党和政府的权威,秉公用权、廉洁从政,自觉遵守党的纪律和国家的法律法规,严格执行领导干部廉洁从政的各项规定,在思想、政治、行动上同党中央保持一致。

（3）领导班子必须正直诚信

领导干部来自人民，植根于人民，服务于人民。中职学校领导干部要为人师表，大力弘扬求真务实的精神，以良好的作风推进各项工作。

（4）领导班子必须制度健全

领导班子必须坚持民主集中制原则，坚持党委领导下的校长负责制，贯彻执行民主集中制。要完善各项规章制度，做到集体领导与个人分工相结合。

（5）领导班子必须开拓进取

中职学校领导班子要不断提高科学判断形势，推进中职学校改革发展的能力和水平，不断提高管理学校和应对复杂局面、处理突发事件的能力和水平。

（二）中职学校领导班子建设的内容与形式

1. 思想建设

中职学校领导干部的思想政治素质事关中职学校的办学方向和总体发展水平，直接关联着党的路线、方针、政策在中职学校的贯彻落实。中职学校领导班子成员必须加强政治意识，坚持以政治业务素质建设为重点，加强班子成员的党性修养、理论学习和实践锻炼，全面提高自身素质。

（1）坚持科学发展观，不断提高思想政治素质

科学发展观是党在新时期各项工作的指导思想和中华民族的精神支柱，也是中职学校领导班子做好工作的根本准则。中职学校领导班子成员必须把深入学习和贯彻党在不同的历史时期的战略决策和科学发展观，以推动和深化教育改革为载体，把自己改造主观世界和客观世界的经验同马克思主义的世界观和方法论结合起来，提高运用理论解决实际问题的能力。

（2）坚定不移地贯彻执行党的基本路线，开展创造性的工作

中职学校领导班子必须通过做好本职工作，把党的基本路线的要求落实到教育教学和管理工作的各个环节，努力完成党交给职教战线的各项任务。

（3）坚持理论联系实际

把党的路线方针与中职学校改革发展所面临的实际情况联系起来，深入研究解决职业教育发展过程中必须解决的一些重大问题。要正确处理好职业教育改革、中职学校发展和社会和谐的关系。

2. 组织建设

中职学校领导班子成员的配备，直接关系到领导班子整体效能的高低。领导班子的组织建设必须按照党的干部队伍建设要求，坚持德才兼备的用人原则，注重干部的实绩，合理调整和改善结构，使领导班子成为整体素质优良、成员优势

互补的坚强集体。

(1) 优化领导班子的年龄结构

一个年龄结构合理的领导班子，既保证了班子的生机与活力，又使班子成员各自的心智效能得到了最佳发挥，同时也有利于班子的新陈代谢。

(2) 优化领导班子的知识结构

在班子组成上一定要注意知识和专业的互补，将不同知识水平、不同专业特长的领导者相互搭配起来。班子成员所具备的知识相互交叉、相互渗透、相互配合、取长补短，从而形成一个主体的知识结构。

(3) 优化领导班子的类型结构

由于人与人之间的禀性、特质不同，因而各人的处事风格和行为方式也不尽相同，加之领导活动的多样性，领导情境的动态性，为了提高领导班子的整体效能，就需要对班子成员的类型实行最佳匹配"房谋杜断"之成语，就是古代领导类型匹配的典范。因此，中职学校在组建领导班子的时候，应尽可能地做到不同类型班子成员的最佳组合；在调整领导班子的时候，也要有意识地从类型不同上考虑匹配，以保证领导班子整体效能大于相加之和。

3. 作风建设

加强领导干部作风建设，是提高党的执政能力、保持党的先进性的必然要求，也是中职学校贯彻落实科学发展观、构建社会主义和谐校园的必然要求。加强中职学校领导干部作风建设要具体落实以下五点：

(1) 坚定信念

自觉加强党性修养，构建正确的世界观、人生观、价值观，坚定理想信念，讲政治、顾大局，不断增强贯彻执行党中央路线方针政策的自觉性和坚定性，牢固树立全心全意为人民服务的宗旨和信念。

(2) 民主集中

中职学校领导班子要坚持民主集中制原则，坚持党委领导下的校长负责制，建立和完善党内、校内通报制度、情况反映制度和重大事项征求意见制度等，团结带领师生审时度势，抓住发展机遇，加快发展。

(3) 廉洁自律

中职学校领导班子要完善党风廉政建设责任制，坚持谁主管谁负责，推行校务公开，实行阳光作业，建立反腐防腐机制；自觉把自己置于党组织和师生员工的监督之下，积极开展党风廉政建设。

(4) 端正作风

中职学校领导干部要加强思想道德修养，杜绝作风浮躁、言行相悖的不良倾向；全心全意为教职员工把好事办实，把实事办好；养成高尚的生活情趣，保持清醒的头脑。

（5）真抓实干

领导班子要求真务实、真抓实干，注重实绩。要有"一日无为、三日不安"的事业心和责任感，要以全校教职员工"答不答应、赞不赞成、满不满意"为班子真抓实干的基本标准。

4.能力建设

（1）要加强把握方向的能力建设

中职学校领导班子要始终坚持以市场需求为主导的办学方向，坚持不懈地抓好思想与能力建设，为社会培养出有理想有本领的社会主义事业合格建设者和可靠接班人。

（2）提高驾驭学校发展的能力

学校领导班子要认真贯彻落实科学发展观，牢固树立正确的政绩观，要对学校发展的内外环境有科学的判断，在注重当前和前瞻未来的基础上，提升正确处理规模与内涵、当前与长远、学校效益与社会效益等关系的能力，以保证学校健康长足地发展。

（3）增强破解难题、应对突发事件的能力

要不断增强破解改革和发展难题的能力，尤其要在资金运作、办学特色、人才强校和管理改革等方面有所突破、有所作为；要抓好学校的安全稳定工作，完善预案，防微杜渐。

（4）提高做好思想政治工作的能力

正确处理改革、发展、稳定之间的关系，善于化解各种矛盾，深入细致地做好各项工作。

（三）中职学校领导班子建设的运行保障机制

1.领导运行机制

领导班子是学校的领导核心，总揽全局，协调各方，统一领导学校工作。中职学校领导班子实现领导职能必须依托三个载体：

（1）校长

校长是领导班子决议的执行者，全面负责学校的各项事务。

（2）教代会

教代会是中职学校包容量最大的民主决策机制。中职学校领导班子要善于运用这一载体来凝聚和提升广大教职员工的向心力，最大限度地调动教工参与民主管理学校的热情。同时还可通过对共青团、学生会的领导或指导，通过争取中职学校民主党派的配合、参与来丰富和扩大在知识分子中的影响。

（3）基层组织

中职学校的下属基层组织是学校的重要组成，也是贯彻落实和执行学校党政组织各项决策的载体与渠道。加强基层组织建设，使之真正成为教学、科研、实践、管理为一体的一个战斗团队，保证学校的决策政令畅通和落到实处，并开花结果。

2. 决策机制

领导班子必须严格坚持协商与听取意见于决策之前、决策之中，并按照程序由"教职代会"专门委员会和相关职能部门进行深入地调研，充分反映民意，广泛集中民智，有效地避免因主观臆断和凭经验判断而造成决策失误；积极探索适合中职学校特点的民主管理制度，建立党委领导、行政管理、专家治学的民主管理与民主决策新机制；充分发挥专业建设委员会、教学指导委员会等学术组织在中职学校事务中的决策作用；进一步完善教代会制度，提高民主参与、管理和监督的程度，推进校务公开、依法治校；加强与专家、教授和民主党派人士的联系，建立规范的信息通报机制和协商机制。

3. 管理机制

领导班子首先要依法照章管理，提高中职学校的自治能力。首先，政府要加强宏观管理和指导，修订完善职业教育法，制定党委领导下的校（院）长负责制实施细则等，以一定的法令或文件形式，进一步明确中职学校的基本治理结构和权力关系。其次，各中职学校要结合校情，制定反映学校个性特征和传统、体现全体师生共同理念的学校章程，使学校依法照章自主办学。再次，要进一步强化集体领导决策，建立对"一把手"的约束机制。最后，还要进一步建立和健全学校内部决策权、执行权和监督权，完善既相对分离又协调运行的工作机制，发挥好领导的核心作用。

第二节　学校学生管理

一、中职学校招生工作管理

生源是学校的生命线。《中职学校管理规程》规定"学校应当根据有关规定，按照教育行政部门和招生管理部门的要求，明确学校招生管理部门职责，做好招生工作，严肃招生纪律，规范招生行为。坚决杜绝有偿招生和通过非法中介招生，不得与不具备中等职业学历教育资质的学校或机构联合招生。学校发布招生广告

（含招生），应当真实准确，并按照有关规定报教育行政部门备案。"但随着中职学校数量的激增和应届初中毕业生的逐年递减，各校在招生中的竞争也越来越激烈，由此滋生了一系列问题，如虚假广告、地方保护、有偿招生、办学行为不规范等问题日益突出。因此，加强对中职学校的招生管理，势在必行。

（一）招生工作的组织机构及职责

为了加强招生工作管理，规范招生工作程序，确保招生工作公开、公平、公正，各中职学校都成立了专门的招生组织机——"招生工作领导小组"，协调负责学校招生的全面工作。其职责是：

①认真执行国家招生方针、政策和上级对招生工作的规定、指示，严格遵守有关招生的法规。

②协助教务（导）处做好专业发展规划，按时、按质完成计划申报工作。

③根据学校发展目标，做好每年招生计划的编制、协调工作及对外招生计划书的签订工作，保证招生计划的落实。

④认真制定每年的招生章程（简章）及招生的广告资料，及时刊登印发。积极与各省市招生部门及中职学校联系，广开渠道，并利用各种宣传媒介做好招生宣传工作，提高生源质量。

⑤重视招生宣传和咨询工作，收集招生信息，了解招生动态，改进及完善招生工作。

⑥组织好学校在全国各省（自治区、直辖市）的招生宣传和录取工作，保证招生录取任务完成。

⑦负责新生录取工作，及时发出新生录取通知书。

⑧搞好新生质量分析，为学校的有关部门提供准确数据。

（二）中职学校招生的策略与措施

中职学校招生中存在的种种问题，需要政府加大经费投入，保证正常的学校开支；需要教育主管部门引起足够的重视，拿出相应的措施，加强管理和约束。

各地中职学校都应及时总结招生中的成功经验和借鉴省外的一些做法，克服各种困难并采取应对措施，按照教育部的部署和要求，从当地的实情出发，把加快发展中等职业教育，扩大招生规模作为职教改革和发展的一项重要工作来抓，为中职学校招生实现重大突破保驾护航。

1. 加大对招生广告的审查、监督、查处力度

教育行政部门和有关管理部门要加大对招生广告的审查、监督、查处力度，把好广告审查关。发动群众对虚假招生广告进行举报，并加大处罚力度，及时予

以曝光；联合有关部门进行经济处罚，使虚假广告的制作和发布者得不偿失，无处藏身，避免家长和学生被误导；对外地进入的学校进行办学主体、办学资格、办学条件审查，经审查不合格的学校纳入黑名单，在媒体上公开曝光，从而压缩不合格学校的招生空间，防止家长上当受骗。

2. 出台措施，打破地方保护主义

省级政府出台措施，教育行政部门负责协调，打破地方保护主义，还学生和家长知情权。各级教育局招生办牵头，协调招生宣传工作，在当地有影响的媒体统一宣传中职学校，由各校出资，统一编印宣传资料，确保毕业学生人手一册，让学生自主选择适合自己的学校。充分、透明的宣传客观上也能起到降低招生代理费用的作用。

3. 恢复由各地招生办按学生志愿进行统一登记录取制度

有办学资格的学校由招生办组织进行集中宣传，对招生代理人的劳务费上限进行规定。超过一定限度的视为商业贿赂，不允许各校无限制地进行恶性竞争，以降低学校办学成本，减轻老百姓的负担。

4. 规范各校的办学行为

对中职学校专业名录上各专业的课程设置、学习年限、实习时间进行规定，并严格检查；由教育行政部门对已开设的专业进行质量监控，不符合办学条件的一律撤销，并向社会公布；对新增设专业严格审查，不符合办学要求的不予批准。对一定区域内同专业的理论和实训课程进行联考，将结果向社会公布，使社会和家长能看出各校办学水平的高低优劣；对各校招生时向社会的承诺实行教育行政部门鉴证制，督促学校进行兑现，杜绝不能兑现的虚假承诺；重视对各校就业情况的统计，重视学生就业质量的分析，在教育部门网站向社会公布，为学生和家长提供权威的、可信的数据，使学生家长依据有关数据对子女升学能作出正确的选择。

5. 多管齐下，强化新生管理

采取有效措施，强化学生管理，确保学生招得来、留得住、学得好，使升学无望的学生"上完初中读职中，打工致富一路通"的成长道路。选好班主任和任课教师队伍；密切家校联系，形成家校育人合力；强化学风教育；组织开展法制讲座，增强法制意识；大力宣传就业典型。学校通过组织召开新生入学教育大会、就业教育讲座、职业技能大赛、职业生涯设计、思想品德鉴定、问题学生帮扶、各类文体比赛等活动，努力培养良好的学风；利用"校园之声"广播、宣传展板等工具大力宣传近年来学校毕业生中涌现出的就业典型，对学生进行职业理想教育，坚定学生接受职业教育的信心。

二、中职学校就业工作管理

职业教育是以社会需求为导向的就业教育。为此,加强对中职学校的就业管理,围绕以服务为宗旨,提升毕业生就业竞争力,提高中职学生的就业质量,设计构建中职学校的就业服务体系已成为当务之急。

(一)中职学校就业管理机构及职责分工

1. 就业工作组织机构

毕业生就业状况的好坏直接关系到学校的生存和发展,关系到社会的稳定。但毕业生就业绝不是靠学校就业部门就能完成的工作。学校就业部门仅仅是指导毕业生就业工作的事务部门。要真正抓好毕业生的就业工作,必须全面发动学校的各个教师和教学管理部门,切实"以就业为导向"来开展工作。为此,学校应成立以学校领导为组长,政教处、教务(导)处负责人为副组长,各年级主任、就业指导办公室主任等为成员的校级就业工作领导小组,负责构建就业教育与服务体系,制定就业工作制度,建立学校就业市场,组织和指导各专业的就业工作,协调学校内外相关部门的关系;各专业成立以专业教研室主任为组长、就业指导教师、班主任、实习指导教师及专业骨干教师等为成员的就业工作小组,明确专业教研室主任是就业工作第一责任人,班主任是就业工作直接责任人,就业指导教师具体负责本系就业管理、协调、咨询和服务工作。各职能部门根据学校就业工作制度规定做好相关就业工作,从而形成多层次的就业教育与服务网络,共同负责全校学生的就业教育与服务工作。

2. 就业工作领导小组的主要职责

①负责安排学校毕业生的就业指导和服务工作;

②根据国家的就业方针、政策和规定以及学校上级主管部门的工作意见,审定学校毕业生就业的实施意见;

③按照主管部门的要求提出学校毕业生就业建议方案,并具体实施就业方案;

④定期听取相关职能部门和毕业年级的就业工作汇报,对各有关职能部门、各专业进行毕业生就业工作评估、表彰、奖励;

⑤召开学校毕业生就业工作会议,研究、总结、部署学校毕业生就业工作;

⑥负责迎接上级主管部门对学校的毕业生就业工作作评估;

⑦公布毕业生资源信息,接待来校招聘用人单位,发布需求信息,组织开展毕业生就业供需见面会和双向选择活动;

⑧负责开拓毕业生就业市场,建立毕业生就业基地;

⑨开展毕业生和用人单位跟踪调查活动;

⑩负责就业指导课教学的组织实施，加强就业指导课的课程建设，以多种形式组织开展毕业生就业指导工作。

3. 就业工作小组的主要职责

①负责毕业生就业咨询，处理毕业生就业推荐、签约、派遣、改派等日常事务；

②负责学校毕业生就业资格审核工作；

③负责就业协议书、毕业生登记表、毕业生档案的管理工作；

④协助学校宣传部开展毕业生就业宣传工作；

⑤代表学校参加有关毕业生就业工作研讨会、座谈会等；

⑥组织开展针对本专业毕业生就业工作人员的培训活动。

（二）加强就业工作管理的意义

1. 有利于促进专业建设

加强就业管理，提高就业质量作为一个综合性指标如同一面镜子，能够帮助我们清晰地找到工作中的不足。通过加强就业管理，研究就业质量，会发现很多专业建设方面的问题，如专业设置是否合理、专业教师教学是否合格、课程安排是否符合实际、实践实习是否到位等。实际上，毕业生能否顺利就业，其专业技能水平的高低是最重要的因素。若想使毕业生受到用人单位的欢迎，就必须想方设法强化学生的专业技能，使每个学生在毕业时都能具有一技之长，学有所成，就业后工作稳定。

2. 有利于打造学校品牌

中职学校若想保持可持续发展，就必须创立自己的品牌。品牌的形成与发展归根结底取决于社会、企业、家庭的信任与好评。从因果关系上来看，学校的就业质量决定着学校品牌的表现，一个学校就业状况好，学生就愿意前来就读，企业对其毕业生就会欢迎，社会的美誉度就会提高，由此，就会促进学校品牌的建设与发展。

3. 有利于完善就业机制

良好的就业质量来源于良好的就业机制。为提高就业率与就业质量，每一所中职学校在实际工作中，都应对现行的就业机制进行及时补充与完善，确保机制健全，运转高效，协调灵活，投入到位。

4. 有利于教育教学改革

教育部要求中职学校必须以就业为导向，深化中等职业教育改革。实际上，搞好就业应围绕加强就业管理，提高就业质量做文章，其根本问题是加强教育教学改革，重点应在学校定位、专业设置、人才培养目标、办学机制、培养模式、素质教育、评估方式等方面下功夫；要结合实际，务实创新、努力培养"下得去、留得住、用得上、干得好"，实践能力强，具有良好职业道德的高技能人才。

5. 有利于学生职业发展

职校生毕业后，大部分立足于专业领域从事相关的职业工作，其职业发展的情况在很大程度上取决于专业对口率，对口率高则职业发展表现相应较好。专业对口率是就业质量的重要内容，因而帮助学生将专业学习搞好，使毕业生的就业状况良好，势必将在学生的职业发展上起到推动作用。

（三）中职学校毕业生就业质量的内涵与构成

何谓就业质量？在定性方面，就业质量是对毕业生的就业层次、就业流向、就业待遇、就业感受等就业状况的综合反映，可以有效体现就业水平与就业效果；在定量方面，就业质量可以用量化的形式体现，即通过选取多项能够衡量毕业生就业状况的具体指标，分别进行实际的考核测算，获得各个单项的指标数据，进而运用合理、实际、科学的综合分析及计算方法，得出具有一定可比性、数学性、可量化的综合结果。

就业质量是由一系列具体指标构成的，主要指标包括：

1. 学生毕业率

指按照专业培养计划与考核标准，在毕业时能够获得毕业证书的各个专业学生的比例。因学生的学习表现不同，每个专业的毕业率将会不同。相对而言，学生毕业率高则就业质量就会较好，二者应当呈正相关关系。

2. 专业对口率

指毕业生所从事的工作与所学专业的符合程度。应注意专业与职业群的对应关系，只要毕业生的工作职业属于某一职业群，那么这个职业就该列入该职业群所对应的具体专业，即可视为专业对口。

3. 薪酬水平值

指用人单位给予毕业生工作初期工资待遇的平均值。按专业分别计算，这样具有一定的可比性。

4. 工作适应性

指毕业生对所从事的工作及其工作单位的适应状况。可以采取对学生进行调查或座谈的方式，以求得到相应的结果。

5. 学生就业率

就业率是这样一个概念：就业率 =[（毕业生总人数 − 待就业毕业生人数）/ 毕业生总人数］×100%，其中待就业毕业生人数包括截至该年度 8 月底仍没有落实就业单位的毕业生人数和已申请不参加本年度就业的毕业生人数。依据目前各省（市）教育厅的规定，这个就业率可称为初次就业率，截至当年 12 月 10 日前的统计称为整体就业率。

6. 职业稳定性

主要指毕业生就业推荐成功后，到用人单位上岗工作的稳定情况。大体以工作半年为时限标准，考察毕业生"跳槽"现象的多少，借以反映毕业生的职业稳定性。

7. 雇主满意度

指接收、录用毕业生的用人单位对毕业生工作表现的满意程度。一般在毕业生工作三个月后，通过向用人单位的领导或人事主管部门调查，得到相关结果。

（四）加强中职学校就业管理的主要措施

影响中职学校毕业生的就业质量的因素是多方面的，大体包括观念因素、教学因素、经济因素、推荐因素、政策因素、人员因素等。因此，若想提高中职学校毕业生的就业质量，必须认真研究分析各个影响因素，进而明确落实提高中职学校毕业生就业质量的有效措施。

1. 认识方面

必须统一思想，提高认识，增强毕业生就业工作的责任感、紧迫感。毕业生就业工作是关系到中职学校生存与发展的大事，绝不能等闲视之。在落实毕业生就业工作时，应做到统一思想，统一意志，统一行动，明确"以就业促招生，以就业促教学，以就业促管理"的指导思想，将毕业生就业作为"生命线"来抓，实施"一把手"工程，统一部署，分工负责。

2. 制度方面

必须完善就业工作管理制度。学校在就业工作组织管理体系上应该注重整体效应，实现全方位的创新，做到层层落实，环环相扣，使就业工作的组织管理体系成为层次分明、协调一致的有效整体。为了将以就业为导向的办学理念落到实处，学校必须构建从始业教育到毕业教育，从课堂理论教育到课外实践活动，从专业理论学习到专业技能训练的全员化、全程化、全方位的教育与服务体系。在教育教学实践过程中出台如 ** 中职学校就业工作管理办法、行业与专业发展调查制度、就业工作系级考核方案、就业基金管理意见、毕业生跟踪调查制度、导师制度实施方案、学长制实施方案、顶岗实习的规定、课程学分顶替实施办法等十几个与就业工作直接有关的管理制度，从而使就业工作建立在严格而完善的制度保障之上。

3. 体系建设方面

必须构建行之有效的学校就业教育体系。坚持以就业为导向，根据用人单位对中职人才的要求，按照以"素质为本、能力为本和发展为本"的教育理念，设计构建就业教育体系。

第一，在就业教育目标上实行技术应用能力与发展能力相结合。为适应现代技术的不断发展与就业岗位变迁的趋势，不仅要教学生掌握基本技能，而且还要注重培养学生的学习能力和创新能力，以提高学生可持续发展能力和综合竞争力。因此，在就业教育体系中，在学生完成专业基本技术技能的基础上，以各类科技比赛、企业实践等为载体，加强学生应用发展能力的培养与训练。

第二，在就业教育途径上实行课内与课外、学期内与学期外、校内与校外相结合。课内与课外相结合是将课堂教学延伸到课外，以培养学生的自主学习能力；学期内与学期外相结合是利用假期组织学生参加社会实践，做到与专业学习的有机结合，并通过考核给予学分；校内与校外相结合可以充分利用社会的资源，把专业的实训安排在企业完成，进行产学合作教育；同时，实施校内外课程互认的学分顶替制度，承认学生在企业工作实习、学生自学考试和学科竞赛成果，替换教学计划中部分课程和实践环节的学分。"三个内外"结合，能使教与学的内容、方式、途径、场所、学习评价和教学指导等方面得到充分拓展，以满足技术应用型高技能人才培养目标的要求。在组织方面，必须调动校内外所有力量参与毕业生就业工作，要解放思想，真抓实干，调动校内外所有的力量参与到毕业生就业工作中来。其中重点是把教师动员起来，把各种社会关系动员起来，广泛利用校外的社会关系，为毕业生就业推荐服务。要找企业，找关系，找单位，力求人人参与，尽心尽力。

4. 对象方面

做好毕业生的思想教育工作，帮助毕业生端正就业心态。就业工作人员一定要深入实际，与毕业生面对面，心贴心，倾听他们的心声，了解掌握最真实的情况，从而有的放矢地做好毕业生的思想教育工作。要帮助学生树立正确的就业观，把就业指导工作做早、做细、做实。要教育学生勇于面对社会，抓住机遇，消除等待、观望、应付等不良意识；要关注学生的心理健康，想方设法减轻其就业压力，做到轻装上阵，较好地实现人生的转折；要加强创业教育，鼓励学生自主创业，可聘请企业领导或校友来校作报告，使毕业生更好地了解社会对人才的渴望与要求，更好地借鉴往届毕业生的成功经验。

5. 教学方面

充分利用教学条件对毕业生进行专业技能培训，强化毕业生的就业技能。一方面，要实现"产、学、研"的有机结合，实现"教、学、做"的彼此融合，努力达到"三个零距离"，即专业设置与社会发展的"零距离"配合，教学内容与职业需求的"零距离"贴近，实践教学与职业岗位的"零距离"接触，以凸显职业教育的特色，培养社会需求的新一代"银领"人才；另一方面，要根据毕业生的专业水平，围绕技能培训的要求，设计并实施毕业阶段的特殊教学计划，切实提高各专业毕业生的就业技能，力求达到"短、平、快"的教学效果，使毕业生的就业技能得到明显提高。

6. 合作方面

广泛建立校企合作关系，巩固就业实习基地，推广"订单式"的培养模式，建立毕业生就业的良好平台。中职学校的使命就是为社会、企业培养技术应用型人才，应大力探索职业教育发展规律，走校企合作之路，争取得到企业的参与支持；在教学、科研、学生实习、就业等方面实行全面合作；要积极实施"订单式"的培养模式，依托企业培养"适销对路"的人才。中职学校与企业密切合作，可以实现"双赢"，通过与企业的合作办学，采取"走出去，请进来"的办法，可以充分利用企业方面的各种资源，促进专业教学，疏通毕业生就业渠道，为毕业生搭建良好的就业平台。

三、中职学校班级常规工作管理

（一）班级常规管理及教育的概述

1. 何谓班级常规管理及教育

从理论上解释，班级常规管理及教育是教育者从培养人的目标和班级工作的要求出发，对班级学生的日常行为与班级状况进行的经常性管理与教育。所谓学生的日常行为及班级状况，是指学生个体和群体每日在自身的生命活动过程中以及在班级学习生活中表现出的最基本、最一般的行为表现及精神面貌，如在校出勤、课上学习、课间活动、同学交往，学生的情绪、注意力、身体健康等状态。

2. 学生日常行为管理的实质

学生在班级中的日常行为大致可分为五类：基本思想表现行为、纪律日常行为、学习日常行为、活动交往日常行为和环境卫生日常行为。针对学生日常行为进行的班级常规管理及教育相应分为：基本思想行为常规管理、纪律常规管理、学习常规管理、活动交往常规管理、环境卫生常规管理。

职校生在校的日常行为是一个生命主体在青少年阶段必然发生的生命性行为的一部分，也是作为职校学生每天在履行学习职责中发生的社会性行为的一部分。作为一种生命行为，它展现了青少年个体旺盛的生命欲求，有其天然的理性，应该得到呵护和满足；作为一种社会行为，它必然要体现社会的期望与要求，因而要受到一定规范的制约。对学生日常行为的管理既要考虑个体行为的合理性，同时要考虑个体行为的社会要求性。

班主任在班级进行的常规管理与教育是密切不可分割的工作，管理中有教育，教育离不开管理。管理的本质特点可以理解为指挥、控制、组织、协调等。对班级日常行为的管理是要指导、规范和控制学生的行为和意向，使之按学校教育纪律及社会的要求去行为活动；而作为教育的一个方面，常规管理又是教育的一种手段，最终是为了促进、激励学生养成高尚文明的行为举止的品质，使其朝着国家、社会期望的方向更好更快地成长进步。

（二）班级常规管理与中职学校学生个性发展

1. 常规管理与学生个性发展的关系

谈论管理似乎与发展人的个性是相互矛盾的事情。管理的内涵是在控制的前提下实施协调、组织、指挥等活动，使人遵守一定的规范，在一定的范围内按一定的规则行为。我们这里所讲的人的个性发展突出的是个体在自己各种素质综合、协调发展的基础上，形成、显示出本人的倾向性，即有别于他人的独特性和优势。个性发展需要在一种自由宽松的环境中，才能使个体在已有潜能的基础上，充分发展自己的优势，形成突破某些局限的特长。

当今，知识经济正在向世界走来。为迎接挑战，各国都极为重视对年轻一代创造精神的培养。创新是一个民族得以进步的动力和源泉。我国正在大力发展的中等职业教育，其核心也是要着力培养中职学生的创新精神和实践能力，使中职学生在掌握一技之长的基础上，形成鲜明、和谐的个性。

其实，实施班级常规管理与发展学生个性是辩证统一的关系。两者之间有矛盾的一面，因此在实际工作中就存在一些错误的理解和做法。有人把"管"当目的，为"管"而管，一定要把学生管得老老实实、唯唯诺诺。然而管理与发展个性，两者之间有统一之处，并在学校培养人的过程中是可以协调的。

从教育的目的出发，班级常规管理、发展教育都是为了培养人。常规管理对学生日常基本行为进行规范、引导，以促进他们养成文明礼貌、勤奋努力、自觉遵守法律的行为习惯。这些品质于集体、于社会、于个人发展都是十分必要的，因为任何人的幸福生活与发展，都需要有序的环境、人与人之间的协调关系。个性发展目标中的自主性、能动性、创造性、和谐性，只有在与集体和谐相处的基础上才能产生和显示其效能。而且，文明的行为习惯本身就是人的良好个性的一个侧面，一个善于自律的人，也是一个真正能创造的人。总之，常规管理为良好个性的发展创设条件，而学生们生动活泼的个性为班级常规状态增添活力。

2. 班级管理中既规范又发展个性

处理常规管理与发展个性的辩证关系，需要老师在操作过程中，要有明晰的意识和细致的工作方法，在规范学生行为时保护其好的个性特点，在发展个性时注意规范他们的某些不良表现。在班级的教育教学中，许多老师能艺术和谐地处理二者的关系，取得很好的教育效果。

（三）对中职学校学生进行班级常规管理的具体措施

做好中职学校学生的管理工作需要深入了解学生，认真履行工作职责，运用行之有效的管理工作方法，这样才能够培养出适应时代要求、适应市场需要、符合国家标准的大批高素质人才。

1. 正确分析中职学校学生的特点

（1）生源决定学生的普遍特点

目前随着国家的改革开放、经济技术发展的变化，中职学校的生源已由城镇非农业户口转变为以农业户口为主的农村生源，造成的显著特点是：

①不仅生源整体文化素质低，而且个体差异性较大；

②虽然生源整体经济状况较差，但个体上仍存在一定经济差异；

③家庭教育文化背景、生活习惯也有着较大差异；

④农村生源较为朴实，吃苦精神好于城镇生源。

（2）把握学生个性化特点

①某些学生心理落差较为严重，自卑心作祟；

②某些农村学生经济落差较大，且容易歪曲消费理念，以女生表现尤为突出；

③中职学生单亲家庭相对较多，不利于良好性格的形成。

作为管理者的我们应该紧抓这些特点，因材施教地实施行之有效的管理，但在常规学生管理方面我们作为管理者也存在很多不足和弊端。往往没有很好地切合中职学校学生心理和性格的特点，以致给管理工作造成障碍。

2. 对中职学校学生进行行之有效的管理措施

（1）树立正确的指导思想

中职学校学生的文化课基础比较差，作为老师应当树立"学生只有差异，没有差生"的指导思想，要认为所有的学生都是可造之才。

当前，职业教育最大的问题不在于我们要达成什么样的目标，而在于通过什么途径实现这一目标。帮学生找回自信，应该是这一过程中极为重要的环节。我们应树立这样一个信念"我们要办一所好学校，其唯一标准就是这所学校能让每一个学生变好。"有了这样的信念，我们眼中的坏学生就会变得可亲、可爱，我们就会积极主动地为学生搭建平台，提供机会。例如，学生入校伊始，就为学生举办优秀毕业生成才报告会，帮助学生认识新的学校生活，进而重新认识自己，调整心态，增强自信，迎接挑战；还可以通过组建体育队、艺术团，举办校园歌手大赛、绘画书法大赛，组织招募学生会成员、校播音员等活动，积极为学生创设展示自我的舞台,给每一个学生提供自主选择和主动参与的机会,帮助学生发现自身优势,在成功的体验中,拥有健康、自信的心态。班主任观察到学生的优点时应加以启发、引导、培养,这些平时难以受到尊重的学生,一旦受到尊重,就会倍加努力,就会想方设法改变自己,当他们有此觉悟后,再启发文化学习的重要性,引导他们努力学习,从而取得全面教育的效果。同时,要改革学生评价的制度,用发展的眼光看待学生,在推行学分制改革中,积极尝试用多把尺子衡量学生,建立促进学生发展的评价体系,尊重学生的差异,帮助学生认识自我,树立自信,激励学生主动发展。

(2)基础课上注入思想道德教育,专业课注入职业道德

常规管理学生不能凌驾于课堂之外,而是要把对学生的管理和学习相结合起来。在教学中,不管是基础课还是专业课,作为教师要对学生进行思想道德和职业道德的教育,通过说服教育、激励鼓动等手段,以潜在的方式影响学生,把教师的教学目标变为学生的自觉行动。其核心是强化学生学习的内心动力,即通过调动学生的自尊心、好胜心、好奇心、上进心、荣誉感、自我实现等心理因素以达到学生、教师的和谐统一。如上思想道德课的集体主义精神时,教师就可告诉学生:一个有道德的人,在他同别人的相处中,对外,要使别人有所获得;对内,还要使自己有所获得。一方面能够"以善念存储心中,使身心互得其益",这就是"内得于己";另一方面,又能够"以善德施之他人,使众人各得其益",这就是"外得于人"。一个人越是自觉地、真诚地、经常地为他人服务,为社会献身,他的道德就越高尚,他的思想境界就越崇高。他越是能够为他人作贡献,使他人有所得,他自己的道德情操就越高尚,心灵就越纯洁。经过这样的洗礼,中职学生的头脑就会慢慢清醒,能够更多地意识到自己应该做什么而不应该做什么。

(3)从学生的对面走到学生的中间

管理者和被管理者是一对矛盾体,既对立又统一。一味地站在管理者的立场上来发号施令,也许说有一定的效果,但往往工作比较被动,收效差。反之如果走到学生中间,与学生坦诚相待则更好,比如,农历八月十五和学生一起吃月饼赏月;圣诞节里,为每个学生分上一个脐橙或是苹果,共度平安夜等。作为班主任,先学会与他们做朋友,完全将自己的思想和情感表露出来,不带丝毫的虚伪和欺诈;在学生看来,觉得老师在自己身边,心中装有自己。像这样师生间的距离缩小,趋向于零,学生就敢于袒露自己的思想、反映问题,制定的改进措施也比较实在,而不是应付过关。

(4)校内外结合,报喜为主,报忧适度

家长是老师与学生之间最佳的盟友,老师与家长默契合作,互相支持,互相

补充，学校教育与家庭教育相互渗透，教育则更为有效。只有老师和家长之间建立起良好的沟通，才能使双方都对学生有比较全面深入的了解。同时要求班主任能够从学生的角度出发观察世界，善于理解学生的心灵世界，设身处地的为学生着想，使学生把老师看做真正关心和理解自己的人，而不是一打电话就告状的老师。积极地进行鼓励和沟通，会使家长对班主任更加信任，从而更加积极地配合老师的工作。

（5）帮助毕业生树立新的择业观念和择业方法

毕业生面临着毕业与就业，这是人生的关键，是转折点。因此，班主任对即将毕业的学生要进行正确的择业观和就业观教育，帮助学生了解社会对职业的需求情况，及时分析、掌握近期的就业形势和远期的就业前景，进而引导他们按社会的需要和自己的特长选择就业或自行创业。引导学生拓宽求职信息渠道，走出求职谋业的心理误区；帮助学生克服自卑、观望、恐惧焦虑、盲目乐观、怨天尤人等心理。

四、中职学校班主任管理

班主任工作是一项特殊的育人工作，班主任需具有高度责任心和使命感做好学生工作，学生在每个成长阶段有不同特点，每种层次的学生又有自己的特点，针对学生层次的不同要有不同的管理方法。中职学校的在校学生一般是初中毕业后考入的，有自己的人文特点和行为习惯，并且学习压力小，没有升学压力，大部分学生思想上根本不重视学习。因此，班主任工作就显得尤为重要，加强对班主任工作的管理，帮助班主任做好工作就成了当务之急。

（一）中职学校班主任工作的意义与任务

班级既是中职学校基本组成单位，又是学生学习、活动的基层集体。只有把一个班的学生很好地组织起来进行教学和教育活动，才能使这个班的学生在德、智、体、美等方面得到发展，掌握一定的职业技能，进而提高全校的教育质量。

靠谁来抓好班的工作呢？虽然一个班有不少的专业及文化课教师执教，但班上还有许多不属于科任教师职责范围内的事，如组织班集体、团队活动、校外实践，安排课余生活等，需要由专人来做。再说，班上专业教师在工作上要能互相配合、步调一致，也需有专人来协调，所以学校有必要给每个班委派一位班主任，由班主任负责来抓班级的教导与管理工作。

大部分中职学校的学生既学习生活于学校，也生活在家庭与社会中。做好一个班的学生工作，还要与家庭、社区及校外教育机关联系，协调一致地工作。班主任在学校、家庭和社会之间起着纽带作用，他们按教育目的、教育政策和学校的教育要求，协调各方面对学生的影响，负责把学生培育好。

中职学校学生处于长身体、长知识的重要时期，缺少生活的经验、独立生活和工作的能力。他们既需要，又欢迎有专任的教师来担当生活与学习的指导者，从而为他们排忧解难。设置班主任对中职学生的身心发展是十分必要的。

班主任是班级的教育者和组织者，是学校领导进行教导工作的得力助手。班主任对一个班的学生工作全面负责，组织学生的活动，协调各方面对学生的要求，对一个班集体的发展起主导作用。

班主任工作的基本任务是，依据我国教育目的和中职学校的教育任务，协调来自各方面对学生的要求与影响，有计划地组织全班学生的教育活动，做好学生的思想教育工作，并对他们的学习、劳动、工作、课外活动和课余生活等全面负责，把班级培养成为积极向上的集体，使每个学生在德、智、体、美等方面都得到充分的发展，并掌握相应的技术或技能。

（二）班主任素质的要求

中职学校班主任工作繁多而辛劳、责任重大，因此对班主任的素质提出了很高的要求。

1. 高尚的思想品德

班主任是学生的教育者、引路人，是他们的学习榜样。班主任应有崇高的品德，饱满的工作热情，坚持不懈的进取精神，言行一致、表里如一，能为人师表。这样他才能在学生中树立崇高的威信，给学生以强有力的教育影响。

2. 坚定的教育信念

确信教育的力量，确信每个学生都有优点和才干，都有自己的前途，即使目前中职学校学生可能有这样或哪样缺点和错误，只要对他们做深入细致的思想教育工作，也能把他们转变好。班主任只有确信教育的力量，树立坚定的教育信念，才能在工作中不畏困难曲折，顽强而耐心地工作，收获辛劳的硕果。

3. 家长的心肠

班主任对待学生要像家长对待孩子一样，兼严父与慈母于一身。既要无微不至地关怀学生，真诚地爱护学生，与学生彼此信赖，有深厚的情感，又要严格要求学生，对他们的缺点和错误悉心指正。如果学生感受到班主任对他们的深情与期望，那么他将更亲近班主任，并乐于接受教育，班主任在工作中便能获得更大的成效。

4. 较强的组织能力

中职学校学生技能的培养大部分是在各类活动中完成的，因此善于组织学生开展活动是培养、教育学生的重要条件。一个称职的中职学校班主任必须善于计划和组织学生的各种活动，善于根据情况的变化迅速作出决定、采取措施进行调整；在工作中表现出魄力，能令行禁止，坚定地引导学生积极开展活动，不断前进。

5.多方面的兴趣与才能

中职生最大的特点可能就是不太爱学习，但绝对是活泼爱动，同时每个学生都有自己的兴趣与爱好，因而需要开展各种各样、丰富多彩的活动。这就要求班主任也需具有多方面的兴趣与才能。一般来说，性格活泼开朗、兴趣广泛、多才多艺的班主任，与学生有较多的共同语言，易于打成一片，便于开展工作。反之，沉默寡言、不爱活动的班主任则容易脱离学生，难于深入了解和教育学生。

6.善于待人接物

班主任为了教好学生，要与家长、任课教师、企业相关人员联系和协作，因而要善于待人接物。不少的事实也证明了，那些善于交往、能团结人的教师，才能很好地协调各方面的教育力量，把班主任工作做好。

中职学校如果按照上述要求选派班主任，才有可能管理好班级。

（三）班主任工作的内容和方法

1.了解和研究学生

现在的学生思想是很活跃的，特别是中职学校的学生，他们的学习压力小，没有升学任务，有部分学生思想上不重视学习，另一部分学员或因为初中老师对他们的不良看法，或因为家庭的变故和不良引导，以致他们在思想上有一定的障碍，对老师和不熟悉的朋友关闭了自己的心灵。因此要教育培养学生，必须先了解学生，并不断地注意研究学生，这是教育学生、做好班主任工作的必要条件。只有做到了这一点，班主任对学生的教育才能有的放矢、因材施教，才能防止工作中的主观主义和一般化倾向。

有经验的班主任，往往在开学之前便着手了解学生，如熟悉学生的学籍卡，有重点地走访家长和接触部分学生等。这样就能在开学后顺利地开展工作，如便于对学生分组、建立临时班委会等，使班主任工作有一个良好的开端。

了解学生是指学生个人和集体两个方面。了解学生个人情况，主要包括个人德、智、体的发展，他们的兴趣、爱好、特长、品质、性格，他们家庭状况和他的社会交往情况。了解学生集体情况是在了解学生个人情况的基础上进行的，主要包括全班学生的年龄、性别、家庭等一般情况；学生德、智、体发展的全貌（一般发展水平和具有特殊才能的学生情况）；班风与传统等。了解学生的工作，可以从以下几个方面着手：

关于班集体：学生总人数，男、女人数；学生家庭住址，家长职业状况（来自不同社会阶层的学生比例）；独生子女情况；学生家庭类型（复杂型如三代同堂、一般型如三口之家和特殊型如单亲家庭各类所占的百分比）；学生家庭条件：居住面积、平均生活；学生身体素质（基本健康的、有近视的、有各种慢性病的、有残障的各类所占的百分比和发病率）；团员人数；班集体的兴趣、爱好；与兄弟班的关系；集体的是非观，有无正确的集体舆论等。

关于个人：一般作息时间与生活习惯；集体观念如何，与哪些同学比较要好；对各门学科的看法、态度，学习方法和学习成绩；在家里最听谁的话，与家里人的关系，每月的零用钱及其用途；课余生活是怎样安排的，爱看哪些书刊，参加培训班的情况；气质的类型；具体性格特征；能否自觉遵守纪律，在公共场所有无文明习惯；思想政治状况，心目中崇敬的人；最尊敬的教师，最喜欢的教学方法等。

了解和研究学生的主要靠如下几种方法：

（1）观察

观察学生要有目的、有计划地进行。班主任只有深入到学生的学习课堂、实验室、课外活动和课余生活中去，才能全面而真实地观察到学生的各种表现。为了做到在不惊动学生的情况下观察到真实情况，班主任要注意选择观察点。在学生的日常观察中，班主任不可大意、视而不见，一定要细心、敏感、警觉、明察秋毫，注意突然的甚至是微小的变化，如某个活泼的学生为何突然沉默？一个守规矩的小孩为何迟到？某某同学怎么心神不定？要抓住这些细微变化来明察学生的内心世界。

（2）谈话

与学生的谈话方式有很多：可以同某个学生单独谈，或与几个学生一起谈；可以开门见山地谈，或委婉地谈；可以让学生知道谈话的目的，有指向性地谈，或不使学生觉察目的，无拘无束地谈。这需要根据情况灵活运用，但无论采取哪种方式，班主任的态度要亲切、和蔼、真诚，必要时应当是严肃的；谈话的内容应当能增进学生的知识，富有教育意义；在方式上要注意引导学生敢于敞开心扉，虚心听取他人意见。

（3）分析书面材料

有关学生的书面材料很多，大致有三类：一是学生档案资料，如成长记录册、学籍卡、历年的成绩和操行、体格检查表、有关奖惩的记载等；二是班级记录资料，如班级日志、班会和团支部会议记录等；三是学生个人写的资料，如作文、日记和作业等。分析资料可以掌握学生德、智、体、美及其家庭、社会交往等全面情况，可以了解他们每个方面的历史与现状及其发展变化的情况与趋势。这些情况不仅对班主任有价值，而且有的让家长与学生了解也很有意义。

（4）调查研究

为了深入了解学生的情况或弄清有关学生教育的某个问题，常常需要运用调查研究的方法。调查的对象主要是学生，此外，还可以是学生的家长、任课教师、实习企业等有关人员，应根据具体调查任务来确定。调查的种类可分为综合调查和专题调查。综合调查是为了在新形势下，了解学生德、智、体各方面发展变化的全面情况，优点与问题，以便制订班主任工作计划。专题调查是为了了解学生个人或集体发生的某个方面的问题，以便采取有效措施，正确处理。

2.教导学生学好功课，掌握技能

学好功课，掌握一技之长是中职学校学生的主要任务，因而也是班主任的一项经常性的重要任务。有成效地完成这一任务，主要靠各方面的教师，但班主任对学生的教育、督促与检查，也是他们掌握学好功课、一技之长的重要条件。一个班的学生，学业状况、技能水平与这个班的班主任是否注意抓学生的学习密切相关。

（1）注意学习目的与态度的教育

要用古今中外的名人、学者、科学家勤奋学习的生动事迹来教育和激励学生，使他们热爱学习、热爱科学、追求真知、有强烈的求知欲和献身科学的愿望；要鼓励和培养学生的兴趣、爱好和专长，但也要纠正那种片面强调兴趣而偏科的不良现象；要引导他们从个人的学习兴趣提高到为祖国的现代化建设而学习、为科学的发展而献身的责任使命感，使他们获得巨大而持久的内在学习动力。

（2）加强学习纪律教育

遵守纪律是学生正常学习和提高技能的保证。相对而言，中职生在纪律方面有些散漫，为此，班主任要结合学校的管理制度，制定适合本班更具体的管理方法，要教育学生遵守学校制度，不迟到、不早退、不旷课；要认真听讲，遵守课堂纪律，按教师的要求进行学习，并按时完成学习任务；要督促他们抓紧时间学习，不浪费时间。管理办法一般可采取分奖和罚两部种。应制定班级情况周报表，将每周班级情况登记在周报表上并予以张贴，然后结合班级管理条例的具体细则，将违纪学生的扣分和受奖学生的奖分情况记录下来，以备平时或年终评比优秀学生作准备。

（3）指导学生改进学习方法

中职学生学习成绩不理想，一个重要原因就是不少学生学习方法不当，没有良好的学习习惯。因而，如何改进学生的学习方法和培养良好的学习习惯是中职生能否顺利完成学业的重要条件。班主任要了解学生的学习方法和习惯，向他们指出哪些方法和习惯是好的、应当发扬的；哪些是不好的、需要改进的；也可以请有关教师作方法指导，找成功的校友介绍学习经验；或组织不同年级和专业学生交流学习的经验与方法，并加以研讨与改进。

（4）激励学生奋斗，激发学生梦想

中职学校学生进校时分数不高，他们或许是考试的失败者，带着很深的失败感来到一个班集体，此时班主任要树立他们的信心，使其重塑信心，激发梦想，要善于激励学生的斗志，用激励性的语言、口头禅式的标语、振奋人心的成功案例等唤醒学生内心对成功的渴望，使学生自发地去定奋斗目标和行动方案。可以通过制定一些短期可实现的目标，当学生实现目标时就会产生成就感，逐渐产生对自我的认同感，经过一系列小目标的成功实现最终就会建立自信。

3.组织班会活动

中职学校基本每周都安排了一节课时间来进行班集体活动，并要求至少两周举行一次班会活动。有计划地组织与开展班会活动是班主任的一项重要任务。

班会的内容与形式应当多样化：可以是国内外的形势与政策报告，也可以是本班学生的思想教育的阶段小结；可以举行节日、纪念日的庆祝活动，也可以举行各种主题班会；可以组织道德、纪律、民主与法治等问题的学习、讨论和辩论，也可以组织学生谈谈自己的远大理想和追求。

在各种班会活动中，应正确引导学生树立正确的人生观、价值观和道德观，培养学生的集体观念。如有个中职班主任针对本班学生心理自卑感很强的问题，在相应的主题班会上提出"我很棒，我能行，我相信自己能做好一切"的口号，要求每个学生把这句话和自己的座右铭写一个小字条，贴在桌面上最醒目的地方；号召学生读伟人传记；每天写两条名人名言。这些措施可以使学生有意识或无意识地强化自己对自己的信心，用名人的言行来时刻激励自己，让学生坚信自己每一天都是最棒的，并向着更棒的方向努力。

总之，只有多样化的，为他们所喜闻乐见的，满足他们的求知、掌握技能、抒发思想情感、面向社会等多方面需要的活动，才能适应中职学生的特点，调动他们的积极性。

组织班会活动要有计划。首先，对一个学期的班会活动要有一个总的设计、总的计划，然后，对组织每次班会都要有一个具体的工作计划。组织班会的具体工作计划，主要包括：班会的目的、主题与内容、形式与方法，准备工作的分工及完成时限，班会的程序与组织等。班会计划一般在班主任的领导下，由学生干部或全班同学共同讨论确定。组织每次班会的具体工作计划，应在班会举行前一两周制定。班会活动切不可无计划、打乱仗。如果事到临头仍毫无准备，而由班主任训话来应付，那就会使学生丧失兴趣，感到厌烦。

· 97 ·

组织好一次班会极不容易，可以说比上好一节课还要难。要使全班每个同学都积极投身到班会的准备和活动中来，并受到锻炼和教育，这是一个复杂的、创造性的工作。只有发动全班学生，群策群力，才能把班会开好。首先，要确定能引人注目、激动人心、吸引中职学生的主题；其次，要选择能表现主题，为学生所喜闻乐见的丰富多彩的内容与形式；最后，要尽可能使多数学生参与准备。准备班会的过程就是教育、锻炼和提高学生的过程。如果每个学生都能积极投入准备活动，那么不仅能把班会开得很好，而且将使学生个人和班集体得到提高。

4. 组织课外活动、课余活动

组织课外活动、企业实践活动对培养学生兴趣，提高学生技能，丰富学生生活有重要意义，也是班主任一项经常性的重要工作。

在开展课外活动方面，班主任主要负责动员和组织工作，为校内和校外组织的各学科小组、技术小组、体育小组、艺术小组等专项活动小组推选学生，成立本班的课外活动组织，编制课外活动计划，开展各种课外活动；自愿与动员相结合，使全班学生在规定的课外活动时间内都能积极地参加自己选定的活动。

此外，班主任还要为本班的课余活动创造条件，为此需要聘请企业技术人员、社会人士或校友；解决物质条件，如联系实习企业、活动场地、设备、活动工具等；特别要做好思想工作，大家齐心协力、步调一致地把活动开展好。开展课外或课余活动是一项很复杂的工作，班主任必须经常关心、过问，并深入到活动中去，才能掌握情况，了解困难与存在的问题，采取有力的措施，推进活动的开展。

对学生的课余生活，班主任的责任是：经常关心、了解、给予必要的指导。其目的是使学生的生活过得生动活泼、丰富多彩，充实而富有意义，而不要让学生感到无聊、无所事事，或追求一些不健康的、低级趣味的东西。在课余生活中，班主任要尊重学生的个性、兴趣与爱好，不要干预太多，压抑学生个人的志趣与个性，但也应严格要求他们遵守学校制度和纪律，自觉抵制不良思想风气的侵蚀。

5. 组织学生到企业实践

职校生与普高生的一个重要区别，就是必须经常深入企业进行实践，以提高其实践技能。学生的企业实践时间在教学计划上已有明确规定，既可分散，也可以集中安排。学生的企业实践，可根据专业的现状和学校已有条件，主要组织学生到校内外生产实践基地，深入到工农业生产的第一线，如企业工厂（车间）进行实践实习。学校应当根据各专业的实际情况和企业生产的特点在教学计划中进行安排和体现；班主任则应按专业教学计划的安排与要求，有目的、有计划地组织好本班学生到企业进行实践。

与此同时，要加强对学生职业化的培养，打开其职业生涯之门；加强对学生职业教育理论的学习，对学生进行职业理论培养，使学生认识职业生涯知识体系，拉近学生与岗位的距离，培养学生面试技巧，培养学生工作协调能力，储备再就业时的心理，不断针对当前就业形势进行分析；培养学生参考公务员的知识，鼓励符合条件学生参军，支持学生进行创业实践，拓宽就业方式和渠道，使学生在学院学习期间就能真切感受到就业的氛围。

组织学生到企业实践，一般要注意下述工作：

（1）准备工作

它包括劳动准备、思想准备和组织准备。劳动准备，是指使学生明确实践劳动的具体时间、任务与场所，劳动的程序、方法与质量要求。思想准备，是指做好学生的思想动员工作，认识本次专业实习、实践的意义，激起劳动的热情，提高劳动的责任感。组织准备，是指根据任务把学生组织起来，建立一定的组织领导方式，明确干部的分工与职责，制定劳动的纪律和安全注意事项。

（2）组织与教育工作

在劳动过程中，班主任要深入企业劳动现场，了解学生在企业的实习，组织得是否合理，进行得是否正常，有无劳动过重、过于紧张或松松垮垮、窝工的现象；学生是否适应，病残、弱小学生以及女生是否得到了适当照顾。通过专业实习实践，要及时发现学生在思想、纪律等方面存在的共同问题，从而与企业共同协调，并组织全班讨论，采取措施，使大家受到教育和提高。要做好个别教育工作，帮助其改进。

（3）总结工作

抓好总结是巩固实习成果，向学生进行思想教育，帮助学生了解自身状况的重要一环。重视并动员全班学生搞好总结工作，其目的是让学生正确了解技能的掌握程度、长处和不足，以便将来更好地适应社会。

6. 协调各方面对学生的要求

调节和统一校内外各方面对学生的要求，这是有成效地教育学生的重要条件，也是班主任工作的一项重要内容。这项工作包括两个方面：

（1）统一校内教育者对学生的要求

班主任、任课教师、团队干部都会对学生提出要求。如果各行其是、各搞一套，对学生要求严的严、松的松，那么必定导致思想教育工作中的混乱、矛盾，不利于学生的学习和思想品德的成长。为了使各个方面的教育能互相配合，有利于学生身心发展，班主任要根据教育目的和中职学生的实际情况，协调和统一教师对学生的要求。为此，首先，要主动与有关任课教师联系，经常互通情况、交换意见，定期研究班上学生的思想、学习、劳动、课外活动等情况，以便在思想教育上，对学生提出统一的要求；在作业布置、辅导和课外学科小组活动的安排上，做到统筹兼顾，更好地推动各项活动的开展，促进学生的全面发展。其次，还要与团队干部经常交换意见、研究工作。特别是在团队活动与班集体活动的配合上，在确定发展团员的对象及其先后顺序上，在学生干部的分工上，都需要统一看法、协调一致。这样，才能使团队工作和班主任工作相互促进。由于班主任是班级的领导者，因而在协调关系上要主动承担起主要的任务。

（2）统一学校与家庭、企业对学生的要求

班主任是学校与家庭、企业联系的纽带，应通过各种联系方式如家访、邮件、电话和座谈会等，同家庭、企业联系，协调家庭与企业在教育学生上统一认识、要求，并互相协作、配合，以取得最佳的教育效果。

7. 评定学生操行

操行是指学生的思想品德的表现，操行评定就是对学生一学期（或一学年）来的思想品德发展变化情况的评价。操行评定一般采用评语方式，有的还要评定等级（如评优、良、中、差）。

操行评定是学校对学生进行教育的重要方法。它有助于学生了解自己的思想品德表现、优点与缺点，明确努力方向，扬长避短，继续上进；有助于家长了解自己的子女，更好地配合学校加强对子女的教育；有助于班主任和学校更好地了解学生和教育学生。因此，这也是班主任必须做好的一项工作。

为了写好操行评定，班主任在日常的教育中要注意积累每个学生的思想品德表现的材料；在评定前，可征求有关教师和团队干部的意见，也可以让学生对自己的操行作自我鉴定，以供参考，然后由班主任考虑学生的实际表现和各方面意见写成。

操行评语，要实事求是，抓主要问题，有针对性，能反映学生思想品德的全面表现和发展趋向；要充分肯定学生的进步，适当指出他们的主要缺点，指明他们努力的方向，不可罗列现象，主次不分；文字要具体、贴切，使人一看就明白，切忌空洞、抽象、一般化，严防用词不当，伤害学生的情感，造成家长的误解。总之，评语要富有教育意义，使学生看后既有所触动，认识自己的不足，又能看到自己的优点与希望，振奋起来，努力向上，而不是愤愤不平或更加消沉。

8. 做好班主任工作的计划与总结

班主任工作涉及面广，连续性强，极为复杂。为了能够较自觉地做好这项工作，一要加强计划性，使工作有条不紊地进行；二要注意总结工作经验，以便不断改进和提高，两者要紧密联系。新学期班主任工作计划的制订，必须依据上学期班主任工作的总结；而进行班主任工作总结，又必须研究本学期班主任工作计划的执行情况，作出正确的评价与分析。只有这样才能有成效地做好班主任工作。

班主任工作计划可分为：学期工作计划和具体执行计划。学期工作计划的基本内容是：简明分析形势要求和本学生德、智、体发展的基本情况，提出本学期的教学任务，列出每周工作要点等。可以用表格形式填写，一式两份，一份交教导处，一份由班主任自留，以便执行。班主任工作的具体执行计划，可以按周制订或按活动来制订。它包括：目的要求、活动的内容、活动的形式和方法、时间安排、分工、进行的程序步骤、完成的时限等。某一次班集体活动的具体执行计划，也可以在班主任领导下，由班委会制订，这样更能调动学生的积极性，便于教育活动的组织和开展。

班主任工作的总结可分为全面总结与专题总结两种。全面总结是对班主任一学期的整个工作的总结，要进行全面的分析与评价；专题总结则是对班主任工作中的一个问题或一个方面的总结，要求深入总结在这个特定的问题或方面的宝贵经验与教训。一个班主任应进行哪种总结为宜，要根据自己的工作情况而定。

班主任工作的总结，不应单纯记述工作的事实与过程，而要从教育理论的高度来分析所做的工作，明确哪些是成绩，哪些是问题，找准导致成功和失误的原因，探明班主任工作的规律性，提出行之有效的原则和方法，以便明确目标，改进工作。

为了做好班主任工作总结，在平时的工作过程中，要注意积累资料，用"工作日志"、"班主任日记"等形式把工作情况、群众反映以及自己的认识记载下来；也要把学生、教师与家长有关活动中所写的材料，包括计划与小结以及个人的认识与体会保存下来。这样，到了期末，水到渠成，便能写出高质量的班主任工作总结。

五、中职学校共青团学生会管理

中职学校的共青团、学生会是在校党委（支部）领导下，政教处指导下的学生自我管理、自我教育、自我服务的青年组织。按照团章和全国学生联合会章程明确规定，共青团履行对学生会的指导和帮助责任。团委、学生会在工作中既要有统一行动，也要根据各自特点，各司其职。学生要经常主动向团委报告情况，主动接受团委的指导帮助；团委要耐心指导、热情帮助学生会，放手让学生会发挥作用，使其独立负责地开展工作。共青团、学生会工作对于提高学生的自理自治能力，培养学生的社会责任感及工作积极性和创造性有着非常重要的作用，对良好校风、学风的形成产生着重要影响。

目前在中职学校，大部分学校共青团、学生会机构都实行"一套人马、两块牌子、两套职能、统一管理"的模式。团委书记一般由学校党总支部报上级团委批准后派出，副书记及团委成员由校团代会选举产生。大多数团委副书记兼任学生会主席。

（一）共青团、学生会干部的素质要求

共青团、学生会干部的素质高低，直接关系到学生工作开展的好坏，影响着良好校风、学风的形成，所以作为一个共青团或学生会干部必须具有以下几个方面的素质：

1. 思想境界

坚决拥护党的路线、方针、政策，自觉保持与党、团组织政治上的一致，自觉接受党组织的领导和团组织的指导帮助，关心时事政治，具有强烈的社会责任感，有全心全意为同学服务的思想和不计较个人得失的奉献精神。

2. 道德水准

共青团、学生会干部应严格要求自己，在各方面做同学的楷模，善于团结同学，热心帮助同学，工作作风民主，善于听取和采纳同学中的正确意见，勇于接受同学批评，善于改正自己的缺点和错误；对学生会成员的工作评价公正，为人正直、谦逊，善于取长补短。

3. 学习成绩

勤奋学习，刻苦钻研，善于摸索并找出一套适合自身特点的学习方法，把在工作中形成的能力运用到学习中，在各门课程的考试中，至少要达到中上等水平。

4. 组织能力

有较强的组织能力和独立工作能力，对活动的选择、计划的制订，措施的落实及最后的总结，都能有较完整详细的考虑，并有处理发生意外事件的能力，有善于发动同学、团结同学的能力。

5. 表达能力

包括口头表达能力和书面表达能力，即能说会写，善于汇报或安排工作又要简明扼要，条理清楚，责任明了。

6. 身体状态

有较好的体质，始终保持旺盛的工作精力，在参与重大活动时，能够持续长时间工作。要使学生干部具备上述素质，首先学校政教处必须做大量艰苦细致的工作，一是重视对学生干部的教育培养。利用每周日晚自习例会时间和暑期培训班系统学习。二是进行方法上指导和工作上的帮助；其次作为学生会干部要不断培养自己的自制能力，在不断超越自我的基础上，加强理论学习，加强实践锻炼，不断提高自己的素质修养和工作能力。

（二）中职学校的团组织、学生会的设置

1. 团组织的组织机构

校团委的产生按民主集中制原则，由全校团员代表大会选举产生，并报上级团委及学校党总支部批准。学校团委设团委书记、副书记、组织委员、宣传委员、文体委员。下设各班团支部、教工团支部，团委委员任期二至三年，支部委员每届任期一年。

2. 团员代表大会

①学校团代会三年举行一次，根据团章议程进行。

②换届团代会召开之前，要组织筹备委员会，负责会前工作。筹委会一般由校团委委员及各支部书记组成，下设会务、宣传、秘书、监察等工作小组。

③团代会代表由各支部民主选举产生。

3. 团支部成员的工作职责

（1）团支部书记职责

①团支部书记是团支部委员会工作的全面负责人，主持支部日常工作，传达学校党团组织的指示、决议，结合本班实际提出各时期的工作计划，定期向校团委汇报工作。

②主持召开支委会和支部团员大会，布置及协调支部各时期的工作，组织支部开展各项日常活动。

③定期向班主任征求团的工作意见。

④加强与班委的联系，交流情况，团结合作，搞好班团工作。

⑤加强同兄弟支部的横向联系，搞活班团工作。

⑥抓好支委会的自身建设，组织好生活会，发挥集体领导作用，帮助委员做好分管的工作。同时，按时填写"团支部工作手册"。

（2）组织委员的职责

①分管支部团务工作，对青年进行团的基础知识教育，负责对要求入团的青年积极分子有计划、有步骤地进行考察培养，提出发展新团员的意见，办理接收新团员的手续。

②协助支部抓好团员思想和团的纪律观念教育，做好表彰优秀团员工作，对违纪团员进行批评教育，并提出处理意见。

③做好团费收缴、团员人数统计等工作，接转团员组织关系，办理超龄团员退团手续。

④协助支部书记填写"团支部工作手册"，做好会议记录。

（3）宣传委员职责

①做好宣传报道工作，与班委一道搞好板报宣传和广播稿件，大力表扬好人好事，批评不良现象，引导团员青年好好学习、积极工作。

②深入了解团员青年的思想实际，组织各种形式多样的教育活动，定期组织团课学习、专题讲座及先进人物的事迹报告等。

（4）文体委员职责

发动和组织青年学生开展健康的、丰富多彩的业余文化娱乐和体育活动；与班委团结合作开展好学生第二课堂活动，陶冶学生的思想情操，提高他们的鉴赏能力，并负责发现和培养文体活动的积极分子。

4. 团的组织管理

①团组织由学校团委统一管理。

②支部发展要遵循团的组织发展方针"积极而有计划地发展新团员"。要严格按照发展团员的基本程序，进行教育考察，并指定专人联系、谈话，要有记录。

③发展新团员前，支部组织委员应向校团委汇报工作情况并领取入团志愿书，待申请人认真填写后，团支部履行通过手续。

④团员的档案、团籍等，由校团委统一管理。凡团关系转入本校的，应由支部组织委员到团委领取团员登记表进行登记，并办理团员注册等转入手续，没有团员证要及时给予补发，毕业生离校和外出实习应由组织委员收齐团员证，统一办理团员关系转出手续。

⑤团员证每一学期注册一次，由支部统一收齐办理。

⑥制定《团支部工作手册》，作为评选先进团支部及先进团员、团干的基本素材之一。

⑦支部委员每年改选一次，改选工作要体现民主集中制，采取无记名投票方式进行；选举结果上报学校团委审批。

5. 团的组织奖励和处分

①每年在"五四"青年节期间表彰一批先进团支部以及优秀团干、团员，表现突出者推荐到上级团委表彰。

②团员违反组织纪律和校规校纪将受到团组织的批评教育和纪律处分。团的纪律处分有5种：警告、严重警告、撤销团内职务、留团察看、开除团籍。

6. 推荐优秀团员入党

①共青团是中国共产党的助手和后备军，推荐优秀团员为建党对象，是共青团工作的一项重要任务。

②各团支部应组织要求入党和成绩显著的团员参加党章学习小组，在校团委

的指导下开展党章和党的基本知识学习活动。

③校团委将根据各阶段的工作任务，定期组织党课学习，并向党组织汇报情况，协助做好建党对象的教育，培养和推荐工作。

④校团委在推荐优秀团员作为入党积极分子过程中必须确保"公平、公正、公开"的原则，在上报党组织审批前须进行全校公示。

7. 团费的收缴与管理

①团组织的活动经费由学校拨款和留用团费提供。

②团员应依时缴交团费，团支部组织委员要及时办理团费收缴手续，定期向团员公布团费收缴情况。

③团员没有任何理由连续六个月不交纳团费否则作自动退团处理，团员被批准为预备党员后，可只交党费不交团费。

④受留团察看处分的团员，在察看期间仍应按团章规定交纳团费。

⑤校团委每年可按 50% 的比例留用团费，其余 50% 上交上级团委。对留用团费的支出应由团委委员讨论决定。

8. 共青团与其他青年群众组织

①校团委和学生会都是在校党委和上级团委领导下的群众组织，并组织对团员青年进行思想教育、开展第二课堂活动和协助搞好学校日常管理工作等。

②校团委会要耐心指导、热情帮助学生会，放手让学生会发挥作用，使其独立负责地开展工作。

③校团委会要积极支持有利于青年教工、学生身心健康和增长知识才干的有组织的社团活动，并将在人力、物力上给予大力协助。

9. 学生会工作

①学生会机构：设主席、副主席、秘书长、纪检部部长、组织部部长、宣传部部长学习部部长、外联部部长、生活部部长、文体部部长、劳动卫生部部长等。

②一般而言，中职学校的学生会各职务对口校团委职务相互兼任。

③开展配合学校中心工作活动时要做好统一安排。

第五章　学校课堂教学管理策略创新

第一节　课堂的有效管理

一、课堂管理中的主要问题

长期以来，在课堂教学改革中，人们强调较多的是教师对学科知识的深刻理解和对教学方法的恰当运用，而对同样会影响课堂教学质量的课堂管理问题却鲜有关注，从而导致一些教师课堂管理行为的失控和低效。因此，揭示课堂管理中存在的缺陷，并在此基础上做出针对性的矫治和变革，对提高课堂教学效率和质量，完善班级教育与管理，具有重要意义。当前课堂管理中存在的问题主要有以下几个方面。

（一）批评惩罚多、鼓励关怀少

有些教师管学生如管犯人，面对学生的纪律和问题行为，往往首先想到的是批评和惩罚，课堂管理呈现出批评惩罚多、鼓励关怀少的整体景象。

1. 课堂管理缺乏支持性的气氛

有些教师常以学生难以接受的命令、指挥、威胁、训诫等方式教育学生，努力创设的常常不是支持型的气氛而是对抗型、防卫型的气氛。在这种课堂中，师生常常处于互相对立、抗衡和逆反的互动中。

2. 教师管理学生的言语方式简单粗暴、缺乏鼓励性

调查发现，在教师对学生课堂错答的反应中，消极否定性评价是积极鼓励性评价的4.4倍，对纪律不良的典型反应是板着脸喊道"吵什么！都学好啦？"之类的训斥和威胁，教师的课堂引导语也常是"不要讲话了"之类的消极性语言；而从正面引导、鼓励、塑造学生行为的积极性语言则较少受到重视，从而使课堂管理蒙上了缺少人文关怀的阴影。

（二）偏爱与偏见

在课堂教学中，有些教师不能一视同仁，而是亲近一部分，疏远一部分；喜

欢一部分，厌恶一部分；放纵一部分，歧视一部分。依据自己的爱憎，把学生划分为不同的等级和类型，不能客观公正地评价和对待学生。同样的行为，由差生做出，受惩罚的可能更大；由优生做出则能轻易地得到教师的谅解。而且，有些教师不期望，也不相信，差生在学业上会有较大的长进，甚至对他们的进步持否定与怀疑态度。教师的这种偏爱和偏见不但影响了师生关系、生生关系的健康发展，也为课堂问题行为的产生设下了内源的诱因。

（三）体罚和心理虐待

在课堂管理中，有的教师缺乏法制观念，说什么"鞭子本性竹，不打书不读""不打不成材，一打分数来"，随意对学生进行体罚和心理虐待，其影响之坏、后果之严重，令人震惊。体罚和心理虐待不仅违法，而且也不能使学生心悦诚服，调动自我教育的积极因素，反而容易使他们产生一种戒备、敌意、执拗的对立情绪，恶化课堂纪律。

（四）课堂管理应变能力差

在课堂教学中，有些教师不能根据情况的变化，灵活调整计划、程序和策略，课堂管理呈现机械刻板、应变能力缺失的特征。

（五）领导方式失偏

1. 领导方式专制、放任

有的教师无视学生的课堂纪律和接受情况，上课照本宣科，单方面地完成教学任务，而当课堂纪律发展到使其无法向学生讲授知识时，又对破坏纪律的学生采用拳打脚踢、粗言谩骂等专断甚至非法的管理手段。例如，某教师在上英语课时，让优秀学生坐在前排，差生一律坐在后面，只要差生不大声发出响声影响前排学生的学习，教师一切听其自然，不加干涉。当他们的违纪行为影响了前排学生学习时，教师则采用拉出去、打巴掌等手段，令学生顺从听话。这样的事例在一些学校的课堂中时有发生，其性质极为恶劣。

2. 不能根据学生发展的阶段和变化这一教学实际，采取动态优化的领导方式

从某种意义上讲，领导方式各有长短，在合适的条件下都可采用。其关键是，教师应根据课堂组织的发展状况决定自己领导方式的"民主""放任"和"专制"的程度，并形成课堂领导方式与课堂情境的动态平衡结构。一般而言，在集体发展水平较低或低年级学生中，课堂管理的"专制"成分可适当多些；随着学生年龄的增大和年级的升高，"民主"的成分应逐渐增加；随着学生自我纪律和学习能力的进一步发展，管理中的"放任"成分也可适当增加，以培养学生真正成为

一个自我管理的人。但是，从实际情况看，教师很少有这种动态优化的管理思想和行为，课堂管理权变缺乏。

3. 主观武断、情绪激动

有些教师，对学生纪律不良问题，不是进行全面客观的原因分析，而是动辄主观武断地责骂处罚学生，甚至情绪激动地发泄私愤，从而使师生关系趋于恶化。

（六）课堂教学中的管理主义倾向

在现实教学中，有些教师和学校把课堂管理活动绝对化，以单调、生硬、死板的"管理"取代耐心、细致、深入的"教育"，把课堂管理手段本身变成了管理的目的。

（七）教学偏差

良好的教学是课堂管理最有效的途径，纪律问题常常是由于教师教学不当引起的。从教学视角分析课堂管理的缺失，其表现主要有：

①教学的深度、坡度、密度、速度失控，从而造成大量的课堂管理问题。

②教学设计不能充分考虑学生的能力和兴趣，从一种教学活动过渡到另一种教学活动时不够自然顺利。

③课堂教学缺乏明确的规则和程序，因而不能保持课堂秩序和活力。

④教师不能创立良好的课堂教学环境和气氛，师生间缺乏情感共鸣，从而增加了课堂管理的不利因素。

二、良好课堂秩序的标准

课堂秩序是指在特定的教学环境中，教师和学生为达成预定教学目标进行互动教学时表现出来的有序状态。良好的课堂秩序可以维持课堂的稳定，激发学生的学习潜能，降低师生时间与精力的消耗，提高教学效率，是完成教育教学任务的基本保证。良好课堂秩序的标准主要表现为以下方面。

（一）规范与自主的融通

传统的课堂教学活动主要由教师决定和控制，教师在课堂中始终占据主导地位。具体表现：教师是教学内容的传授者，是教学过程的组织者，是教学行为的管理者，更是学生成绩的评判者。课堂教学中，教师绝对权威，通过各种言语和非言语技巧控制整个教学过程，教师限定学生的行为，控制学生的思路，限制学生的学习自由，指定学生的学习任务，而学生只能亦步亦趋、唯命是从、不敢越雷池一步。这样的课堂秩序，注重规则的约束力和教师的绝对权威，学生一旦出现与课堂规则冲突或干扰正常课堂秩序的行为，教师也倾向于使用惩罚手段实施控制。如此这般，学生形成了被动与顺从的人格特征，往往是知识丰富能力有限，缺乏自主意识及创新精神。

当今的教育规则，打破了旧有的课堂规则及维持课堂秩序的原则、方法，教师从教学过程的控制者转变为学生学习的合作者、引导者、参与者，由居高临下的"权威"转向"平等中的首席"，传统意义上的教师教和学生学，不断让位于师生互教互学，彼此形成一个真正的"学习共同体"。在这种师生互动、生生互动的教学与活动模式中，理想化的课堂秩序不再体现为单一的"讲授"与"静听"状态，而是具有新的时代内涵。

新型课堂教学以学生的发展为本，以促进学生发展为取向，注重学生的自主实践和探究，学生的自主意识得到尊重和发展。但是，任何事物的发展都具有一个合理的度，过犹不及。教学秩序的建构不是绝对规范与完全自主之间的"钟摆运动"，强调学生的自主学习，是对教师绝对霸权地位的扬弃，而不是废止教师的合理主导作用，学生的自主学习应该在教师的有效指导下进行。合理规范与适度自主的融通是教学秩序的理想化状态。教学过程中，教师可以通过制订时间计划，对学生的认知策略和学习方式进行指导，以及给学生提供必要的反馈等一系列支持性或指导性工作，将学生的自主学习不断引向深入，促进学生积极探究新的领域、新的主题。而由于学生自身经验和认识的缺乏，其对任何问题的学习和探究只有借助教师的有效指导才能最终完成。

（二）恬静与活跃的交响

单纯以教师讲授为主的课堂教学，相对有序而恬静，却难以激发学生思维的扩展、跳跃和创新。于是，当今的讲台上，教师开始有意识地引导学生质疑、调查、探究，原先静态的课堂变得灵动和喧闹起来。各种参与式教学活动很好地调动了学生学习的积极性、主动性，提升了学生的学习兴趣。然而，一些课堂却出现了单纯追求气氛的形式化倾向，即采取各种手段和形式引导学生的参与，课堂气氛热闹非凡，却达不到设定的教育目标。事实上，在理想的课堂教学中，恬静与活跃都是教学环节动态发展的自然表现，都有其存在的合理价值和适宜时机。创建良好的课堂秩序，要求我们准确理解"动"与"静"的存在价值，做到动静结合、张弛有度。

课堂教学中，"动"主要体现为以下几个方面。

1. 主动

教育的艺术不在于传播本领，而在于激励、唤醒和鼓舞。教育的终极目的是培养终身爱好学习的学习者，而不是被动学习的高分低能者。现阶段的教育，教师应精心创设教学情境，找准教学切入点，创设一种能使学生积极主动参与其中的教学氛围。学生在教师的合理引导和适当的教学目标的驱动下，能够表现出一种积极投入的学习状态。

2. 互动

积极有效的互动是课堂教学成功的关键。所谓互动，不但指教师和学生之间的互动，也包括学生之间的互动。有效的互动不单是形式上的你问我答或唇枪舌剑，也意味着心灵的交流、思想的碰撞；不仅是一种认知活动过程，更是一种人与人之间平等的精神交流。对学生而言，互动意味着心灵的敞开、主体的凸显和创造性的解放；对教师而言，互动意味着上课不仅是传授知识，而且是一起分享理解、促进学习的过程。

在某些教师眼里，教材和教学设计如同基督徒眼中的"圣经"，具有不可置疑的神圣，学生的多样化、创造性理解都被标准答案扼杀，造成课堂教学严谨有余，生气不足，条理清晰却创新不够。事实上，由于师生带有灵性的参与，课堂教学应该充满了真实的感性体验和智慧的理性思考，应该具有勃勃的生机。灵动的课堂是预设与生成的结合体，不可能完全按计划中的每一个细节操作，而是随着教育情境的变换不断生发有价值的教育资源，出现认识和情感增进的契机，使学生收获发现的喜悦与成功的体验。

课堂教学中"静"主要体现为以下几个方面。

（1）静听

静听教师的讲解和其他同学的发言，理解知识和他人意见，是产生互动的前提。学生对教师的静听是接受知识、内化知识以及引发积极思考的过程，而对同学发言的静听是理解他人意见，产生基本价值判断，以及把自身认识与他人观点比较、对照的过程。静听是课堂互动的基础，只有认真倾听教师的讲解，才能明确课堂活动的基本要求，才能掌握通过教师讲述获得的某些知识，实现师生对话；只有有效倾听同学的发言，才能理解同学的意见，实现生生对话。

（2）静思

思考是与任何学习过程相伴而生的认知活动，我国古代伟大教育家孔子曾经说过，"学而不思则罔，思而不学则殆"。教学过程中，如果学生只是盲目地学习而没有思考，就好像人只吃饭不消化一样，再有营养的食物也不能内化为增进身体机能的有效成分。因此，在教学过程中，教师应该注意培养学生独立思考的习惯。

（3）静悟

学生对科学知识及其认知规律的把握，是一个复杂的过程，是主体观察现象，分析问题症结，提出假设、验证假设以及修改假设，直到最终解决问题澄清认识的过程。而且，知识的获取并不是学习的全部目的，在此过程中学生还需对自身的认识状态和认知策略有切身的体会，以此指导对其他主题的研究性学习。因此，即便问题已经得到了最终解决，学生还需要对问题的思维加工有一个"反刍"过程。这需要教师给予足够的时间，让学生静静地体悟，在体悟中理解具体问题解决乃至重大科学发现必经的思维过程，并客观把握自身的思维发展状态，从而有效扩展和提升自身的思维。

总之，在真实而自然的课堂教学中，恬静与活跃是教学秩序的正常表现，课堂教学不能一味追求安静，也不能刻意追求活跃。真实的课堂教学是教师引导学生参与问题探究、获得认知并反思和理解问题解决方法的过程，当静之处则静，当闹之处则闹。"动"是参与，是分享，是研究、是展示；"静"是聆听，是思考，是品味，是分析。只有动静结合，才能彰显高效课堂的本质。

（三）竞争与合作的并存

在当前班级教学的状态下，班级生活中的长期共处、共同的学习任务，使得班内学生形成了一个相对稳定的群体。群体动力理论的创始人勒温认为，群体的本质就是导致群体成为一个"动力整体"的成员之间的互赖（这种互赖通常因共同目标而创设）；群体成员之间紧张的内在状态能激励群体达成共同的预期目的，任何成员状态的变化都会引起其他成员状态的变化。

在合作性的社会情境下，群体内的个体目标表现为积极的相互依赖，即个体目标与他人目标紧密相关，而且一方目标的实现有助于另一方目标的实现，这是一种积极的互赖关系；而在竞争性的社会情境下，群体内个体目标则表现为消极的相互依赖，虽然个体目标之间联系紧密，但一方目标的实现却阻碍着另一方目标的实现，可见，在班级群体互动过程中竞争与合作是学生发展过程中必然存在的交往状态，都有其存在的合理价值。

在合作学习的状态下，群体成员凝聚为一个有机的共同体，具有不同智慧水平、知识结构、思维方式、认知风格的学生，可以在学习过程中相互启发、相互补充，在认知与情感上实现碰撞，从而产生新奇的思想和智慧的火花。而适度的竞争可以激发学生的活力和进取心，在学生群体中形成一种比、学、赶、超意识，带动学生整体的共同进步。

理想的课堂教学模式应该是竞争与合作互动并存。竞争表现为学生争先发言，对他人的观点提出异议等；合作表现为个体之间互相帮助或同一小组成员之间为达成共同目标而互相帮助。

从竞争与合作的主体构成看，课堂教学中的竞争与合作可分为个体与个体、小组与小组之间的竞争与合作。迪尔登认为，两个个体之间或两个群体之间产生竞争，必须具备三个条件：一是双方都想达到同一目标或目的；二是一方达到目标，就会妨碍另一方对任务的完成；三是双方都为达到目标而竭尽全力。而有效的合作学习的产生，需要具备五个基本要素：一是混合编组，在组建学习小组时，应当尽量保证小组内的学生各具特色，从而在任务的完成过程中能够取长补短；二是积极互赖，这意味着小组内的每个成员与小组及小组内其他成员之间是同舟共济、荣辱与共的关系，从而使每个人都要对自己所在小组的其他成员的学习负责；三是个体责任，是指小组中每个成员都必须承担一定的任务，小组任务的成功取决于所有成员的努力；四是社交技能，掌握必要的社交技能是学生与他人友好合作的先决条件，好的社交技能能使学生在与他人合作的过程中学到更多东西；五是小组自评，合作小组必须定期评价小组成员共同活动的情况，从而总结成功经验，分析存在的问题，明确未来的发展方向和目标。

（四）知识、情感态度与价值观的共进

知识学习、情感态度与价值观的培养，是学生全面发展必不可少的重要内容。木桶理论（或短板效应）认为，一只木桶的盛水量，并不取决于最长的那块木板，而是取决于最短的那块木板。这个理论提示我们在教育教学过程中，必须注重学生综合素质的发展，知识、情感态度与价值观任何方面的欠缺都是学生人生发展的巨大障碍。

在传统教育中，知识的掌握往往成为评价学生的唯一尺度，而学生情感态度与价值观的培养与发展由于没有统一的评价标准，不易操作，致使教师、学校以及家长对学生情感态度的发展重视不够，教师也往往不能将其纳入自己的教学设计中。

现代教育强调知识技能、过程方法、情感态度与价值观三维目标的整合，课程改革的主要目标是要实现课程功能的转变，改变课程过于注重知识传授的倾向，强调形成积极主动的学习态度，使获得基础知识与基本技能的过程同时成为学会学习和形成正确价值观的过程。

情感态度与价值观属于人的内心世界，而人的内心世界是极其复杂、难以揣度的，无法通过教师的传授而直接获得，必须通过学生的亲身实践才能不断地潜滋暗长。

因此，教师在引导学生学习教材知识的同时，要有意识地挖掘教材中所蕴含的情感因素和价值理念，为学生情感态度与价值观的发展创设适宜的土壤，把知识技能的学习与情感态度价值观的培养结合起来。

许多教师认为，语文、历史等人文类课程蕴含着丰富的情感因素与价值理念，实施相关教育尚且可行，而数学、物理等数理类课程是对自然界规律的阐释，与

学生的生活世界乃至思想发展相去甚远，无法实施相关教育。实际上，学生情感态度与价值观的发展伴随着认知发展的每个环节，在任何学科的教学过程中都能得到关注与发展。

三、课堂管理的基本策略

随着课程改革的不断深入，课堂教学"活"了、"动"了，传统的课堂秩序和管理也因此注入了新的内涵和形态。但是，在这新旧课堂教学的转型过程中，也出现了部分教师放弃课堂管理和秩序的现象，使缺失规则的课堂教学走向了秩序混乱的极端：多了热闹，少了安静；多了自主，少了秩序；多了涣散，少了专心。针对当前课堂管理中存在的主要问题，下面就有效课堂管理的基本策略做些阐述，以期为提高课堂管理的有效性提供有益的借鉴。

（一）创建积极课堂环境，满足学生心理需要

积极的课堂环境与学生纪律之间有着密切联系，许多课堂管理问题与教师能否创建积极的课堂环境从而满足学生的心理需要有关。教学实践表明，正是由于课堂环境不能满足学生的心理需要，才造成了学生消极的学习态度，以及惹是生非或畏缩不前的行为。总结国内外有关研究成果和实践经验，创建积极课堂环境，满足学生需求，应注意以下几点。

1. 分析学生需要满足情况，弄清问题行为产生的环境原因

学生的行为包括违纪行为，都受其内在需要的驱动，是学生尝试满足某种需要的结果，学生的问题行为主要是由于课堂环境不能满足其归属、认同和爱的需要造成的。因此，必须通过观察、调查等方法深入分析现行课堂环境对学生需要的满足情况，识别学生问题行为的类型和原因，切实理解学生个体心理和学习需要，从而为针对性地创建积极课堂环境创造必要的前提。

2. 树立以人为本的理念

以人为本是当代课堂管理的核心理念和根本尺度。在课堂教学中，以人为本，就是一切从学生出发，以学生的发展和需要为本，尊重学生的个体差异和独特体验，切实做到理解人、尊重人、关爱人、激励人。

3. 营造人性化的积极课堂环境和氛围，满足学生的心理需要

人性化的课堂环境和氛围是以人为本课堂教学的潜在要求，是有效课堂管理的基础。

为此，教师要做到以下几点：第一，通过对学生情感、意见和内在反应的真诚尊重、关注、接纳和移情理解，营造人性化的课堂心理氛围，满足学生情绪安全感。第二，通过情感化的教学、科学设置建设性的课堂环境、提高教学艺术水平、

建立和谐民主的师生关系等途径，营造人性化的课堂教学氛围。第三，建立自然、和谐的教学生态。课堂管理要重视班级社会、心理和生理环境建设，努力创建在情感互相支持、教学上积极参与、师生互动中相互关注的课堂微观生态系统。

4. 接纳学生，努力满足学生的归属需要

归属感是一个强大的动力因素，而接纳是最有效的激发方式之一，它能有效提高学生的自尊、适应及其他健康品质。

5. 帮助学生树立学习自信心，满足学生的自信需要

教师所说的每一句话、所做的每一件事、所表现出来的每一种态度都应注意要对学生产生积极的影响，帮助学生形成良好的自我印象，不能打击学生的自信心。

6. 培养学生选择和履行职责的能力，满足学生有关权力和自由的需要

许多学生都渴望承担责任、自治和独立，同时也想拥有与老师共享管理课堂的权力。因此，教师要通过为学生提供选择，与学生一起制定课堂规范，以及让学生进行自我评价等方法满足学生有关权力和自由的需要。

（二）运用有效沟通技能，改进交流方式

当代课堂管理理论认为，健康的交流方式和有效的沟通技能不但有助于增进师生间的关系和有效地实现教学目标，也是有效课堂管理的重要策略。课堂管理运用有效沟通技能，应注意以下几点：

1. 要善于倾听

教师的倾听体现着对学生的接纳和重视，在所有能让学生感到被接纳和重视的方式中，"倾听"最为重要。倾听是表达尊重的标志，是满足学生被接纳、受重视以及安全需求的最重要途径。通过教师的倾听，可以使学生感受到自己的价值。心理咨询实践表明，仅仅让受询者说出与他的生活挫折有关的内心感受就可能医治好他的心理疾苦。因此，教师要善于掌握倾听的艺术和技巧，并应用于同学生的交流中。这不但能改善师生关系，帮助学生解决问题，还能有效培养学生的自尊心理。

2. 合理运用肢体语言

课堂管理的肢体语言理论认为，合理运用肢体语言有助于课堂秩序的建立。

（1）眼神接触

眼神接触是课堂上师生最常用和最有效的交流形式，通过训练，教师不仅要能自然地注视每一个学生，而且要能读懂每一个学生的要求和反应，传达自己对学生的评价及对整个教室情境的把握，预防学生不良行为的发生。

（2）身体接近

对课堂上违纪的学生，教师的言语批评既会中断教学活动，又可能引起学生的反感。在大多数情况下，教师只需走近他（她），或轻轻地拍一下，什么也不必说，就能使其端正行为。

（3）身体姿势和面部表情。

身体姿势和面部表情是肢体语言的重要部分，在交流中传达着许多重要的信息。因此，教师在调控学生课堂行为的过程中，应尽可能利用身体姿势和面部表情辅佐说话。

3. 恰当反馈与赞扬

给学生提供具体、清晰、恰当和具有激励性的反馈是一个重要的沟通技能。教师应正确把握反馈多少、对谁反馈、反馈什么等几个问题。目前，许多教师的反馈存在着不够明确、批评多和鼓励少等缺点。有关研究表明，要使给学生的反馈（表扬）成为有效的鼓励因素，应该具有如下几个特点。

（1）情景性

不要随便滥用表扬，表扬必须紧跟在良好的行为之后。

（2）具体性

赞扬应针对某个特别要强化的行为。

（3）可信性

赞扬应因人而异，可信有据。同时，在课堂管理中，教师应尽量使用"我信息"，如"作为教师，我对你上课看小说的行为感到不尽满意"，向学生传达出教师对问题情境的感受和对学生正当行为的要求；避免"你信息"，如"你太懒惰，你如果不改进，你将一无是处"这类引发学生反感的标记性言辞，与学生进行平等交流。同时，在沟通中还要注意"对事不对人"，例如，教师可以说"我喜欢你，但是我不喜欢你现在做的事情"，但不能说"你真是不可救药""我讨厌你"。

4. 正面诱导

教师对待学生的行为方式可分为有意负面诱导、无意负面诱导、无意正面诱导和有意正面诱导这四种类型。所谓正面诱导，是对一类信息的总称——无论是语言的还是非语言的，正式的还是非正式的——传递给学生的是他们是负责任的、有能力的、有价值的信息。相反，负面诱导则是指向学生传递的是他们是不负责任的、没有能力的、没有价值的信息。例如，在期末考试周前一天，有位学生要求教师辅导，教师对该生说："别担心，反正你从来就没通过考试。"这种讽刺的话恰好表现出了教师无意的负面诱导。教师应通过各种途径对学生进行正面诱导。比如在门口与学生打招呼，表示非常高兴见到学生，夸奖学生的学业等。正面诱导除了能形成学生的积极态度和良好的师生关系外，还有助于矫正学生的不良行为，有个原本以强迫纪律约束学生的校长做过这样的实验：挑选12个有行为问题的学生，将他们分成3组，每组4人。3组学生轮流每天到他的办公室，互相谈论昨天有什么良好的行为、还应有什么良好的行为，以及成人能提供什么帮助等问题。每天大约讨论4分钟，结束后，校长与学生们挥手告别。结果，这些学生在按时上课、完成作业、认真学习等行为上有了很大进步，从此，这位校长决定改变对待学生的方式。

（三）坚持健康课堂管理思想，实施健康课堂纪律

近年来，国外在课堂管理中特别强调"健康课堂管理"的思想。所谓健康课堂管理，就是通过为每个学生营造一种以相互信任和尊重为基础的愉快、健康、高效的课堂氛围，激发学生自强、自尊、自立的心理，促进学生心理、社会多层面的安康，从而使学生在课内外过一种健康、幸福和有意义的生活。为实施健康课堂管理，教师应掌握健康有效的纪律实施技巧。

1.实施健康纪律模式，通过激发动机控制课堂

课堂纪律的实施模式主要可区分为专制型、放纵型和健康型三种模式。专制型模式要求强制而无视尊重，放纵型模式注重尊重而放弃强制，而健康型纪律实施模式则力图在强制与尊重之间找到恰当的平衡。在健康型模式下，教师不是指挥家，而是在解决问题的过程中指导学生的行为，告诉学生行为的限度和可以被接受的选择，让学生学会对自己的行为或活动负责。

2.有的放矢地矫治不同错误目标行为

作为拥有强烈归属欲望的社会生物，学生的所有行为都表现出要求被接纳和被重视的愿望。当课堂环境不能满足这些需要时，学生就会将自己的行为引向寻求关注、寻求权力、寻求报复、规避失败或表现无能等错误的目标，错误地选择各类违纪行为来满足归属等普遍的心理需要。针对学生的错误目标及相关行为，当代课堂管理目标导向理论认为，教师不能简单地采用惩罚的方法而应运用行为本身所产生的自然后果使学生从经验中体验到行为和后果之间的关系，进而养成自律的良好行为，发展正确的自我概念。其具体实施步骤如下：

（1）确认错误目标

学生的不良行为是由错误目标导致的，所以，教师应通过观察和分析学生的行为特点来确定学生错误目标的具体类型。

（2）分析错误目标

教师确认错误目标后，应直接和学生讨论、分析错误目标中的错误逻辑，然后通过沟通，帮助学生认清自己错误行为产生的根源。

（3）改正错误目标，引发建设性行为

发现学生的错误目标并找出错误的根源后，教师切忌使用惩罚或强行禁止的方法，应通过鼓励的方式引发学生的建设性行为，帮助学生通过自己的成就获得他人的尊重与重视，如果教师对学生的错误行为不断指责和惩罚，只会增强学生的无价值感，甚至引发报复行为。

3. 积极鼓励引导，恰当使用惩罚

针对课堂管理中存在批评惩罚多、鼓励关怀少的现状，教师应坚持积极鼓励引导、恰当使用惩罚的教育原则。心理学研究表明，在课堂管理中，奖励的矫治作用远远大于惩罚，教师通过鼓励理想行为去纠正和克服不良行为的效果比对不良行为实施过度的惩罚要好。因为，奖励加强行为，增强行为发生的可能性并逐渐巩固使其成为牢固的良好习惯；而惩罚则只能减弱行为，缺乏积极的正面引导作用，容易造成学生的恐惧心理，影响师生间的融洽交往。积极鼓励引导，恰当使用惩罚，在具体实施中应注意以下几点：

第一，关怀鼓励为主。"数子十过，不如奖子一长。"因此，作为教师，在对待和处理学生问题行为时，应多关怀鼓励，少打击责骂。

第二，正确运用惩罚。在课堂管理中，提倡关怀、鼓励为主，并非简单地否定或取消惩罚。只是强调必须慎重地、正确地运用惩罚，在某些情况下，运用惩罚进行纪律管理还是必要的和有效的。

第三，多做正面引导。心理学研究表明，惩罚、批评只能抑制不良行为，而难以形成社会所期望的行为。所以，教师在教育学生时，应尽量不要使用消极否定的语言，多用积极引导的语言；不仅要告诉学生"不要怎样"和"不能怎样"，更要告诉学生"应该怎样"和"怎样才能做得更好"；不仅使学生意识到自己不良行为的缺陷，更要指出学生努力改进的方向，正面引导学生的发展，从而有助于学生良好行为品质的形成和巩固。

4. 平易诚实待生，实行民主领导

师生间高度的信任、尊重和诚实相待，是成功控制课堂的重要奥秘。平易诚实待生，实行民主领导，应注意以下两点：

（1）科学确定课堂管理中"民主""放任"和"专制"的程度和内容

在实际管理中，由于学生的成熟程度和原有基础不同，且教学任务和内容时有变化，这就决定了教师的领导作风不能千篇一律，而应根据实际情况选择"民主""放任"和"专制"的最佳组合，并决定在哪些方面可以"放任"些，哪些方面应该"民主"些，那些方面则需"专制"些，从而使自己的课堂领导作风在民主式基调的基础上与教学目标和实际情况保持动态优化的发展关系。

（2）保持关心学生与关心教学任务的综合平衡

关系型、任务型、结合型，抑或放任型的管理风格并无绝对好坏之分，应根据实际情况，审时度势，选择最佳的结合方式。当前仅重教学任务管理而忽视学生关系和情感需要的管理风格必须摒弃。

（四）改进课堂教学，提高教学有效性

大量研究启发我们，创建良好的课堂秩序和纪律，既需要合理的课堂管理理念的指导和纪律制度的规范，更需要课堂教学的完善和改进。可以说，以科学的教学行为实现课堂管理和控制的目的，实现课堂秩序的理想状态，已经成当代课堂管理的基本认识。

综观国内外有关课堂教学管理的研究和实践，其具体做法主要有以下几个方面：

①加强教学节奏、课堂段落和学生注意的管理调控。

②合理创设课堂教学结构和情境结构，恰当调节师生焦虑水平。

③改进课堂交往结构，提高学生参与比例。

④满足学生学习需要，让学生设置学习目标，体验成功，教会学生如何学习，提高学生的自我效能感。

⑤教师要为课堂教学的有效进行做好准备，制定日程安排，以确保课堂过渡的顺利进行。

⑥精心设计每堂课的内容和活动程序。

⑦充分利用问题控制课堂行为，但问题必须丰富多彩，意味深长。

⑧综合运用模式控制、目标控制和评价控制等控制方法，培养学生自我控制能力。

⑨教师在教学中必须具有一定的教学智慧，随机应变，合理运用注意转移法、随机发挥法、幽默法、宽容法、设疑法等方法，灵活处理课堂教学中发生的偶发事件。

⑩分析课堂纪律，必要时教师应把整个课堂教学过程用现代技术记录下来，进行认真分析；或由同行互相听课，指出对方容易引发学生课堂问题行为的地方。

四、当代课堂管理的创新

（一）在课堂管理理念上的创新

与传统以教师为中心的课堂管理理念不同，当代教育改革逐渐确立以学生为本的课堂管理理念。具体而言，主要体现在以下几个方面：

1. 以学生发展为本的课堂管理目的观

当代课堂管理理论认为，课堂管理的根本目的不是为了控制学生的行为，而是为了促进学生的发展，为此，在课堂管理中，应以学生为中心，时时考虑学生的需要，在全面分析学生实际情况的基础上，通过师生的课堂管理活动，充分调动学生课堂学习的主动积极性，让课堂焕发出生命活力。

2. 人性化、无痕式的管理方式观

与传统的强迫纪律不同，现代课堂管理强调要实行人性化的管理，使课堂管理方式显现出人文特性和无痕境界。例如，近年来，国外在课堂管理中特别强调"健康课堂管理"的思想，主张通过为每个学生营造一种以相互信任和尊重为基础的愉快、健康、高效、融洽的课堂氛围，激发学生自强、自尊、自立的心理，从而使学生在课内外过一种健康、幸福和有意义的生活。当代课堂肯定型纪律理论也认为，好的纪律并不依赖于更多的规则和苛刻的惩罚，而是来自师生间的互相信任和尊重，课堂管理的核心是要在师生之间建立相互信任、尊重和帮助的关系，以人性化的管理方式营造和谐的课堂氛围，密切关注和满足学生的学习需要。

3. 追求有序、自由、快乐、高效和创造的课堂纪律观

现代纪律理论强调，课堂纪律不能只看形式上的热闹或安静，而应追求学生思维的活跃和自由，好的纪律表现为热闹与安静的有序转换、自由与严格的和谐、"放"与"收"的辩证统一，是"形散神不散"的纪律，是学生在对学校纪律认同、接纳和内化的基础上，对纪律的超越。

4. 课堂生态管理观

生态的观点，强调把人、自然和社会都看成是具有内在普遍联系的有机整体，强调生态内部各因素之间的平等性，从这个观点出发，生态式的课堂管理主张师生平等、民主的新型关系，追求课堂管理的整体功效，而不仅仅是管理某个方面的效率或某个组织、个人的成长。

5. 促进性的课堂管理目标观

课堂管理目标通常表现为两种取向：一种是规范性目标，也称维持性或保障性目标；另一种是促进性目标。规范性目标注重课堂纪律和秩序的维持，从而确保课堂活动的顺利进行；与此不同，促进性目标不仅重视纪律和秩序，而且更关注通过课堂管理活动最大限度地满足师生的合理需要，以提升课堂水平和促进学生发展。课堂管理的规范性和促进性目标是相辅相成的，前者是后者的基础和前提，后者是前者的发展和最终价值追求。那种为规范而规范、为秩序而秩序的管理目标观是错误的。

近年来，课堂管理越来越由注重规范性目标转向注重促进性目标，并通过促

进性目标达成规范性目标，实现两者的统一。当然，这并不是要废除所有的课堂规则、制度和秩序，而是要改变以往那种以强迫纪律和表面秩序为目的的管理体制，真正促进课堂的有效生长和学生的主动发展。

（二）在课堂控制方式上的创新

传统的课堂管理，包括课堂常规管理、纪律、规范和策略四个方面，都是以教师为中心设计的，并在课堂中由教师监督和实行。这种注重教师外在管理而忽略学生内在管理的传统做法，使学生在课堂管理中处于消极被动的状态，也使整个课堂缺乏内在的活力和动力。近年来，随着课堂管理研究和实践的发展，人们越来越认识到真正有效的课堂管理是学生自我的内在管理，只有使教师的课堂要求内化为学生自己的自觉行为，才能达到最优的课堂管理效果。现代教育生态学原理告诉我们，课堂管理是一种自组织行为，教师与学生都是这种组织行为的一个生态因子，他们的地位是平等的。这就要求教师要特别注意学生的自我管理，充分发挥学生自我管理在学习活动中的作用，培养学生自我管理的能力。

近年来，人们在重视教师外在管理的同时，更加重视学生内在管理的作用，强调通过学生积极主动地参与课堂管理和教学活动，让学生承担自己可以承担的责任，自己管理自己，培养学生的自主意识和责任感，从而激发其主动性和创造精神。可以说，以学生为中心，以学生的自我管理为目标，努力促进学生主动积极性的发挥，激发和引导其内在动机，实现内在控制，已经成为当代世界课堂管理改革的一个发展趋势，也是当代课堂管理的一个革命性变革。

为了加强学生的内在管理，提高学生内在管理的有效性，当前一个普遍的做法是加强对学生自我控制和管理能力的培养和训练。

1. 加强对学生集体自我控制和管理的训练

学生集体既是教育的对象，也是一种有效的教育力量。教师在培养学生集体自我控制和管理能力时应注意形成良好的班风，促进学生之间关系的和谐，加强对学生各种活动的指导。良好的班风和人际关系，既可以促进课堂教学的顺利进行，也是促进学生自我管理能力发展的积极因素。

2. 促进学生个体自我控制和管理能力的提高

现代认知心理学认为，学生自我监控的构成可以从静态和动态两个维度进行分析。从静态角度分析，自我监控可分为自我监控知识、自我监控体验和实际自我监控三个方面。其中，实际自我监控是指主体在进行实践活动的全过程中，将自己正在进行的实践活动作为意识对象，不断地对其进行一系列积极、自觉的监察、控制和调节，制订计划、执行控制、检查结果和采取补救措施等都是实际自我监控的典型表现，从动态角度分析，自我监控可划分为计划、观察、检查、评价、反馈、控制和调节等一系列连续的环节和实践活动前的自我监控、实践活动中的自我监控和实践活动后的自我监控三个阶段。因而，学生个体自我监控和管理能力的培养也可从上述两个维度的各个环节和方面展开。

3. 课堂教学管理要重在引导而非控制

课堂教学监控是一种自组织行为和自组织系统内的管理，主要是自我调节而不是来自外力的控制。因而，在这个过程中，教师的主要作用是通过为学生提供独立学习、合作交往、发现探究和展示表现的空间，引导和激励学生进行自主建构和内在控制。

（三）在课堂管理策略上的创新

分析 20 世纪 60 年代以来的课堂管理研究历程可以发现，传统的课堂管理是以学生违纪行为的控制和矫正为重要特征的。

在 20 世纪六七十年代的大部分时间里，课堂管理的重点是运用临床诊疗模式等心理咨询方法纠正学生的违纪行为；自 20 世纪 70 年代中期开始，课堂管理的重点则转向了运用行为矫正技术控制学生的行为，教师被告知可以忽略学生的不当行为，但要强化其恰当的行为；之后，便是教师效能研究流派的兴起。教师效能研究者认为，课堂管理的重点不是对付已经发生的不良行为，而是研究教师如何通过提高传授技能、师生关系建构技能和课堂组织管理技能，预防学生不良行为的发生。然而，20 世纪 80 年代以来，各种课堂管理理论不断交汇融合，课堂管理策略发生了由注重行为控制向注重满足学生需要的变化，共同显示了对通过创设积极课堂环境满足学生个人和学习需要的关注。当代课堂管理理论普遍认为，学生的行为（甚至违纪行为），都受其内在需要的驱动，都是学生尝试满足某种需要的结果，学生的问题行为主要是由于课堂环境不能满足其归属、认同和爱的需要造成的，正是由于我们的学校环境没能满足学生的基本需要，学生才发生不良行为，许多研究表明，正是由于现行的课堂环境不能满足学生的心理需要，从而造成了学生消极的学习态度和惹是生非或畏缩不前的行为。作为拥有强烈归属欲望的社会生物，学生的所有行为都表现出要求被接纳和被重视的愿望，当课堂环境不能满足这些需要时，学生就会将自己的行为引向寻求关注、寻求权力、寻求报复、规避失败或表现无能等错误的目标，错误地选择各类违纪行为来满足归属等普遍的心理需要。

因此，为了有效管理课堂纪律，必须深入分析现行课堂环境对学生需要的满足情况，识别学生错误目标的具体类型和问题行为产生的环境原因，在此基础上，通过关注学生的需要和创建一个有意义的、真正能够满足学生需要的积极课堂环境，让学生在课堂环境中切身体验到自己各种需要的满足，从而减少违纪行为，确保学生做出积极的、教学目标导向的行为,形成良好纪律。

多年来,课堂管理和学校纪律领域的研究,常常过于强调如何约束学生的课堂问题行为,却忽视了学生行为和学习态度之间的关系;经常强调如何提高注意力,却很少关注课程和教学方法是否能激发学生的学习动机。近年来,随着课堂管理研究的深入,这种现象正在发生变化,课堂管理在内容上已由原来注重纪律管理向注重改进教学策略发展。

有效的教学是防止课堂问题行为发生的第一道防线,好的纪律来自好的教学。因此,改善课堂纪律必须改善我们的教学,增强教学的魅力。改进教学是改善纪律的关键,当代许多课堂管理研究者都高度强调有效教学策略与学生良好行为之间的关系。让学生参与教学并激发学习动机,是有效课堂管理的关键;纪律依赖于满足学生对归属、自由、乐趣和权力的基本需要,而要满足学生的这些需要,教师必须为他们提供优质的课程和教学,优质课程、优质教学和优质学习是有效纪律的主要特征。成功管理的教师能以良好的教学方法和课堂组织防止问题行为的发生,成功管理的教师在教学准备、教学组织及活动之间的顺利转移上都更胜一筹。这些教师还善于通过一开始就激发学生的兴趣,注意在整节课中有效地吸引学生的注意,安排具有个性化的作业等办法,使学生的活动一直围绕着教学有序展开。

因此,创建良好的课堂秩序和纪律,既需要合理的课堂管理观念的指导和纪律制度的规范,更需要课堂教学的完善和改进,因为如果学校毫无吸引力,如果学习任务目标不明确、活动缺乏趣味、难度不合理,我们怎能希望学生专心致志呢?当课堂沉闷、教学无启发性、失败蕴藏其中时,学生的逆反行为当然就是意料之中的事。他们的反抗行为是身心健全的表现。总之,以科学的教学行为实现课堂管理和控制的目的,实现课堂秩序的理想状态,已经成为当代课堂管理的共识。

第二节　课堂组织技术

一、核心环节的组织与控制

系统的教学过程划分为"明了、联想、系统、方法"四个阶段。明了,是向学生明确地讲述新的教材;联想,是通过教师和学生的谈话,使学生把新旧观念联系起来;系统,是学生在新旧观念联系的基础上,去寻找结论、定义和规律;

方法，是把已学得的知识应用于实际，培养学生具有创造性的技能。受赫尔巴特"四阶段教学法"的影响，长期以来我国传统的教学理论与实践将教学过程划分为四个环节：感知教学材料——理解教学材料——巩固知识——运用知识。

随着现代教学理论对学生动机和兴趣的重视，以及对教学目标和教学评价的关注，课堂教学的核心环节更加精细化。一般来讲，其核心环节由引起注意、呈现目标、讲授新课、巩固练习、课堂总结、布置作业六部分组成。每个环节都是相对独立的，各自发挥着独特的作用，各个环节之间又存在着有机联系，相互衔接，共同组成一个完整的课堂教学过程。

（一）引起注意

注意是人的心理对特定事物的指向集中。在具体的教学过程中，教师要有意识地把学生的注意力集中到教学上来，把学生对教学内容的无意注意转变为有意注意，并能够较长时间地保持。教师要设法引起学生对学习内容的兴趣，激发学生的学习动机，让学生积极参与到教学活动中来。如果学生感到教学内容与己无关，其注意力水平就低或者不会集中太久。尤其在课堂教学之初，学生的注意力往往停留在课间活动等无关刺激上，教师必须采取一定的策略，唤醒学生的注意力，使学生对学习内容产生浓厚的兴趣，兴趣是最好的老师，一旦学生对教学内容产生兴趣，其注意力就会贯穿于教学活动的全过程。

在具体教学中，教师可以根据学生的心理特点，或者巧设疑难，引发学生求知欲；或者提醒旧知，引起新旧知识的过渡与衔接；或者创设情境，引领学生身临其境；或者形象描绘，引导学生感同身受。

（二）呈现目标

教学目标在课堂教学中占据重要地位，确定教学目标是实施课堂教学最重要、最关键的环节。一方面，它对教学活动起着导向、激励和检测的作用；另一方面，它又是对教学效果进行评估的重要依据和指标。课堂教学中，教师要合理地设计教学目标，同时也要明确地表述教学目标，只有通过目标的表述，才能使学生明确本节课的学习重点和难点，才能使学生有的放矢，朝着教师预期的发展方向努力。而对学生学习结果和教师教学效果的检测，也必须以目标是否实现为依据。

教师只有科学、合理、明确地表述教学目标，才能使学生明确学习的基本任务和努力方向。但现实课堂教学中，教师对教学目标的表述经常过于笼统、含糊，对学生的学习缺乏明确的指导。例如，许多教师将教学目标表述为"学习""认识""了解""体会""品味"等要求，这些要求到底在多大程度上能够达到，都很难操作、观察和测评；还有的教师以教学活动代替对学生学习的目标要求，如"使学生了解鸦片战争爆发的原因""培养学生的合作意识、竞争意识"等，这里的动词"使""培养"是对教师的行为要求，很难说明学生的发展变化。教学目标的阐述必须明确具体，才有利于切实提高教学质量。否则，只能流于形式，给课堂带来随意性，给学习和检测带来盲目性。

（三）讲授新课

讲授新课，是教师采用多种教学方法，借助各种教学手段，引领学生系统学习书本知识的过程，是课堂教学过程中的关键一环。教师讲授新课应该注意以下几个方面：一是注意激发学生的兴趣；二是注意突出重点，突破难点；三是根据不同的教学内容，采用灵活多样的教学方法；四是注意新旧知识的联系，帮助学生建立知识的结构体系。

教师讲授新课，常采用课堂讲解、演示、交流、提问等方法，促进学生对新授内容的感知和理解，它们是进行课堂教学活动的基本方法和手段。

1. 讲解法

讲解法是教师以口头语言为媒介向学生说明、解释或论证概念、原理、法则等科学文化知识的一种教学方法。讲解法之所以必要，是因为在各学科的学习中会经常遇到比较抽象的概念和原理，单凭学生自己的阅读和体会难以有效消化和吸收，教师必须以讲解的方式加以解释、说明和论证。

2. 演示法

演示是教师向学生呈现实物、教具、模型、图片或示范实验过程、动作技能的过程。这种直观的教学方法能够让学生获得一定的感性认识，具有形象性、具体性、真实性等特征。这种方法在低年级学生的教学中得到普遍采用，因为他们的形象思维能力比较低，必须借助形象的再现获得对事物的感性认识和理解。演示法通过对直观教具等的运用，真实地再现了事物的真实面貌，使学生获得形象、生动的直接经验和感受，加强了书本知识和现实生活的联系，在学生的感性认识和理性认识之间搭建了沟通的桥梁。

3. 交流法

课堂交流是教师和学生围绕教学内容而展开的，有目的、有组织的教学信息传递和反馈过程。有些内容单凭教师讲解无法让学生理解和掌握，为了深化学生的认识，教师可以引导学生围绕教学内容进行充分交流，以丰富和强化对教学内容的理解。对于一些理解和掌握起来稍有难度的内容只有师生之间、生生之间不断进行思维的交流、智慧的碰撞、感悟的分享，才能使困惑在不知不觉中轻松化解，也才能使课堂呈现出活跃、灵动的色彩。在这样的课堂交流中，学生彼此沟通、相互理解，不仅加强了学生对自己思维过程和思维结果的分析和表达，也使得不同的认识和思维在同学之间得以交流和分享。从而使得学生在比较、借鉴不同观点的基础上产生更加合理的认识，最终形成学生对退位减法这个知识点的深刻理解。

4. 提问法

课堂提问是教学中使用频率最高的一种教学方式，也是师生交流的重要途径。有效的课堂提问是课堂教学成功的重要保证。课堂上，教师恰当而得体的提问不仅能激发学生的求知欲，还能活跃课堂教学氛围，促进学生思维水平的提升，检验学生学习效果。

课堂提问应注意以下问题：一是提问不仅要目标明确，而且要难度适宜，琐碎、漫无目的的提问只是浪费时间。二是提问要突出学生主体，要激发学适时、有效的课堂提问，能让学生自己思考、归纳和掌握知识与原理，使学生处于积极思考、主动学习的状态。三是提问不仅要灵活多样，而且要引导学生运用所学语言。四是提问不仅要面向全体学生，还要注重课堂教学的效率。

教师在课堂提问过程中，应该给予学生充分的思考时间。一般来说，教师可以根据问题类型调节等待时间的长短，高难度的问题可延长等待时间，低难度的问题则可以缩短等待时间。研究发现，较长的等待时间可以增加学生回答问题的准确性和主动性，但在课堂时间有限而学生注意力有可能分散的情况下，大部分教师不愿意延长等待时间，即使经过培训，也没有教师把等待时间延长到超过18秒。另外，教师的提问范围应尽量覆盖全体学生，而且要对学生的回答及时给予反馈。

（四）巩固练习

巩固练习是课堂教学的重要组成部分，有利于教师及时了解学生掌握新知识、新技能的情况，进行必要的补救教学，从而在教学中发挥"反馈与调节"的作用。

1. 课堂练习的意义

课堂练习对课堂教学具有十分重要的意义，表现在以下几个方面：

（1）练习是学生巩固所学知识，形成技能技巧的必要途径

知识和技能的学习并不是一蹴而就的，是一个不断熟练和深化的过程，学生只有通过完成特定的练习任务，才能不断深化所学知识，熟练技能技巧。

（2）练习是发展学生智力和能力的重要手段

学生进行课堂练习的过程也是学生观察、记忆、想象、思维能力得以锻炼和提升的过程，学生原有的智力和能力水平是课堂练习活动的基础，同时又在完成特定难度的练习任务中得到锻炼和提升。

（3）练习是培养学生学习习惯和自学能力的重要手段

学生在练习过程中，要阅读教材、查阅资料、分析思考，并要注意书写格式、时间分配等，良好的学习习惯和自学能力在不断重复的练习过程中得以形成并巩固。

2. 影响练习效果的因素

通常情况下课堂练习的效果与以下因素相关：

（1）难度

难度是指练习对于学生现有智力与能力水平的难易程度。如果练习难度过高或题量过大，往往使学生产生畏难情绪，望而却步，从而在心理上产生抵触情绪，导致练习效果和准确率降低；而如果难度过低或题量过小，又容易导致学生浪费时间、分散精力。因此，教师应将课堂练习的难度和数量控制在适当的水平上，以便学生能积极参与并取得较好的练习效果。

（2）趣味性

练习的趣味性是指练习的内容和形式是否有趣。对于低年级学生来说，一些有实物存在、富有刺激、灵活多变的活动形式比较受欢迎；而对于高年级的学生来说，则可以布置较多的抽象性、思辨性强的作业，这样的练习任务让他们感觉富有挑战性，教师应该鼓励他们创造性地完成任务。

（3）相关性

相关性是指练习任务与课堂教学目标应该具有密切关系。教师所布置的练习任务，应该紧紧围绕课堂教学目标，为教学目标所要求的知识和技能提供充分的运用机会，以提高熟练度和准确度，保证课堂教学目标的充分实现。

（4）多样化

多样化在此有多种含义：一是练习的层次和水平可以多样化。即教师可以针对学生发展的不同水平设计不同的练习任务。例如，学生的作业还可分为必做题和选做题。必做题面向全体学生，重在巩固基础知识；选做题面向学优生，重在培养创新能力。这样，通过分层次的练习，让学优生"吃得饱"，待优生"跳一跳、够得着"，学困生"消化得了"，全体学生各有所获。二是练习形式的多样化。即教师可以设计多种形式的练习任务，调动学生多种感官的参与，可以是口头的，也可以是书面的；可以是活动的，也可以是思考的。形式多样的练习任务有助于克服学生的学习疲劳，同时多种感官并用有助于增强课堂练习的效果。三是学生解题思路和回答方式的多样化。练习的作用不局限于训练学生的机械识记能力，教师可以通过创造性的练习设计，来激发学生的创造性思维，提升学生的综合能力，例如，在数学题的练习过程中可以鼓励学生采用不同的方式解决问题。

（五）课堂总结

课堂总结是课堂教学的一个重要环节，是教师引导学生在一节课即将完成的时候对课堂学习内容的总结与反思。课堂教学中，精彩的导入会激发学生的求知欲望，激发学生的学习兴趣，引起学生对课题的关注；有趣的教学活动会鼓舞学生的思考和探索能力，引导学生掌握新知；巧妙的练习会巩固学生的拓展能力，可以环环紧扣，逐步深入；精彩的课堂总结则起到画龙点睛的作用，可以提纲挈领，巩固知识并引发学生对内容融会贯通和深入理解。

1. 课堂总结的作用

课堂总结的作用主要有两个方面：

第一，概括教学内容，突出重点，强化难点，总结规律，使学生对本课的教学内容和知识要点获得清晰的印象。

第二，开拓学生视野，引导他们对相关内容进行联系和思考，使知识系统化和条理化，实现知识的迁移。

2. 课堂总结的方式

（1）巧妙设疑

随着新课程改革的深入，大部分教师在新课教学的导入环节都非常注重情境的创设，并以相关的疑问来引发学生的求知欲和探索欲，但在课堂总结部分往往缺乏这一意识。很多教师在课堂总结时总是千篇一律地问："我们这节课学习了什么？"然后机械地汇总课堂所学内容，使得学生感觉课堂总结只是走过场。其实，如果在课堂总结部分巧设疑问，往往能"一石激起千层浪"，使学生兴趣大增、思维活跃。

（2）进度提升

很多教师的课堂总结不仅形式单一，而且内容仅仅局限在知识层面，这样，在经过课堂总结环节后，学生的认识水平还停留在课堂所学的层面，难以达到知识上的贯通和情感上的升华。实际上，教师的课堂总结可以针对学生的认知情况进行适度提升，或者将前后所学内容进行联结，使学生形成完善的知识结构，或者针对本课的知识点进行全面扩展，促进知识的迁移和应用，甚至促进态度、情感、价值观的提升。

（六）布置作业

这里所说的作业主要指课外作业，或者说是家庭作业的延续，是对学生课堂学习情况的一种最基础的检阅手段。学生完成课外作业有助于巩固和消化课上所学知识，并通过学习形成技能，有助于培养和提高学生独立获取知识的能力、运用分析问题和解决问题的能力，有助于培养学生按时完成学习任务的责任心和克服困难的意志与品质。

1. 课外作业的类型

教师经常给学生布置的课外作业主要有以下四类。

（1）练习型

帮助学生掌握特殊技能和巩固课堂上学过的教学内容。

（2）准备型

为学生学习新课做准备。

（3）扩展型

学生超越课堂上获得的知识信息，将新技能和观念迁移到新情境，扩展知识的理解及其应用范围。

（4）创造型

给学生批判性思考和解决问题的机会。

2. 布置课外作业的基本要求

布置课外作业是课堂教学的有机组成部分，通过完成课外作业，学生可以巩固课堂所学、拓展新知，养成独立思考和独立解决问题的能力和习惯，因此，教师必须重视课外作业的布置。布置课外作业应注意以下问题。

（1）课外作业应符合学科课程标准的要求

各学科的课程标准体现了国家对不同阶段的学生在知识与技能、过程与方法、情感态度与价值观等方面的基本要求，提出了各模块和课时的教学和评价建议，是教学工作的依据，是管理与评价教学工作的基础。教师设计课外作业，必须紧紧围绕课程标准，不仅有利于学生理解掌握所学的基本原理、基础知识，而且有利于启发学生思考，发展学生的能力。

（2）课外作业应内容精练适当，具有典型性

教师要认真钻研课程标准和教材，精心筛选课外作业，作业要内容精练、分量适中，与教学内容密切相关并具有典型性。这样既避免了习题的机械重复，减轻了学生的课业负担，又起到了触类旁通、举一反三的效果，并且还能突出重点，促进知识向能力的转化。

（3）课外作业应有助于启发学生的思维，尤其是创造性思维

教师布置的作业不应仅仅是课堂练习的重复，还应鼓励学生用不同的思路去自主地、创造性地解决问题。

（4）教师要及时批改作业，并给予学生必要的反馈

具体要做到：第一，教师在布置家庭作业后，要及时收齐家庭作业，检查学

生的完成情况，并及时提供反馈，或给等级、分数，或讲评，或写出建设性、鼓励性的评语。当然，由于时间的限制，教师不可能每次都详细批阅课外作业，可选择性批阅，或让学生相互检查。第二，教师要认真分析学生的课外作业，有针对性地讲评。讲评不要面面俱到，而应就共性问题有重点地进行。

第三，教师给学生的反馈要个性化，必要时写出鼓励性、教育性、建设性的评语，使学生最大限度地从作业批改中获益，改善自己的学习。第四，及时表扬认真完成作业的学生，对未完成或不认真完成作业的学生要心中有数，给予必要的警示，但决不可公开批评或训斥。

总之，课堂教学包括不同的环节，每个环节都有不可替代的作用，各个环节之间有机衔接、互相促进，共同完成课堂教学的整体目标。但在具体教学活动中，由于教学内容各异、教学情境不同，教学过程的基本环节也不是一成不变的。在某节课中有的环节可以省略，有的环节可以倒置，但各环节的基本作用与功能在教学设计中必须有所体现。

二、课堂教学的导入策略

所谓"万事开头难"，导入新课是课堂教学的起始环节，是一堂课顺利进行和取得成功的重要基础。高尔基在谈创作体会时说："开头第一句是最难的，好像音乐定调一样，往往要费好长时间才能找到它。"创作的开始最关键，就好比提琴家上弦、歌唱家定调，第一个音定准了，就为整个演奏或歌唱奠定了良好的基础。教学也是如此，开好了头就等于成功了一半，一堂课如果没有成功的开端，教师就会讲得索然无味，学生也很难进入学习状态，教学的其他环节也就很难进行。良好的导课艺术是现代教师必备的基本技能之一，教师必须重视教学的导入环节。

总结起来，现代课堂教学经常运用的导入策略有很多种，其形式和作用也各具特色。下面，我们结合具体案例分析一些常用的导课策略。

（一）温故知新

子曰："温故而知新，可以为师矣。"任何一个新问题的解决都是利用人们头脑中已有的知识和经验来完成的，各种新知识都是从旧知识中发展而来的，原有的知识和经验是任何学习活动开展的基础，所以，教师在带领学生进入新的课题、领略新知识之前，不妨以学生原先所学的知识为基础，通过对原先知识的回忆和引申来进入新课题。

"温故知新"是教师常用的、比较便捷的导课方式。但是，使用过程中教师应该注意新旧课题之间的及时过渡，因为课堂教学时间有限，教师如果在旧课题中长时间盘旋而不能适时地引出新课题，就会导致主次颠倒、喧宾夺主。

因此，在温故导课的时候，教师头脑中必须清楚地认识到，"温故"只不过是一种手段，"知新"才是真正的目的。

（二）开门见山

这是教师直接点出课题，对课题进行相关解释和说明的方法。开门见山是教学中比较常用的、最简单也是最容易掌握的导课方法，一般适用于高年级学生，对新任教师也不失为一种好的导课方法。

课题是整节课教学内容的旗帜和眼睛，透过课题常常可以窥视全文的奥秘。因此，教师从解释课题词语、引发题意入手，不但有助于学生审题立意，了解所学内容的概况，而且为学生进入新课铺垫了心理基础。运用这种方式导课，要求教师带领学生直接进入课题，围绕课题提出一些能揭示教学目的、教学重点、难点的问题，引发学生的兴趣和思考。只有那些能通过释题引起学生注意和发人深省的内容，才可采用开门见山的方法导课。有些课题与内容关系明显，无须解释学生即可理解的，教师如果还围绕课题喋喋不休，就会让学生感觉画蛇添足，从而失去对新课题的学习兴趣。

（三）背景铺垫

有时候，教师为了让学生更详细地了解知识的产生过程及事情发展的来龙去脉，可以在讲授新课之前先介绍当时的历史背景，让学生了解当时所处的政治、经济、文化等场景，引发他们对课文内容进行联想，激起他们学习的积极性，然后导入新课，这样既让学生对课题有了一定的感性认识，又激发了学生的学习兴趣。

（四）情境激趣

由于新课程理念的倡导以及现代教学手段的普遍运用，教学情境的创设越来越受到研究者和一线教师的重视。教学情境能形象地再现故事发生的具体场景和氛围，引发学生的学习兴趣和情感体验，使其积极投入教学活动中。所谓情境导课，就是教师利用各种教学手段，创设一定的情境，激发学生的兴趣，启迪学生的思维，使学生兴趣盎然地投入新课题学习的过程。

（五）故事先行

对身心发展不成熟的学生尤其是低年级学生来说，他们的认知水平大多停留在感性认识阶段，即便能够理解抽象的教学内容，也必须经由感性认识的过渡，因此，教师在讲解新内容之前，可以用故事、传说的形式为学生的认识发展创设感性基础，架接起学生感性认识和理性认识的桥梁。由于故事、传说语言生动、形象活泼，富有一定的趣味性，比较符合低年级学生的年龄阶段和认知水平，所以，故事导课是低年级学生比较喜爱的导课方式。

（六）热点追踪

现代社会的学生，不像古代社会那样"两耳不闻窗外事，一心只读圣贤书"，其知识和信息来源也不再局限于课本和教师，课外书、电视、网络、父母、同伴等都成为其获取信息的重要渠道，社会的新闻时事和热点问题时常激发起他们的探究欲望。这样，教师可利用学生关注热点的特点来引入新课题，在上课之前，先讲述与课题相关的时事新闻，然后以热点新闻为基础引入课题，引导学生展开探究。这样的导课方式，能立即抓住学生的注意力，从而增进课堂教学的效果。

（七）设疑解惑

古人云："学越于思，思源于疑。"疑问、矛盾、问题是思维的"启发剂"，它能使学生的求知欲由潜伏状态转入活跃状态。教师导课时可以精心设疑，把学生带入一种"愤、悱"状态，调动学生思维的积极性和主动性，发学生强烈的求知欲，然后在师生的共同努力之下，探究课题，揭示答案，让学生体验到学习的乐趣。

运用与学生息息相关的疑问导入新课，能激发学生强烈的求知欲和探究兴趣，使学生为了得到问题的答案而密切关注教学内容，充分发挥学习的主动性和积极性。

事实上，课堂教学的导入策略很多，以上只介绍了几种比较常用的策略。在教学实践中，教师可根据自己所教学科的特点发挥自身优势，创造出独具特色、新颖别致的导课方法。只要有利于完成教学任务、能激发学生的学习兴趣，所有的导课方法都值得提倡。

三、课堂教学的展开策略

前面我们提到，讲授新课的过程就是教师采用课堂讲解、演示、交流、提问等方式，来促进学生对新授内容的感知和理解，这个过程也是课堂教学具体展开的过程。因此，探讨课堂教学的展开策略和技巧，也可以从讲解、演示、交流、提问等几个方面来分析。

（一）课堂讲解、演示策略

课堂讲解、演示的过程是教师以教学语言为媒介向学生传递知识的过程，在此过程中，教师使用的教学语言主要包括口头语言和板书两种形式。因此，可以从口头语言的使用和板书的设计两方面分析课堂教学的讲解、演示策略。

(1) 口头语言的使用

①生动形象。

教师生动形象的教学语言，能够帮助学生形成对事物形象的直观感知，加深对教材内容的具体理解。要锤炼生动形象的教学语言，一方面，教师要对所教内容深刻理解、形象体验，这样才能够准确、鲜明、生动地描述和再现事物的形象及发展过程；另一方面，教师要具有形象的思维加工能力，根据自己对教学内容的感知，依据学生认识发展的规律，对教学语言进行精细加工，增强语言的形象性和感染力。具体说来，通常可以采用以下办法：

第一，运用修辞手法。教学过程中，教师难免要向学生呈现一些他们看不见、摸不着、感到抽象、枯燥或者难以理解的知识和内容。此时，教师可运用比喻、拟人、象征、映衬、对仗、引用、联想等方法，把抽象的事物具体化，把深奥的理论形象化，给学生一种直观感和动感，增进他们的理解和记忆。

此外，教师适当引用一些名言警句、成语故事、诗词歌赋、民间传说等，有效增强教学语言的形象性，帮助学生加强对教学内容的感知和理解。

第二，进行角色扮演。教学过程中，遇到学生难以理解的人物形象或故事情节，教师可采用角色扮演的方法，假设自己或学生是故事的主人公，通过内心独白或形象表现，帮助学生加深对教材内容的理解。

第三，编制故事情节。教师可以根据教学内容的特点进行联想和想象，把讲解的内容编织成趣味性很强的故事，使学生乐学易记。

第四，渲染场景氛围。要使教师的语言表达生动形象，还可以采用特殊的声音和方法渲染课堂氛围，创造一定的场景使学生置身于特定情景之中，深入体验教材内涵。

②科学规范。

科学规范就是要求教师使用语言要准确、精练、符合逻辑，避免词不达意和不必要的重复。同时，在讲课的过程中应该重点突出、层次分明、条理清晰。具体来说，科学规范对教师有三方面的要求：一是教师的口头语言必须准确反映科学概念、定义和定理，不能出现科学错误。如日常生活中，可以把货币称为钱或钞票，而政治课上必须按规范称其为货币。二是教师的口头语言必须遵循学生思维和语言发展的规律和特点，要能启发学生思维，并能促进学生的思维由形象向逻辑、由具体向抽象发展。三是强调标准化和规范化，要运用标准的普通话讲课。对于一些新出现的尚不稳定的"新词"和"洋词"，教师要持慎重态度，不要轻易在教学中使用。

③节奏适当。

课堂教学是师生的双边活动，教师的口头教学语言必须快慢适当、详略适宜、情感适度，这样才能引发学生的最佳关注状态。语言节奏是指教师讲课时语音、语调的高低和说话的速度。一是语音要清晰悦耳。明快清晰的语音，能博得学生的好感，为拨动学生的心弦创造良好的条件。二是语调要抑扬顿挫。每一场报告，都要有相声的幽默、小说的形象、戏剧的冲突、诗朗诵的激情。在讲到最典型的人物、最生动的事例、最感人的情节时，要绘声绘色，细致刻画，使听者如临其境，如见其人，如听其声。单调呆板的讲话能使听者昏昏欲睡，而教师要根据教材的内容和学生的反应情况，适当地调节语音大小、音调高低等。三是教师讲课时的口头语言表达要快慢适度。一般来说，说话速度要根据讲课内容和学生情况而定。对重点要反复地讲，以期加深学生印象；对难点要缓慢地讲，让学生有回味咀嚼消化的过程；对一般内容要简明扼要地讲，使学生了解概要。如果一律用同等语速平铺直叙，会使教学显得机械呆板，使学生对教材内容的把握不得要领。

④情感丰富。

教师的教学语言不仅仅是师生之间知识传递的渠道，也是师生之间情感交流的桥梁。情真意切的教学语言，不仅有助于丰富学生对教学内容的认识和体验，还有助于激发学生意志力，发展学生健康的道德认识和社会价值观。因此，教师要深入研究和准确把握教材内容，正确理解教材的思想和情感因素，并采用恰当的方式传递给学生，使其感同身受。讲到主要的地方，重复一遍；讲到快乐的地方，就自然地露出微笑；讲到愤怒的地方，情绪就很激昂；讲到悲伤的地方，声音变得很低沉。如此包含情感的语言必能使学生受到震撼、感动，从而增强对教材内容的理解以及对教材所传达的情感的深刻体会。

（2）板书的设计

教师在课堂教学中除了运用口头语言讲解教材内容外，还要把一些重点或难点呈现在黑板上，板书的合理使用，有助于突出教学重点、剖析教学难点，帮助学生提纲挈领地认识教学内容。

教师必须充分发挥板书的作用，使之与口头语言密切配合，从而提高课堂讲解的效率和效果。为此，教师需要掌握运用板书的艺术和技巧。

①周密计划。

教师上课之前要对板书进行周密设计，不可临场随意发挥，要提前对板书的内容、顺序、字体大小、位置等进行周密考虑，对何时书写板书、板书的内容是什么、在何处书写板书做到胸有成竹。板书要反映一堂课教学过程的全貌，反映一堂课主要的知识、能力要求。如果缺乏精心设计，在黑板上随心所欲胡写乱画，不仅不能增强学生的认识效果，反而会带来学生认识的混乱。

②简明扼要。

教师在板书时要重点突出。黑板空间和教学时间有限，教师要抓住重点书写关键内容，言简意赅，条理清晰，提纲挈领；图文不可过多，以免挤占教学时间，影响展示效果。要安排好主、辅板书的次序，如果板书时主次不明，洋洋洒洒一黑板，眉毛胡子一把抓，就会令学生眼花缭乱，影响学生的思维。

③美观大方。

教师的书写对学生具有示范作用，在书写板书过程中，教师应力求做到文字、图画端正美观，必要时要适当融入一些红、黄、绿等颜色，这些色彩用得恰到好处，能起到画龙点睛的作用。板书呈现形式体现着教师的学识、智慧和审美情趣，因此，在板书设计过程中，教师要以形象化表达教学思想和教学内容为基础，对教材内容进行创造性加工，使其艺术化、形象化、直观化地再现于黑板上。

（二）课堂交流策略

课堂交流是师生之间围绕教学信息进行交换和反馈的过程，是课堂教学活动的重要组成部分。教学过程中，如果只有教师的讲解、演示，而没有与学生的沟通交流，教师就无法及时了解学生的学习情况，而且会使课堂氛围显得沉闷乏味、缺乏生机。因此，教师必须围绕教学内容组织有效的课堂交流，让师生、生生真正互动起来，促进学生的探究意识和合作能力的发展。

要保证课堂教学交流的有效性，教师需要注意以下几个问题。

1. 创设民主、和谐的教学氛围

课堂教学活动是在师生共同组成的"场"的氛围中展开和进行的，教学氛围适当与否，直接影响着"场"中人的心理和行为，并最终关系着信息传输的效率和质量。作为教学活动的主导，教师应以积极的态度和饱满的热情投入教学，创设民主、和谐的课堂交流氛围。

从心理学角度分析，创设宽松、民主、和谐的课堂氛围，有利于建立师生融洽的情感，激发学生表现的欲望，活跃学生的理性思维。在愉悦的氛围中，学生敢于发表自己的想法和需求，敢于对同学的发言提出质疑和补充。如果教师专制和霸权，则教学气氛就沉闷、呆板。为避免招致教师的批评或惩罚，学生就会出现严重的保守倾向，课堂交流也就无法有效展开，因此，要使课堂交流取得预期成效，教师必须由课堂教学的控制者、领导者，转变为学生学习的引导者、组织者，与学生建立宽松、信任的民主氛围，激发学生表达、交流的情感和欲望。

2. 采用适当的交流形式

学生是学习的主体，要充分发挥他们的能动性，必须采取与其年龄特征相适应的交流方式。

课堂交流是否有效涉及两个方面：一是教师是否对学生有全面认知。教师只有了解学生的兴趣爱好、知识技能、需要、态度、价值观以及心理成熟水平等，才能针对学生特点采取灵活机动、学生感兴趣的交流方式。二是教师能否灵活地选择各种不同的交流方式。教师选择的交流方式与采取的交流节奏要适合该层次学生的年龄特征，使学生对交流的信息容易理解与接受。

课堂教学中，教师要正确运用语言（包括口头语言和板书）交流系统，并辅之以适当的非语言（包括面部表情、手势、身体动作等）交流系统，从而保证教学信息的全方位传输，增强信息的传递效果。而且，要取得较好的交流效果，除了在课前对交流方式进行有效预设以外，还要根据课堂中出现的问题，敏锐地捕捉学生的需求信息，灵活选择和及时调整交流方式。

3. 积极主动地倾听

教师在与学生的交流过程中，除了要承担组织者和激发者的角色外，还要扮演好倾听者的角色。善于倾听学生的心声，这不仅是一种优良的品质和修养，而且是一种睿智机巧的教育艺术，更是当代教育实践对教师的基本要求。

教师只有认真倾听学生的发言，才能对学生的学习状态有真实合理的了解，从而采取得力措施，调整教学的节奏和内容，使课堂教学与学生的认知状态达到有效的适应和平衡。而学生只有真正感受到教师在认真倾听，才能更加认真思考并合理组织自己的发言，从而激发学生思维、提升学生学习成效。

教师有效倾听的11条策略：

①停止谈话。教师常常说得太多，应留出时间让学生谈，积极主动地倾听他们的想法。

②要让学生感到自在。向学生表明你尊重他们的意见，欢迎他们提出建议并进行评论。

③反应要适当，提供正反馈。

④集中注意力听学生正在讲的话。

⑤去除分散注意力的事物，不要让他人的谈话使你分心，接收不到学生的重要信息。

⑦不要内心作梗。不要在内心里反对学生的观点，而要采取积极的维护态度。

⑧听取主要的观点。

⑨共同担负责任。不要把一切责任都推给学生，而要激发和鼓励学生。

⑩善于提出启发性问题。

使用主动倾听法。重新叙述你已经讲过的话或重新加以措辞。

4. 适时、恰当地引导和反馈

研究表明，教师适当的引导和反馈能激发学生课堂交流的积极性，增强课堂交流的效果。学生毕竟是身心处于发展过程中的未成年人，他们的观念和思想与成年人相比是不完善的，语言表达也是有欠缺的。因此，课堂交流过程中，教师应给予学生必要的指导和反馈，使学生的讨论和发言紧紧围绕教学主题，让每个学生都能得到畅所欲言的机会，并适时地表扬和鼓励创造性的见解。教师自然的引导，适当的反馈和评价，直接影响到课堂交流的效果和效率。

（三）课堂提问策略

课堂提问是教学中的重要环节，合理、有效的课堂提问，能把学生带入奇妙的问题世界，使学生积极思考，努力寻求解决问题的途径和答案，从而培养学生创造性地分析问题、解决问题的能力。同时，通过学生对问题的回答，教师可以及时获得反馈信息，适当调节教学节奏和进度。课堂提问运作得当，可收到事半功倍的效果。

课堂提问不能随意而为，无论哪一种提问，首先要考虑问题的针对性、有的目标和内容，精心设置问题情景，合理规划问题的难度、顺序以及提问对象等，使提问具有计划性、针对性、启发性。具体来说，富有成效的课堂提问策略主要有以下几个方面：

1. 目的明晰

在问题的设计上，必须考虑提问对实现教学目标具有怎样的积极作用。如果目标是复习巩固已学内容，问题设计应该以回忆性内容为主；如果主要任务是讲授新课，则问题的设计应以启发思维、引导学生顺利进入新课题为目的。另外，要注意避免过多的选择性问题，如有些教师习惯问学生"是不是""对不对"等问题，答案往往清晰明了，学生不需思考即可回答；或者即便没有明确答案，学生也可凭猜测作答。此类问题对学生的思维不能发挥有效的激发和促进作用，从教学时间分配和教学效率的角度来说，这样的提问事倍功半，得不偿失。因此，教师在提问题的设计上必须紧紧围绕课堂教学目标，避免无的放矢和无效的问题。

2. 对象明确

在班级授课制度下，即便是同一班级、相同年龄特征的同学，因后天的教育环境不同，其理解、分析、解答问题的能力也各有差别。教师选择提问对象时，必须注意区分不同类型、不同难度的问题与不同层次水平学生之间的匹配性，比如，在检查知识的提问中，若是复习巩固旧课内容，应尽可能提问中等程度的学生，因为他们能代表一般同学的知识掌握水平；如为巩固当堂所学新知识，则可提问学业水平较高的同学，因为他们的正确回答能起到表率作用，有利于其他同学对当堂知识形成正确的理解；如为检查教学效果，则要多提问程度较差的学生，因为只要他们理解并掌握了所学知识，其他同学自然就不成问题了。

另外，教师提问的对象必须是在充分思考的基础上能回答或基本能回答所提问题的同学。换句话说，问题的难易程度应该在学生的"最近发展区"范围内，是学生经过努力能够达到的水平。

低水平的问题，大多考查学生对知识信息的记忆和理解水平，一般答案也是确定的，适合初学阶段或者分析问题能力较低的同学；高水平的问题，要求学生以所学知识为基础对现实或假设问题进行有效论证，适合于发散性思维较强、能综合运用所学知识的学生。

然而，许多教师对于提问对象的认识还存在一些错误，归纳起来主要有以下几种：

①只要问题设置合理，提问谁无关紧要。

②为了取得较好的课堂教学效果，节约课堂教学时间，提问集中在几个学优生身上。

③对学习困难的学生不抱任何希望，从不提问或即便提问也不给充分的回答时间。

④课堂教学以一般学生的水平为出发点，而过多地提问一般水平的学生。

事实上，课堂提问对象的选择必须突出针对性，有的放矢，同时又要照顾全体学生，使每个学生都有均等的发言和表现机会。也就是说，教师要注意发挥优秀生的示范表率作用，同时也要注意调动全班学生回答问题的积极性和主动性。

3. 方式合理

课堂提问过程中，教师应该考虑学生的认知特点和水平，提问要有一定的逻辑顺序，具体说来，要考虑以下几个方面：

①学生及学生的知识储备程度，提问的难易程度要适合大多数学生。

一般来说，主体应是大多数学生经过思考能够回答的问题。太浅显或太深奥的问题要少而精。

②问题的提出要有一定的逻辑顺序，从易到难、由浅入深，把学生的思维步步向前引入。

③问题类型的设计，要注意记忆性问题与推理性问题的适当搭配。提问时可以适当变换角度，增强对学生思维的挑战性。如将"鸦片战争发生的根本原因是什么"换成"如果没有林则徐领导的禁烟运动，会不会发生鸦片战争"的讨论题，则能更好地激发学生的兴趣，加深学生对鸦片战争爆发的根本原因的深刻理解。

④在呈现问题与选择对象的时间顺序上，切忌先指定提问对象再呈现问题，

或按一定顺序向学生发问。正确的做法是，先提出问题，让学生去思考，然后再指定回答的对象，避免因过早指定对象而使其他同学感到回答无望，或因不需自己回答而不去思考，影响思维积极性。

4.时机恰当

课堂提问时机的把握对教学效果具有重要影响。一般来说，教师提出问题后要给学生充分的准备时间，即课堂提问要在学生有所准备的基础上，有计划地开展。

①提问的时机应该选择在学生思维的疑惑处。在学生产生疑问的地方精心设计，帮助学生澄清认识，加深理解。

②提问于学生新旧知识的联系处。在新旧知识的过渡环节，教师可用问题的形式引发学生回忆先前所学，温故知新，促进新旧知识间的渗透和迁移。

③提问于教学环节的关键处。所谓"关键处"，是指教学目标中的重点、难点，是那些对学生的思维有统领作用、"牵一发而动全身"的地方。在关键处提问，能以点带面，强化学生对整体教学内容的理解。

④提问于学生思维的转折处。课堂教学中，常常出现一些需要思维转换和较强思维能力的教学内容，由于学生认知水平的局限，往往不能有效理解，此时，教师可以在学生思维处于转折时，给予适当点拨，引领他们逐步寻找正确的答案。

⑤提问结束后可根据情况适当追问、转问。学生答完一个问题，教师要及时做出反应，给予明确的答复并进一步追问。追问要考虑到学生前期的答题效果以及对问题的理解程度，如果前面答得顺利流畅，可追问较有难度的题目；如果回答得生硬而不准确，可继续围绕当前内容提问同等难度、同等水平的问题，强化学生对该问题的记忆和理解；如果前面的提问使学生答题出现困难，或者提问到某个位置觉得其他相关问题更有助于学生的理解，教师就可以转问，从其他角度切入或开辟新的问题领域。

总之，课堂提问的目的、对象、方式、时机，都需要教师根据教材的内容、教学目标的要求、学生的实际情况等灵活安排，合理规划。

四、课堂教学的结课艺术

（一）归纳式

归纳式结课，指的是教师用简洁准确的语言，引导学生对课堂所学知识进行提纲挈领的回忆、分析、总结，这是最常用的一种结课方法。它重视学生对知识的条理化和系统化，意在通过教师的引导，让学生由博返约，纲举目张，牢固地掌握所学知识。归纳主要由教师引导，由学生完成，教师在必要的时候加以补充和完善。一方面，培养了学生的概括、总结能力；另一方面，加深了学生对学习内容的理解，使学生对课文的主要内容有更明确的认识与体悟，提高了课堂教学效果。

（二）延伸式

延伸式结课，即一节课结束时，教师引导学生联系课内外所学知识和生活实际，展开丰富的想象，强化对知识的理解和感悟。一节课结束了，不代表学生学习过程的完成，而是新的学习过程的开始。教师要把结课作为引导学生联系课堂内外的桥梁，使学生能有机地联系课堂知识和社会生活，使所学知识和能力在课外得到运用、延伸、扩展和深化，使学生能学以致用，真正形成运用课堂知识解决问题的能力。

（三）升华式

古人云"史以载道"，优美的文章表达了作者深刻的思想感情和价值观念。因此，教师可运用优美、激情的语言结课，引导学生体悟作者的情感，激发学生的审美意识，陶冶他们的情操，使学生树立正确的价值观念，并使他们学习知识的过程真正成为情感、态度、价值观共同发展的过程。

（四）悬念式

科学知识的增长永远始于问题，终于问题——越来越深化的问题，越来越触发新问题。为了引发学生进一步地认识兴趣，教师可以通过设置悬念的方式来结束当堂教学。这种结课方式看似课堂教学的结束，实则是课堂教学的发展和延伸。教师设置的悬念，让学生沉浸在"欲知后事如何，且听下回分解"的认知冲动之中，激发学生强烈的探索欲望，留下无尽的探索空间，给人意犹未尽的感觉。所以，结课时应该机智巧妙地设置悬念，激发学生的探究兴趣和学习热情，让学生处于满心疑问、急于求解的状态，进而巧妙地引导学生进入课外阅读或下一步教学内容，最终获得问题的答案，达到柳暗花明、豁然开朗的境地。这样，既能加深学生对新课的理解，培养学生的想象力，又能将学生引入课外学习领域，扩展学生的知识面，还能让学生获得自我成就感，培养学生的学习兴趣。

（五）讨论式

在讲课结束前，教师可围绕课堂教学内容提出学生感兴趣的问题，引导学生讨论。一方面，可以加深学生对教学内容的认识和理解；另一方面，可以拓展学生的思路，有利于培养学生的创新意识和创造性思维。另外，学生在唇枪舌剑、针锋相对的讨论和辩论中还达到了语言训练的目的。

（六）游戏式

由于学生的注意力集中时间有限，教学结束前学生的注意力量难集中，教学效果也最不理想，教师如果此时还喋喋不休地重复教学内容，则容易使学生感到枯燥乏味。因此，教师不妨针对学生好奇好动、攀比心理强等特点，设计一些学生感兴趣的游戏、表演、竞赛等活动，以便通过活动加深学生对教学内容的认识和理解。例如，同样是朗读课文或识记生字，如果让学生采用小组竞赛或男女生比赛的方式，学生则会为了集体荣誉而抖擞精神，全神贯注地完成任务。

（七）抒情式

抒情式结课是指教师在教学接近尾声时，用充满激情的语言或警示语扣动学生心弦，触动学生心灵，使其内心情绪跟随教师的语言跌宕起伏，产生强烈的心理共鸣，从而收到发人深省的教学效果。

第三节　职业学校课堂教学管理优化策略

一、优化课堂教学环境策略

（一）改造实训设备

在课堂教学管理过程中，良好的课堂教学环境能够预防或消除学生的不满情绪。中职学校尝试从多个方面对课堂教学环境进行改善，能够对课堂教学进行有效管理。其一要注意与生产实践相符合，满足中职学校的教学基本需求，在此基础上做到分配教室、实训室、一体化工作室和实训基地；其二，在进行教学时，教师应该发挥实训场所的最大功用，使实训场所的机器设施能够对学生的实践训练起到积极的作用，同时，教师应该大力对实训场所进行功能型完善，建立一体化工作站和实训基地，将原来的教室变成一个满足理论教学和实践训练的多功能区，这样有利于学生自主学习能力和团队协作能力的培养，使得教学成果得以展示，其三，理论、教学和实践得到高度的统一。

（二）加强时空布局建设

1. 加强教室文化建设

在课堂教学环境管理中，完善的课堂教学文化环境能激发学生的学习动力，因而教师在教学过程中应加强文化建设调动学生的学习积极性，其一，学校应加强教室的文化建设，积极模拟真实的工作环境，达到情景化教学的效果。学校可以根据专业特点设置一体化教室，设计体现专业特色的文化墙。普通实训室经过教师精心的规划设计、布置装饰，将成为既能展现真实工作环境，又能体现文化特色的一体化教室。其二，为了改善实训室简单冰冷没有任何文化装饰的特点，可以使用彩色的油漆粉刷教室的墙壁，让同学们进行绿植领养，盆栽和花卉皆可，这样窗明几净的教学环境会让同学保持愉悦的心情，激发他们的学习兴趣。

2. 合理安排课堂教学时间空间

根据亚当斯的公平理论，教学的时间空间被教师进行合理分配的情况下，将有助于激发学生的学习动力。

其一，在课堂教学过程中，合理调整教室空间。不同的教室布置和班级规模是空间管理的两个重要因素。为了最大程度上满足集体学习或小组讨论等对教学环境的需求，可以借鉴英国先进的教室布局方法，即，将教室设计成自由开放式格局，采用可随意安置并可以自由组合的活动式桌椅。合理安排教室的空间布局，以便于学生活动而言，应改变目前课堂教学中普遍存在的单一化的师生活动环境，改变长期不变的单一课堂座椅排列方式，在这里设计三种课堂教学中座椅排列方式，可以收到意想不到的课堂教学管理效果。

其二，众多教师利用网络平台将知识的讲授及专题的讨论分为线上和线下两部分，充分地调动学生学习的积极性和自主性。考虑到中职学校学生这个特殊群体并针对中职学校学生学习所需的条件，对教室环境和教室空间进行合理地调整改善，会给师生的心理、生理和教学效果带来事半功倍的效果。

其三，对课堂教学时间进行弹性化管理。在课堂教学中，只是将一节课的时长设置为 40 或 45 分钟，是无法顺利完成实训活动的，对于这一点，学校应该大力采取措施，从思想和制度两方面着手，对课堂教学时长进行弹性化管理，同时，教师应该针对各个章节知识点合理安排教学任务，合理规划教学时长。

二、优化课堂教学内容策略

（一）强化课程与教材建设

其一，中职学校可以借鉴美国中职学校中课程与教材建设的方法，教育制度中没有统一教科书的内容，教师可根据课程的需要自行决定课程的教辅书本、参考书目等，同时需要将书名、版本、作者以及购买渠道等信息提供给学生作为参考。其二，教材编写有编写者的目的和意图，授课者有讲授者的方向和目标。因此教师在处理教材时，可以有增有删。增就是充实一些内容，删就是删减一些学生一看就懂或者过于陈旧的内容，以此激发学生的学习兴趣。其三，针对技术性课程，需要使用涉及到前沿技术的相关教材，部分书籍需另附线上知识拓展的网址，以便于学生在线查阅更多科学前沿的相关内容，有利于培养学生的自主学习能力。其四，中职学校和教师要发挥主要作用，着力对课程与教材进行改革建设，特别是教师，应该投身中职学校课程开发中去，将课堂教学成果延伸到工作岗位中。学校应该对教师进行各种培训，参与校企合作单位的实践工作，这样能让教师对课程的实践性有更深一步的认识，更加贴合实际。

（二）创新教学方法

教师作为知识的传播者，应该较好地运用教学方法，从自身能力出发，积极探索并创新教学方法，使理论知识与实践紧密贴合。其一，中职学校尝试使用实践教学的方式，包括课堂实验、独立项目研究、校企合作等形式。尤其"校企合作"，不仅需要学校和企业的相互理解、相互配合，而且需要二者在人才培养目标上统一。其二，学校需根据教学情况和企业要求开设对应的课程；另外，企业需为师生提供企业家培训基地、商业联系、企业之家等实际技能操作平台，在此过程中，学生的项目计划能够得到更多专业人士的参与和指导，学到更多的实用技能。其三，在中职学校开展教学方法的改革，使相关专业大力引进各专家学者的创新教学法——引导课文教学法，模拟教学法，项目教学法，案例教学法等。其四，教师要灵活运用教学方法，教室要根据教学内容、教学对象精心设计，不断变化教学方法。要把主导式、讨论式、启发式、精讲演示与回式等教学方法有机结合起来，并不断地引导学生积极思考，切勿采用单一的教学方法，否则会造成学生注意力分散，直接对学生的感知、记忆、思维、兴趣、能力等产生重要影响。

总之，改革课堂教学的方法和建设一体化课堂需要中职学校的作为，大力提升学校师资队伍的专业性，同时让教师进一步到企业实践，对真实的工作环境和教学进行有机统一，创新贴合中职学校的教学方法。

三、优化教学秩序策略

（一）建立有效课堂常规

结合马斯洛的需要层次论，满足中职学校学生的爱与归属的需要，最有用的是学生参与到课堂教学常规的制定，由班主任带头，班干部配合，全班所有同学参与。在课堂教学中，教师与学生一起建立规范的课堂教学常规不仅是教学组织管理公平公正的一种手段，也是学生遵守课堂教学秩序的行为准则。

（二）调控问题行为

强化理论指出，强化物可以提高行为重复的可能性（强化物是指控制行为的因素），针对中职学生的问题行为可以采用预防性措施和反应性措施。

1. 预防性措施

预防是调控问题行为的关键所在。擅长调控学生学习行为的教师会把学生的时间科学地投入到更有益的学习活动中，在大麻烦发生之前解决学生思想开小差等的小毛病。因而，教师应该在以下几方面多注意：①教师要时刻与学生在一起，教师要实时对课堂进行监控，使学生感觉到教师一直在注意他们，这样学生微小的变化都能尽收教师眼底；②教师要练就同时从事多项工作的能力，在批改作业时，多用眼睛的余光去注意学生的一举一动；③教师要时刻关注课堂，并且拥有激情，集中精力进行备课，在课堂上为学生提供持续的"信号"。在不影响正常班级的情况下，解决个别学生学科的问题，可以减少不良行为的"传染性"；④教师应该给学生提供有一定困难和挑战性的作业和任务，使他们感兴趣并吸引他们的注意力。后续的研究还发现，教学的预防方法会鼓励学生采取适当的课堂管理行为，鼓励学生共同完成，而不仅仅是管理学生的个人行为。

2. 反应性措施

学生注意力不集中等问题在一定程度上可在教师有效的课堂教学管理中减少，但并不能完全杜绝发生课堂问题行为，因此，当出现问题行为时，教师非常有必要做出准确的识别和控制。教师对学生问题行为的反应应该是非强制性的，主要是针对课堂上的不良行为，如心不在焉、看小说、传递纸条、窃窃私语等，教师应采取非言语性的行为，也可以是言语性的做法，如强化他人的良好行为、幽默技术、言语责备、名字警示等。中度及重度措施只能当教师在教学管理中的轻微反应不足以制止学生的行为时才能使用，这主要是指惩罚的多种形式，如期望刺激和厌恶刺激的增加。研究结果表明，解决这个问题，不能依赖于惩罚，只是惩罚坏的行为，而不指导学生在正确的轨道前进，这样也会给学生带来不同程度的负面影响，所以这种措施不到万不得已不能使用。

四、优化课堂教学中人际关系策略

（一）加强师生交流

营造和谐课堂气氛，要从师生两方面出发进行解决。马斯洛（maslow）的"需求层次论"指出，人在安全和生理需求满足后，会对社会交往有渴望；奥尔德弗（Alderfer）的"ERG理论"的"生存的需要""成长的需要"和"相互关系和谐的需要"，与马斯洛的观点相左，奥尔德弗指出较高层次的需要如果受到抑制，便会被迫降而求其次。

1. 教师要转变角色

其一，在学生完成任务时，教师应提供必要的服务和帮助，当学生专注于项目活动时，他们应该创造一个轻松的学习环境，不要过多的干预，融入学生，耐心倾听其心声。不仅帮助学生完成任务，老师还应及时给予学生正确建议和指导来帮助学生渡过难关或者解决棘手的问题。其二，当学生在活动过程中遇到问题时，教师应该亲自为学生进行示范，耐心详细的解释，帮助学生理解知识要点熟练掌握技能；在任务完成后，教师需要评估学生在完成任务过程中的各种表现。肯定学生的"产品"的同时也应该从专业的角度来评价"产品"的各方面优缺点，这样可以帮助学生进一步提高自身的实践能力，了解和掌握相关技能知识。

2. 教师在课堂上应掌握人际交往的技巧

教师在课内外要加强与学生间的情感交流，其一，教师可以在课前以振奋的精神、高涨的精神，热情大方的走到教室门前与学生打招呼，示意学生做好上课前的准备，从而建立起和谐的师生关系。其二，教师要明察秋毫，在课堂教学中要洞察学生的心理状态的变化，以乐观积极的态度鼓励学生，赋予学生正能量，激发学生的学习热情，消除不健康的心理状态。在课堂教学中，教师真诚的问候、及时的鼓励、信任的眼神能使学生形成一种自信、积极的心态。其三，要观察学生的非语言行为，了解学生的不良心理，分析不良行为的原因，消除师生关系中的心理障碍。最后，教师应该能够控制自己的情绪，并将积极的情绪传递给学生。增加情感投入，实施情感教学，给知识和技能赋予情感色彩。许多优秀的教师经验表明，教师对学生的真诚情感，重视学生之间的情感交流，消除师生之间的距离，更能创造一个快乐、健康、温馨的课堂氛围。

（二）加强生生交流

针对中职学校课堂教学中人际关系问题，可以采用以下优化策略：

1. 充分发挥学习共同体的作用

在课堂教学管理过程中，可利用学生间的"求助心理"，在任务教学过程中，教师可以为班级学生赋予企业员工的角色，模拟真实情境的企业运作，将学习任务一一划分给学生，让学生之间讨论，自我管理，最终完成发放的工作任务。国外存在许多实践性的课堂，教师通常都会采用生生交流的方式引导学生自己发现问题，自己解决问题。课堂的存在就是为学生提供了一个接受知识、寻求帮助、互帮互助及解决问题的平台，在课堂上，学生可以和教师、和其他同学讨论修改自己的方案。在此过程中，学生通过对自己的学习成果进行自我判断和自我修改，充分地培养了学生的批判性思维。

2. 营造良好的班风、学风

其一，要形成一个良好的班风可以采取如下措施：认真选拔、培养辅导员和班主任；组建好班委团支书；确定班级奋斗目标；建立健全班级的各项制度；开展各项有益的课外文化活动，建立课外学习小组，交流学习方法，组织各项文体竞赛活动，使学生交流思想，增进友谊，增强凝聚力。其二，建立良好的班级学风，要大力宣传三好优秀学生干部、优秀团员、优秀毕业生，设立奖学金及各项单项奖，建立完善评奖制度，激励学生学习兴趣，表扬先进，树立标兵、榜样，通过典型带路，对优良学风的形成起着重要作用。教师应该对每位学生给予信任和尊重，创造一个关系和洽、积极向上、具有强大凝聚力的班集体。其三，教师也应重视非正式群体对良好课堂氛围所起的促进作用，教师应主动接触班级中的非正式群体，以一种和谐的情感交流，积极鼓励支持，因势利导，引导学生逐步形成为我们班赢得荣誉的集体荣誉感，最大程度减少非正式组织的负面影响。

五、优化课堂教学评价策略

优化课堂教学评价管理的主要方面是教学质量监督与评价管理。学校在发挥教研室、教学职能部门、系部作用的基础上，聘请专家学者实施教学督导，建立师生员工共同参与的教学质量组织网络。

（一）评价内容方面

通常采用的定性评价标准和定量评价标准相结合的形式。定量评价标准可以从教师的基本教学能力和基本素质；教师指导学生学习的时效性；教师对学生的理解和尊重；教师对学生的激励与引导方式；课时作业、测试检验、考核评价情况；教师其他方面的教学表现：教师对教学的热情度、使用教学资源的情况等方面进行评价。

开放式问题通常作为定性评价部分的主要形式，可以从以下几个方面来做：教师安排课堂的优缺点、对教师教学情况的意见和建议、教师对作业及测试的看法。除了对教学安排的建议外，许多学校还会为学生提供了自由表达自己看法的机会，学生可以根据具体的实际情况表达自己对课堂教学的独特看法。

（二）评价体系方面

其一，教师评学。首先，教师对学生学习态度评价：主要包括学生是否尊敬师长，学习是否积极，是否经常与教师交流学习；是否依靠自己的能力按时完成课时任务；其次，教师对学生课堂行为评价：教师就学生是否随意出入的现象进行评价；有无无视老师的存在而随意说话、睡觉的恶习，有无上课期间玩手机或者手机声音影响他人学习影响教学甚至课堂纪律的行为等；上课期间是否跟随教师教学思路，理解授课内容并认真做好笔记等情况进行客观评价。最后，教师对学生的学习效果评价：主要围绕学生对该门课程的兴趣度、课堂学习气氛、学习积极性；是否能较好地掌握本门课程标准要求的知识、技能；该学科班级总体成绩等情况进行评价，以此来培养学生的综合职业能力，保质保量的完成课堂教学任务，提高课堂教学质量。

其二，学生评估。首先，对教师教学态度的评价：课堂教学中，教师的举止、仪容和言语是否符合教师的身份；无论讲座是充满激情的还是充满活力的；对学生的评价是否公平、是否存在厚此薄彼的现象、评价的方式类型是否恰当；是否重视师生之间的沟通与学生保持和谐的关系。其次，对教师课堂教学行为的评价：教学内容是否与时俱进，是否能反映该学科的新思想、新成果；教学方法能否有效运用；教学环节是否合理、清晰、科学；语言规范，教学具有感染力，能吸引学生的注意力，激发学习兴趣。最后，评价教学效果：方法合理，评价方法多样化。学生在课堂上有较高的出勤率和良好的秩序；课堂气氛活跃，师生关系和谐。学生可以掌握他们所学到的知识，并评估他们所学的课程。

其三，重视多元化的评价主体。教师应稳定保持与社区、企业、家长间的联系，掌握学生在社会和家庭方面的思想活动和行为表现，虚心接受社会、家长对学校教育教学工作的批评意见，及时和家长沟通学生在校学习、生活情况，促进教学工作持续改进，提高人才培养质量。

第六章 职业教育管理体制机制创新

第一节 构建新型现代职业教育体系

构建现代职业教育体系是一项支撑"实现经济升级、促进充分就业"的，面向人人、融入社会的，把职业技能和职业精神的教育培训相融合的战略性工程。政府及其他相关主体要通过改革的方式把职业教育办好、办大、办强，并在国民教育体系和终身教育体系的宏观背景下实现各级各类教育的融通，既能够与社会、世界互通有无，又能够满足不同地区的差异化需求。

一、建设符合国情的大职业教育体系

当前我国的经济增长方式还不适应参与国际竞争的需要，产业结构调整依然面临艰巨的任务，产业结构提升急需从人力资源开发中获取强力支撑，这对于现代职业教育体系的建设提出了更加严峻的挑战与更高的战略目标。建立现代职业教育体系是一项重大教育改革和制度创新，是对我国职业教育发展思路、功能定位、体系结构、基本制度、保障机制等关键问题所作的全面梳理、全新设计、全盘安排，其最终目的不只是促进就业和服务社会，也是培养高素质、全面发展有敬业精神、职业精神的人才，因此它应当具有三大特征：一是顺应发展，满足需求；二是多元参与，遵循规律，三是开放多维，灵活多样。

（一）顺应发展，满足需求

满足经济转型与产业升级的需求。最近几十年来中国经济增长方式是粗放型的，依托低成本与市场的不断拓展，即以较高的单位能源消耗、低廉的劳动力成本、引进国外先进技术以换取市场的方式赢得 GDP 高速增长。但是中国让渡了市场却并未能够掌握国外的先进技术，如此一来，这种粗放型的经济增长方式带来一系列问题：首先是低端锁定，其次就是资源、能源消耗和环境压力加大，最后是过度依赖于资源进口和成熟技术输入，从而不断扩大出口，最终造成中国内需不足，即"为别人的幸福而忙碌"，国内人民群众却不敢也没有机会消费这些

产能，这样如果世界经济出现危机，中国就必然受到影响。从某种意义上讲，中国的经济波动不是中国能控制得了的，外部资本能控制中国的经济波动。破解上述难题的关键在中国必须转变经济增长方式，而转变经济增长方式在于两大关键，即自主创新和刺激内需，也就是说以高能耗、低成本的方式换取的经济增长不可取的时候，只有通过技术进步突破现有的困境。

目前中国承接了世界工厂的产业转移，但由于自己的技术限制，因此生产限于低端，同时巨大的产能又依赖着海外市场进行消耗，造成内需不足，转变经济增长方式必须建立现代产业体系，因此，发展现代产业体系与满足社会经济发展需要是大势所趋。当前国际上一个普遍共识是：游离于实体经济之外的金融经济——虚拟经济的发展，必然受制于实体经济的支撑能力。而着眼于以新能源、新材料和生物技术等新技术为代表以及低碳经济的工业革命，呼唤着更多推动技术发展的高技能人才的培养。为尽快走出世界经济危机的影响更快走向复苏，国务院颁布的11个产业振兴计划，将使我国经济进一步通过转型、实现赶超、走向创新。在这一伟大进程中，作为教育发展突破口且支撑实体经济最有效的职业教育，必将"大有可为，大有作为"。

总而言之，中国经济发展已经进入转型升级的中高速增长时期，要支撑经济社会持续、健康发展，实现中华民族伟大复兴的目标，就必须推动中国经济向全球产业价值链中高端升级。这种升级的一个重要标志，就是让我们享誉全球的"中国制造"从"合格制造"变成"优质制造""精品制造"，而且还要向服务业衍生。要实现这一目标，需要大批的技能人才。

满足每个人终身学习需求。现代职业教育体系是全球化、知识经济、终身教育思潮背景下与国民教育体系有重叠又有其独立性的职业教育体系。这要求现代职业教育体系要根据当前经济发展特点和产业发展趋势，合理进行专业设置及专业布局规划；根据未来经济发展趋势，培养绿色技能型人才，满足不同地域、不同时期经济发展对人力资本积累的需要；满足所有不同年龄、不同背景的人对自身技能积累的需要，关注个人职业生涯发展全过程，实现学历职业教育与非学历职业教育一体化发展。这就需要将职业教育融入个人职业生涯发展，包括从职业准备教育到就业或岗位培训，再到升迁、转岗、再就业培训等的全过程。

（二）遵循规律，多元参与

符合市场需求。职业教育培养的人才面向就业，体现服务宗旨，因此其专业设置和人才培养必然要尊重市场对人才的要求。一项针对就业岗位需求的调查显示，企业的岗位设置对职业教育的人才需求有着巨大的影响，以上海某石化炼油装置岗位变化为例，产能调整前和产能调整后的人才需求结构变化是很大的。

体现职业教育规律。职业教育有其不同于普通教育的自身特点和规律，但目前职业教育在招生考试和人才培养等方面，不同程度地存在按照普通教育模式办学的现象，而职业教育体系本身是探索职业教育发展规律和技术技能型人才全面发展的规律，因此探索现代职业教育体系成为必然和必要。

满足人才成长规律。市场需求与职业教育自身发展规律决定了职业教育培养的技术技能人才有其自身独特性，与强调知识储存和传授的普通教育不同，职业教育突出应用和实践，需要面向市场、面向社会办学，采用校企合作、工学结合人才培养模式，强调行业、企业、社会和政府多元参与办学。

（三）开放多维，灵活多样

现代职业教育体系在全球化、经济化、知识化的背景下应运而生，决定了它是一个开放多维、灵活多样的系统。

多种路径。现代职业教育体系不是一个封闭的系统，而是在国民教育体系和人力资源开发系统下的一个开放多维、灵活多样的立体结构，这决定了有接受职业教育需求的人们进入现代职业教育体系的路径也必然是多元的。

四通八达。从现代职业教育体系内部看：各级职业教育在纵向上是贯通和有机衔接的，打造初级、中级、高级职业教育甚至是更高层次的人才成长立交桥，同时，它又必须同外部的其他教育类型及整个社会环境相互沟通，这就要求现代职教体系各类办学主体向社会开放，向普通教育和成人继续教育开放，面向人人、对人的终身发展开放，从而建立有利于全体劳动者接受职业教育的灵活学习制度，让人人共享教育资源，以满足广大人民群众日益增长的职业教育需求等。

二、现代职业教育体系的具体要求和核心内容

（一）融合普通教育

职业教育不应是单纯培养人的一技之长，而应是为人的未来生活发展奠定基础，必须体现普通教育的理念和内容；要与其他各级各类教育沟通、融合，单独任何一个教育类型都无法培养出社会需要的全纳性人才；普通教育以学科体系为培养人才途径，但也需要贯通职业教育内容；职业教育虽然侧重技能培养，以就业为导向，但是也必须具备基本的知识与人文素养；中职学校相比普通学校更加突出实践教学与就业导向，但也要传授学生一定的文化知识和素养，培养相应的职业道德、就业能力、工作能力和职业转换能力。

（二）融入终身教育体系

构建职业教育体系要打破惯性思维，淡化壁垒，做到学历教育和非学历教育

协调发展，职前教育和职后培训有机衔接，在整个招生、培养、评价中建立弹性制度和模式，为每一个人的成功成才提供渠道和机会。

改革招生、培养和评价制度，满足人人成功成才的需求。建立招生、评价入学的弹性制度和模式，为企业中有需求、有能力的人接受职后教育提供机会和渠道。健全"文化素质+职业技能"、单独招生、综合评价招生和技能拔尖人才免试等考试招生办法，为学生接受不同层次的职业教育提供多种机会。逐步扩大高等职业院校招收有实践经历人员的比例。建立学分积累与转换制度，推进学习成果互认衔接。

建立职业教育服务社区机制，促进当地经济和文化发展。中职学校和培训机构可以与当地社区联合，通过开展多种形式的社区活动，传播和培训各种各样实用技术，共同推动当地社区学院的建设，促进当地文化交流和传播。

注重与当地社区采用共建共治的治理模式。社区代表可参与学校治理，学校的教师和技术人员可以在社区开课，也可以吸收当地有资历的人来学校开课，通过多种方式把职业教育机构与当地文化发展联系起来。东部发达地区要使职业教育学校成为普及基本知识和技术，促进社区建设的重要力量；中西部地区要发展中职学校成为当地技术推广、文化建设和社会管理的主力军。

（三）探索中国特色的学历证书与资格证书新体系

基于学校的职业教育采用学历教育层级结构，在中职和高职两个层次的基础上，目前正开始探索建立本科层次、研究生层次的职业教育；基于工作场所的职业教育则采用国家职业资格证书的层级结构与标准，或者行业、企业职业技能标准和岗位规范要求；基于社会的职业教育则采用更为多样、灵活、开放的水平评价和证书体系。由此看来，现代职业教育体系的层级结构，既不是学历教育层次，也不是国家职业资格证书分级，而应是能够涵盖这三种类型的提供人们多元选择机会的新职业教育层级和标准体系。

目前世界上有些国家开始建立国家资格框架，这一框架将职业教育的层级、其他类型教育、职业资格框架得以规整到同一个框架下，为人们终身学习和职业发展提供制度支撑，比较典型的国家是英国和澳大利亚等。建议从我国国情出发，在初中后教育分流之上建立5级结构为基础，纵向上可以发展职业教育5+X层级划分方案。这种职业教育体系纵向层级结构完整，但与普通教育体系不同，它们彼此相邻的职业教育层级不能直接相通。比如进入职业教育第6层级必须要有一定的实际工作经验，因此完成5级学习之后并不能直接进入到6级。因为划分层级的依据是对应的职业体系的层次形态和不同层次职业能力要求并不相同。每个层级的教育目标不是为了接续前一层级的学习者继续学习，也不是为了学习者进入更高层级继续学习，而是使学习者契合实际职业要求。职业教育体系内层级要素构成及其运行机制必须符合职业人才的成长规律，引导和保障人们选择"学习——工作——学习"或"工作——学习——工作"的灵活开放的学习制度，警惕把现代职业教育体系变成另一条升学之道。

（四）加快探索职业教育信息化和网络化进程

现代新型职业教育体系是全球化背景下的面向人人和社会的开放性系统，探索建立信息化和网络化的职业教育体系势在必行。

知识经济的快速发展与影响渗透着人们生活的方方面面，职业教育亦不例外，职业教育的招生、培养和评价无一不受到信息化和网络化的影响。通过信息化和网络化的多元路径，不仅可以便捷职业教育学历教育的各个环节，更为非学历的职业教育打开了新的路径和渠道。尤其是当下"慕课"新型学习浪潮的袭来掀开了各地、各校通过网络和信息改革教学的新路径。如此一来，通过信息化和网络化的多元路径，不仅可以打破以中职学校为主体、学历教育为目标，终结性的职业教育模式，还可以进一步丰富和补充职业教育体系的内涵。

职业教育的网络化和信息化，可以借助大数据的思维与方法收集不同学生群体对于职业教育的需求和诉求，在此基础上进一步分析处理，从而丰富原有的课程与教学方式与内容，提升课程质量，促进职业教育自身发展，完善和促进职业教育体系内涵式建设。

（五）强化职业院校的社会服务功能

与普通高中相比，职业院校社会服务的职能更为突出、意义更为重要。中职院校开展社会服务，是区域经济社会发展的客观要求，也是学校自身生存发展的需要。课题组在实地调研中，发现部分地方开始意识到这个问题，政府首先在职业院校的社会服务方面展开了行动。

然而仅依赖政府的行动是远远不够的。职业教育作为经济社会发展的重要基础，与行业社会发展关系密不可分。职业院校要保持可持续发展，必须深入行业企业、融入社会社区，了解、研究和分析行业和区域发展新动向、新需求，掌握最新、最关键的技术，用以指导专业建设和提升教师素质。

因此应当强化职业院校的社会服务功能，为当地经济服务。职业院校发展要与当地经济产业结构相适应，立足当地，服务当地。加强舆论宣传，提高当地企业参与职业教育与培训的自觉性、责任感，形成重视技能、尊重技工的良好氛围。比如，政府和职业院校可以通过举办各种活动，邀请当地企业，借助媒体宣传校企合作的成果以及企业所付出的努力，一方面可以加强职业院校与当地经济社会的联系;另一方面也可以让社会公众更多地了解到企业在学校教育中所做出的努力和贡献,改善社会公众对职业院校的"偏见",提升企业参与合作办学的自豪感和责任感。

三、完善体现区域特点和需求的职教体系

(一)体现各地区不同特点

由于东、中、西部地区之间经济发展不均衡,决定了不同地区间职业教育体系建设的内容和重点也应当是不同的。新型现代职业教育体系应当体现不同地区、不同经济发展阶段和水平的职业教育发展内容。东部地区职业教育重在优化发展,围绕战略性新兴产业、新能源和现代服务业进行优化升级;东部及中西部发达地区大力发展高职教育和各类培训,中西部贫困落后地区办好一大批中等职业技术教育机构。西部地区以传统产业和劳动密集型产业为主导,第一产业比重大,二、三产业尤其是第三产业发展相对落后和不足。西部地区矿产资源储量高、种类多、分布广,水资源蕴藏丰富,还有大片的森林、峡谷、草原形成的旅游资源,大量自然资源亟待开发与保护。因此,西部地区职业技术院校的设立和专业的设置必须适应经济发展的要求,如可在矿产资源和旅游资源丰富的不同地区,分别设置与之相适应的石油、化工和园艺、商贸、旅游、服务业等职业院校和专业;在农业比较发达的地区,大力发展种植业、养殖业、特色农业、畜牧业等。

同时,积极鼓励东部与中、西部多种形式合作举办职业教育。通过倾斜性政策鼓励行业、企业、地方和社会力量,继续参与办好各类职业技术学校,尤其要大力支持和鼓励部分省、市打破行业和所有制界限,探索社会各界共同合作举办混合所有制的职业教育,在面向市场、面向就业、自主办学、自我发展方面积累新鲜经验。

不同地区间职业教育体系的主导力量要区别对待。东部地区作为职业教育发展的前沿阵地,更应当发挥市场机制的引导作用,进而优化职业教育体系布局结构,学校、企业和行业可以通过优势互补的方式共同促进职业教育优化提升;而西部地区则主要加大政府的推动作用,在基础办学条件、教育公平方面加强干预。

(二)关注城镇化发展对职业教育技术技能人才的需求

教育部新闻办最新数据显示,我国中职毕业生大多数在城镇就业,加工制造类专业毕业生人数多就业好,就业率为98.08%,本地就业人数最多,占毕业生总数的69.74%,职业教育年培训进城农民工2000多万人,累计4000多万农村新生劳动力接受职业教育后进入城镇工作。上述数据反映了职业教育在新型城镇

化进程中发挥了重要的作用。

（三）加快发展面向农村的职业教育

教育部新闻办最新数据显示，职业教育为现代农业输送了近500万毕业生，另有报告显示，职业教育今后需要培养现代农业技术和产业化经营的一线实用人才；全面开展农村就业人员的职业技术培训，重点满足每年800万～1000万农村转移劳动力转岗、转业的需求，满足农业就业人员学习现代农业技术和经营知识的需求。然而农村职业教育的发展还面临许多问题，主要表现为新农民、新农业、新农村建设方面。

当前我国新型职业农民培养还存在不少问题：投入严重不足，技能培训生源难找，培训和管理制度不健全。随着农村劳动力的转移，农村老龄化现象严重，"谁来种地"的问题已经提上日程，因此必须培养新型职业农民，农业发展才能后继有人。

现代新型农民不能只会劳动，也要享受生活、懂得营销、有经济头脑，要使得职业教育成为农民通过提高农产品附加值，改变身份和地位的支撑。为此，一是要完善新型职业农民培训教育体制。支持建立以农业广播电视学校等公益性教育培训机构为主体、各种社会化资源参与的"一主多元"新型职业农民教育培训体系。加大农民田间学校等模式推广力度。支持职业院校开展"校企合作、校站合作、校社合作"。二是探索建立新型职业农民认定管理制度。在完善现有绿色证书制度的基础上，建立新型职业农民资格认定制度，根据农民教育培训经历、生产经营规模、掌握技能水平等，科学设定认定条件和标准；明确获证与政策扶持相衔接，使新型职业农民享受贷款、保险、用地、社保等专项扶持政策。三是加大新型职业农民培育扶持。在农民培训方面，扩大阳光工程等项目规模，逐步建立农民免费职业技能培训制度。在专项扶持方面，加大对新型职业农民土地流转、金融信贷、农业基础设施建设、自主创业等政策扶持，以此提升县域经济发展的活力。

构建新农村职业教育体系，还要求通过培养新型职业农民，强化各级政府的统筹责任，健全县域职业教育培训网络，强化职业教育资源的统筹协调和综合利用，从根本上带动新农村、新农业的发展和进步，从根本上解决"三农"问题。

（四）促进有民族特色的职业教育健康发展

民族地区职业教育有了很大发展，培养了一大批实用技能型人才，繁荣和发展了民族地区的经济。但由于受自然地理、社会历史和经济基础的制约，民族地区职业教育仍然是我国职业教育发展中的薄弱环节。民族地区落后的职业教育已经在很大程度上影响了民族地区经济的发展、人民生活的改善以及社会的和谐稳定。主要表现在：民族地区技能型人才缺失，更严重的是不少民族地区职业教育培养的技能人才大都流向发达地区；根据市场的需求一哄而上，往往容易导致专业设置不合理，没有根据本地区的文化特色和社会经济发展实际办学。毕业生的大量外流更直接造成了民族地区有限的教育资源流向发达地区，形成了贫富倒置的补偿效应。办学模式、专业设置等与地方经济社会发展不相适应，容易使这些地区的职业教育变成简单地向发达地区输出廉价的劳动力。针对上述问题应当建立符合民族特色的新型职业教育体系，以适应民族地区经济社会发展和人民生活的需要。

构建有特色的民族职业教育体系。民族特色职业教育是指民族地区的职业院校根据本地区社会经济发展状况，利用本地区独特的传统文化优势，因地制宜，突出特色，设置专业培养人才，以促进民族地区经济发展战略的转变和社会的可持续发展。如云南省保山学院为传承和弘扬云南翡翠文化，根据地理位置优势和丰厚的民间玉雕基础，利用周边充足的毛料资源交易市场和加工市场等得天独厚的条件，秉承传统翡翠文化，抓住历史的机遇，创办了宝玉石鉴定与加工专业⑤。

发展民族特色职业教育可以有效解决人与自然共生的关系，特色职业教育不是为依靠过度开发资源的经济发展模式培养人才，而是为发展新型的劳动密集型产业培养人才，这种模式主要不是利用自然资源，而是利用人自身。其次，特色职业教育是在专业设置和教学内容上从传统文化中汲取营养，是在尊重和保存传统文化的基础上发展教育；不是盲目追随发达地区的职业教育，而是与传统文化共生的民族教育，其独特优势是既发展了民族地区的经济，又保护和传承了民族传统文化。这应当是民族共生教育体系应有之意。

从教育融合的角度在民族地区义务教育后半段，在课程和教学活动中渗透和体现职业教育内容，各级政府要在制度供给和提供相应的师资、教育资源方面支持，不仅可以为升学无望的群体提供相应的职业教育和培训，也会同时提高义务教育巩固率，从而为当地培养大批优秀技能人才。

第二节 职业教育管理体制与运行机制创新

一、职业教育管理体制创新

管理体制创新是职业教育由规模发展向内涵发展转型的关键，是转变政府职能的必然要求。我国职业教育发展靠传统的行政管理方式和集中力量办大事的体制优势，很快建成了规模庞大的职业教育体系。但是，继续依靠这种管理体制已经无法满足市场经济条件下经济社会发展对人才的多样化要求，实现职业教育的转型发展。这种局面迫切需要通过管理体制创新，借助政府与社会的合力来共同推动职业教育有质量的发展。实现职业教育管理体制创新，就是要围绕如何处理好政府、职业院校与社会的关系，进一步明确政府定位，转变政府管理职能，以提高政府对职业教育的有效治理能力为目标，通过管理体制创新，实现由直接管理向间接管理转变，由原来的微观管理向宏观调控转变。

通过组建中央与地方政府统一领导的职业教育管理机构，提高政府的宏观调控能力；通过大力培育与支持行业协会的发展，进一步激发社会活力，使其有效发挥行业在职业教育中的管理能力；通过完善现代职业院校制度与确立企业参与职业教育主体地位，进一步提高职业教育发展活力，为提高职业教育治理能力的现代化水平提供制度基础。通过体制创新，我国职业教育管理体制将由原来政府单一主体的行政管理，向由政府、行业组织、职业院校、企业多主体参与的多中心的治理模式转变。

（一）以提高职业教育治理能力为中心，进一步转变政府管理职能

对政府公共服务绩效的问责，可以促进公共治理成为有效的管理模式。而有效提高治理能力，提高职业教育公共政策决策的科学性，需要政府转变职能，重新认识政府在职业教育领域的角色定位。近年来职业教育上升为国家发展战略，政府在职业教育上的财政投入与行政管理成本日益剧增。如何用最少的投入和最有效的管理来发展职业教育成为国家和各级政府关心的重要问题。科学的宏观调控，有效的政府治理，是发挥社会主义市场经济体制优势的内在要求。必须切实转变政府职能，深化行政体制改革，创新行政管理方式，增强政府公信力和执行力，建设法治政府和服务型政府。在职业教育管理中，以改革职业教育管理体制为突破口，改革的核心是教育机构职责权限制度的改革，外延是现代职业院校制度改革。及时转变政府职能，变直接管理为间接管理，变微观管理为宏观管理，提高政府对职业教育事业发展的治理能力。这就要求在管理职业教育事业中，政府的角色主要定位如何有效地在动员行业协会、企业、市场及个人的力量，参与到职业教育公共事业服务的提供上来，而不是过去政府一家单打独斗。

1.建立由中央与地方政府统一领导的、由多个职能部门共同参与管理的职业教育宏观决策机构

为提高政府对职业教育宏观管理与统筹协调能力，在国家层面，需要政府提高对全国职业教育进行立法、规划与宏观政策协调的有效性，及时出台有关全国

职业教育的基本政策，负责区域、功能区职业教育发展的规划与协调，制定区域职业教育发展政策，建立全国统一的职业资格框架等省（市）级政府不能提供的政策。地方政府对职业教育发展负主要责任，负责制定地方职业教育发展规划与基本政策，统筹地方职业教育发展。

由于相关职业教育校企合作政策的制定往往牵涉到劳动人事、经济、科技、工商、税务等多个部门的协调，并且在不同的行业之间还存在较大的差异性，同时还由于产业的变动性强要求对相关的职业教育政策做出动态的调整，因此职业教育综合管理部门亟须加强对资源的整合与统筹协调能力。目前在大多数的发达国家和地区均建立了国务院直属的由劳动经济部门管理的职业教育管理机构。鉴于职业教育跨界特性和目前我国以教育部门为主、多部门联动的职业教育管理体制，统筹职业教育发展的能力不强，建议建立由国务院与地方政府直接领导的、由教育、经济贸易、人社、发改、工信、科技等经济与劳动部门联合为主的、分工合理、责权明晰的共同参与管理职业教育的宏观决策机构，进一步加强对职业教育的宏观调控能力。

为增强决策的实效性需要建立相应的议事规则和协商机制。各部门在落实重大事项决策的过程中，需要划分明晰的权利与责任边界。

2.进一步简政放权，扩大省级以下政府教育统筹权和学校办学自主权

为了实现政府职能的转变，提高政府治理能力，迫切需要规范各级政府与中职学校在治理中的权责边界，以利于建立对各级政府在职业教育管理中的问责机制，以利于按照绩效评估结果对职业院校进行资助与有效激励，从而进一步激发学校发展活力，提高中职学校对社会多元需求的回应能力。

职业教育与其他类型教育相比，特别是与普通学校相比，具有更加鲜明的区域特征。这种地方性特点决定了发展职业教育的主要责任在地方。而在地方各级政府中，市（地）级政府又是关键。因此，要强化市（地）级政府的责任。建立市（地）统筹的职教管理体制。这样就要求凡是由地方政府管理更方便有效的事项一律下放地方政府管理，凡是由学校能自主决定的事项一律下放到学校。完善省级政府统筹高等职业教育，地市级政府统筹中等专业教育的体制。建立现代职业院校制度，完善职业院校内部治理结构。同时督促基层和学校把权接住、管好，确保放而不乱。

社会管理是多元参与治理主体之一，应该成为政府职业教育管理决策的咨询机构，成为搭建起政府、企业、学校多元主体合作的平台和载体。

3.建立政府、行业企业、学校多元主体共同参与治理的职业教育决策机制

谋求集权与分权相结合、政府与非政府相结合的行业、企业、学校等多元利

益主体参与的多中心治理体系是政府科学决策的正确选择。引导企业、学校在自身利益基础上重视行业共同利益和负起应有的社会责任是行业协会建立、生存、发展的根本基础。通过多元主体的参与，不同的利益主体的声音都得到反映，构筑起多元化、多渠道、多层次的合作伙伴关系和网络组织，形成的职业教育公共决策才能符合复杂多样的社会实际。

（二）以提升依法执业的自我管理能力为中心，推动行业协会健康发展

行业协会是针对企业和职业院校共同关心的公共事务而开展自我组织、自我服务、自我管理的自治组织，与政府保持一定的距离，依法独立自主执业是其有效治理的前提和基础。行业协会由于有长期联系企业的优势，在管理行业职业教育中有专业性与灵活性。

行业协会能够发挥政府在职业教育管理中解决不好和学校与企业自身又无法解决的问题，从而实现社会自组织功能。行业协会熟悉行业人才质量需求，通过专业手段参与人才培养、专业建设、课程开发、企业参与职业教育资格认定等环节的管理，增强职业教育的质量和社会适应性。对职业教育这样一种跨界的教育组织，行业协会的作用发挥是一种不可忽视的资源配置机制、合作扩展机制和自主治理机制。通过行业协会与学校和企业的社会契约形式的管理，政府减少了直接管理的成本，也降低了监管的成本，因而政府治理的绩效大幅提高。

建立有效的职业教育治理体制，需要正确处理政府与行业协会的关系。充分发挥行业协会的职业教育管理职能，有利于政府从微观、具体的管理中解脱出来，从而转向宏观管理，促进了公共服务型政府职能的实现。使原来政府直接管理学校转变为政府通过行业协会而实现的间接管理。

1. 明确行业协会对职业教育管理的法律地位，明确其权责边界与组织功能

从目前我国行业协会参与职业教育管理的情况看，在国家层面，行业协会在参与管理职业资格证书、技能标准等方面发挥了重要作用，但是地方行业协会在参与职业教育的日常管理和联系企业与学校的合作上，还远未发挥行业协会应有的功能。这主要还是与政府管得过细，过于具体有关。

同时，我们也看到我国的行业协会还很不规范，表现在与政府的关系过于密切，功能政府化，责任边界不清晰，更多地从政府的角度发挥作用，没有充分发挥行业协会在组织企业方面的社会性，因此无法相对独立于政府，并立足于企业与学校的利益。而有一些行业协会尽管相对独立于政府，由于法律条件、体制条件的限制，再加上自身发育不足，参与社会治理的空间有限。

鉴于以上情况，从提高政府对职业教育的治理能力的角度，迫切需要对行业协会管理职业教育的职责边界进行立法规范。只有行业协会的职责清晰，政府才

能对行业协会参与职业教育的管理行为进行有效的监控,既发挥行业协会管理职业教育的积极功能,又能保证管理秩序活而不乱。

2. 支持一批行业协会优先发展,发挥示范引领作用

政府如何扶持行业协会对职业教育的管理,是当前职业教育管理体制创新的重要内涵。从行业协会在职业教育领域发挥作用的现状出发,分类管理、分类施策。

行业协会职业教育管理的力量来自于校企合作的需求,但是其健康发展的关键在于政府如何引导。政府需要鼓励支持与引导其健康发展。我们在调研中,发现行业协会在管理职业教育中的需求逐步得到企业与职业院校的信赖。上海市多数中职学校的专业和课程都有行业标准,行业职业教育功能逐步增强。宁波市的模具行业协会在组织职业院校与企业合作方面积累了经验。建立了行业模具实训基地,开展企业用人需求预测、岗位交流、设计比赛等多种校企合作形式,并建立了模具教育专业咨询委员会,定期开展行业技术标准制定、课程开发活动。

鉴于行业协会在职业教育管理中的现状,我们认为目前政府在立法规范行业协会发展的同时,迫切需要政府针对不同类型行业协会的运行现状,实行分类管理,尽快推动行业协会的规范与发展。

首先,通过多种政策工具,包括税收优惠、资金投入、购买服务等手段优先支持一批企业自发形成、运作比较规范的行业协会发展壮大,发挥示范引领作用。

其次,对那些覆盖范围广、有发展潜力的行业协会,给予启动经费或优惠政策,让企业愿意加入进来,解决吸引力不足与参与动机不强的问题。

再次,在产业发展条件好,职业院校比较集中的地区,扶持不具备职业教育管理条件的行业协会逐步发展其职业教育管理功能。

最后是规范运行。对扶持和推动发展的行业协会在授予一定管理权限的同时,也要对其行为进行必要的规范。包括如何支持行业主管部门和行业协会在国家教育方针和政策指导下,开展本行业人才需求预测,制订教育培训规划,组织和指导行业职业教育与培训工作;参与制定本行业特有工种职业资格标准、职业技能鉴定和证书颁发工作;参与制订培训机构资质标准和从业人员资格标准;参与国家对职业院校的教育教学评估和相关管理工作。

(三)以激发职业院校发展活力为重点,率先建立现代学校制度

教育有没有活力,关键要看学校有没有活力。我国教育事业发展的经验和存在的问题,要求探索建立符合学校特点的管理制度和配套政策,克服行政化倾向,取消实际存在的行政级别和行政化管理模式。要求适应中国国情和时代要求,建立依法办学、自主管理、民主监督、社会参与的现代学校制度,构建政府、学校、社会之间新型关系。完善政府对职业院校的治理能力,迫切需要政府从职业院校

组织特点出发，突破传统学校管理体制障碍，把职业教育改革作为教育改革的突破口，完善内部治理结构、破除实际存在的行政化束缚，率先在职业院校中建立现代职业院校制度。

完善内部治理结构。建立由行业专家与企业代表参加的学校董事会作为法人代表的开放的、多元主体参与的学校治理结构，董事会成员中校外人士的比例不得低于30%，以适应社会多元需求。这些院外人士以代表广大社会利益的名义对院校的长远发展进行指导，使院校免于远离社会的发展。同时，由于董事会成员不直接隶属于政府，因而保证了院校的相对独立性。

率先在职业院校去行政化。通过现代职业院校制度建设，真正破除实际存在的行政化对职业院校的束缚。去行政化的目的在于改变职业院校是政府的隶属机构的现状，只有尽快破除职业院校的这种行政化状态，才能在职业院校之间形成平等、开放、有序的竞争，这也是通过形成有效的市场调节机制激发职业院校发展活力的客观要求。

依法保障职业院校的办学自治权是职业院校得以生存与发展的重要条件。能够产生校际之间的竞争，并成为职业院校发展的巨大动力，能够充分调动办学的积极性和主动性，促进办学的特色与多样化，有利于满足社会各种不同的需求。

（四）以调动行业企业的积极性为核心，确立企业在职业教育中的主体地位

目前我国的企业参与职业教育的积极性普遍不高，主要问题在于企业参与办学的主体地位在相关法律中没有明确体现，企业办学同公办院校不能处于同等地位。同公办院校相比，企业办学在教师编制、教师待遇、经费资助、学费标准上存在明显差距。为了提高政府对职业教育的治理能力，迫切需要明确企业参与职业教育的主体地位，并进一步规范企业在职业教育与培训中的权责。

明确企业是参与职业教育的主体地位至关重要。企业作为多方参与职业教育发展的主体之一，必须进一步明确自身在职业教育发展中的主体地位。没有企业的积极有效参与，不可能办好职业教育。

德国、日本等职业教育发达的国家，企业作为职业教育责任主体的地位在相关职业教育法律法规中都有明确的规定。无论是与学校合作办学还是企业自身独立办学均有相应的规范和要求。德国企业以双元制的形式参与职前职业教育，并在双元制中发挥主导作用。日本企业尤其是中小企业在工业化发展时期，因劳动力供给不足采取了合作教育的形式，参与了职前职业教育，在企业用人状况稳定之后和教育层次高移的情况下，转向了更加适合自身目标的企业内教育与培训。

进一步规范企业在职业教育与培训中的权责。企业办学具有天然的校企合作优势,发展企业办学可以促进产教融合与校企合作。企业办学可以使企业直接参与到职业院校的专业建设、学生顶岗实习和专业教师的培养中来,能够及时将产业技术标准转化为岗位技能标准,融入课程体系,及时实现专业课程与职业标准的对接,从而全面提高教育教学质量。

因此,首先需要在新修订的职业教育法中明确企业参与职业教育的主体地位,并在企业参与职业教育的相关政策上做到与公办院校一视同仁。其次,制定企业参与办学的实施细则,增强企业参与办学的可行性,为有效发挥企业参与职业教育提供制度保障。

二、职业教育运行机制创新

职业教育的运行机制创新就是要提升职业教育治理能力,实现职业教育治理能力现代化。职业教育治理体系现代化就是要适应时代特点,提升政府依法按照制度治理职业教育的本领,把各方面制度优势转化为管理职业教育的能力和水平。

(一)规划引导机制

提升职业教育治理能力的核心是转变政府职能。作为职业教育管理的主体教育行政部门,实现对职业教育进行科学管理的主要手段是制定职业教育发展规划,通过规划引导全国和各地的职业教育健康发展,通过规划将政府直接管理改变为间接管理和宏观战略管理,从而实现政府职业教育管理方式的机制创新。

1. 规划须明确政府管理事项,明晰政府权力边界,避免政府管理的缺位、越位和错位

职业教育规划要具战略性、指导性等特点,它所规定的内容是方向性的、引导性的,因此规划规定的内容要有科学的论证,对于属于政府责任范畴的内容不能缺,而对于不属于政府责任范畴的内容,则不能涉及。

职业教育规划须明确政府权力清单的内容,厘清政府责任的边界,避免政府对职业教育管理的缺位、越位和错位。所谓职业教育政府权力清单,就是指政府立足于经济社会和职业教育的现实和发展趋势,塑造一种合适的制度框架,用清单的形式来明确政府职权和职业院校自主办学的空间,使政府和职业院校对彼此未来行为产生稳定的预期,进而对它们的行为形成约束或激励的作用,从而达到对政府对职业教育有效治理的目的。清单管理可分为正面清单模式和负面清单模式。

职业教育规划针对政府的正面清单是指政府在管理职业教育中可自由行动的领域或事项以清单的形式清晰地列出来,清单之外的所有领域或情况则是禁止或受限制的,这体现了"法无授权不可为"的法制精神,也可以通俗地说,就是把

政府关进"制度笼子"里面，限制它的自由行动空间。针对政府权力的负面清单是指，把政府在管理职业教育中受禁止或受限制的行动领域或情况以清单的形式清晰地列出来。

对于政府在职业教育发展中必须做的事项列入正面清单，政府在职业教育治理中，要做好利益的协调者以及资源的整合者，为职业教育治理搭建服务平台，创造良好制度环境，做到总揽全局，协调各方。保障职业院校基本的办学条件是政府的责任。尽管目前我国职业教育发展取得了很大成绩，但是中职学校办学条件达标情况存在严重问题，尤其是中职学校办学条件总体较差。面向各地普遍提出基本实现教育现代化的战略目标，要敦促各级政府努力改善中职学校基本办学条件。规划在正面清单中就应该列出诸如保障职业院校基本办学条件等内容，而对于职业院校的具体办学行为，则要给予充分的自主权，诸如专业的设置、课程的建设等政府不应该干预过多。职业教育规划要把上述这些政府不能做的，即禁止或限制的项目列在负面清单中。

2. 监测、评估规划的落实情况，优化职业教育规划执行过程

目前我国存在着重职业教育规划的制订而轻教育规划的落实、修正等问题，对职业教育规划落实缺乏有效的监测与评估，这一缺失已严重影响到职业教育规划在职业教育发展中的引导作用。因此，新时期职业教育改革与发展应加强对职业教育规划执行的监测与评估。

职业教育规划执行的监测与评估是纠正规划执行偏差、实现科学决策的迫切需要，是实现由传统经验决策向科学决策转变的必要手段。要实现科学决策，就必须使决策建立在完整、准确的信息基础之上，职业教育规划执行的监测与评估可利用一切可行的技术手段收集相关信息、掌握一手政策运行数据，为政府的教育决策活动提供基础性保障。职业教育规划执行过程难免存在一定程度的偏差，执行偏差存在的原因是多方面的，如执行者的认识水平、价值取向、个人及其所代表的利益等，使得规划在执行程中存在被误解、曲解、滥用、消极抵制的现象。教育规划执行的监测与评估则是对教育规划执行情况进行监控和修正最有效的工具。由于职业教育规划执行的监测与评估，能够描述职业教育规划执行情况与职业教育发展之间的关系，因而成为获取职业教育规划执行情况的首要信息来源。因而，加大对职业教育规划执行的监测与评估，密切关注职业教育规划的实施过程，搜集相关的资料和信息，并以此为基础，对规划执行情况进行科学的分析和论证，及时纠正规划执行过程中的偏差，不仅可以在一定程度上继续完善职业教育规划执行的过程，而且还可以更好地达成职业教育规划目标。

3. 建立规划战略目标和重点任务的动态调整机制

在规划的实施过程中，要随着职业教育的实际发展情况和规划的实施情况调整战略目标。规划制定时提出的战略目标，有的时候会提前实现，有的时候会出现种种困难导致目标难以实现，因而在规划实施过程中，要建立规划战略目标和重点任务的动态调整机制。

（二）信息发布机制

目前我国部分地区技能人才的短缺和整体质量偏低已经严重制约了产业结构升级和企业竞争力的提高，影响了工业化的水平和进程，行业企业都渴求招到合适的技术技能人才，却不知应该到哪所学校哪个专业去招，而职业院校在培养人才方面，却不了解行业企业的对技能人的需求规模、专业选择和质量要求等，从而不知道技能人才培养的规格和方向，同样的职业院校的学生也不了解社会的需求，不了解自己所学专业的就业前景，从而不能确定自己努力的方向。上述情况说明虽然零零碎碎的技能人才供求信息到处可得，但是由于信息不完整、滞后及不对称，使得技能人才供求几乎处于盲目、无序状态。为了促进职业教育有序、健康发展，政府有责任建立技术、技能人才供求预测和职业院校毕业生就业质量信息发布机制，为社会提供全面、准确的技术、技能人才供求预测信息和职业院校毕业生就业质量信息，引导职业院校根据劳动力市场的需求和社会经济发展对职业教育的要求来设置专业、组织教学，使职业院校的人才培养规格与社会需求接轨。

1. 分级建立技术、技能人才供求信息发布和动态管理平台，增强政府的服务功能

国家层面建立的技能人才供求和就业信息发布平台要根据全国的产业结构和各行业发展状况，对全国技能人才的总需求和分行业、分职业岗位对技能人才的需求做出预测，根据各主体功能区的产业布局，对几大主要的主体功能区（长三角、京津冀、珠三角等）的分行业、分职业岗位对技能人才的需求做出预测。国家层面的平台要根据全国的职业教育发展规模对总的和分专业的技能人才供给做出预测。

省、地市层面建立的技能人才供求信息发布平台要根据本地的经济社会发展水平和产业布局结构，对分行业技能人才的数量和类型结构、层次结构作出预测，根据本地职业教育的布局对分专业的技能人才供给的规模、层次结构做出预测。

国家和各地在产业改造升级、战略性新兴产业培育、现代服务业发展规划中，科学预测产业发展对技术技能人才的需求，并在相应层级的技能人才供求信息发布平台发布，使技能人才培养做到超前培养和储备，从而使产业结构调整和职业教育人才培养结构调整保持同步。

无论是哪个层级的信息平台都要定期（每年度）更新、动态管理，保持信息发布的及时和有效，为职业教育的发展提供强有力的信息支撑。

2. 规范、引导社会专业机构发布信息，确保信息的权威和可靠

对于社会机构发布的技术、技能人才供求预测信息，政府部门要进行规范和引导。社会机构发布的技术、技能人才供求预测信息，是对政府发布信息的有益补充，为了使信息保持客观、公正，对职业教育发展起到正确的导向作用，政府应该对此类信息加以规范和引导。

（三）专业设置动态调整、预警、退出机制

要办好职业教育，不能仅靠政府及教育部门主导推进，还必须把和职业教育相关的利益主体的积极性充分调动起来，并赋予承担着技术、技能人才培养工作的职业院校办学自主权。

发挥职业院校的办学自主权，就要改变之前政府在职业教育各环节扮演全能化的控制角色，处理好政、校关系，实现政府宏观管理，学校自主办学。坚决落实简政放权，减少不必要的行政审批和干预，减少对学校微观事务的管理，赋予职业院校充分的办学自主权，包括课程选择、专业设置等方面的权力。职业院校要根据市场需要和学校自身办学条件，进一步优化专业结构，提升办学能力。

职业教育的专业设置和专业结构调整是影响职业教育发展和毕业生就业质量的重要因素。近年来，职业院校的就业质量偏低，原因固然是多方面的，但是职业院校毕业生所学专业技能与就业岗位匹配度不高，职业院校专业设置结构和区域产业结构、经济结构匹配度不高是其中一个重要的原因。

1. 形成面向市场，与区域发展、产业升级相适应的专业结构动态调整机制

职业院校专业的设置要面向市场，面向区域经济发展状况，不要盲目跟风。职业院校设置一个专业，应该对区域经济社会发展需求、办学定位、院校的培养能力以及专业发展前景进行深入研究。

职业院校专业设置和调整要有适度的"超前意识"。要实现这一点，必须重视对本地区或更大范围经济发展和产业结构变化的分析。对产业结构性调整和新兴行业、职业的出现，要进行较为全面的前瞻性预测，以适应社会发展和时代变化。以新能源、新材料、新技术与互联网的创新、融合为标志的第三次工业革命对职业教育产生巨大挑战，职业院校要超前部署战略性新兴产业所需专业的设置和人才培养工作。

职业院校专业设置和调整既要立足当地，看到本地区的人才需求，也要考虑技能人才的流动性，在更大范围内考虑人才需求的变动。处在长三角、京津冀、

珠三角等主体功能区内的职业院校，除了为当地经济建设和社会发展服务，办学也要面向所处的主体功能区的产业布局，在主动适应劳动力市场变化的过程中，把握好发展的方向和机遇。

此外，根据产业结构调整的方向和要求，职业院校应根据产业的发展前景主动作出调整，对社会认同度不高，产业发展萎缩，社会需求量明显下降，毕业生就业率较低且布点较多的专业要实行退出机制。

2.建立并完善就业状况对专业结构调整的反馈机制

职业教育是面向就业市场的教育，对于职业院校人才培养结果评价很重要的指标之一就是毕业生的就业状况，职业院校要根据毕业生的市场适应程度调整学科专业和课程。

在建立人才培养质量反馈机制的过程中，要加强与用人单位建立友好合作关系，定期走访用人单位人力资源部门，调查用人单位对毕业生的使用情况和对学校人才培养质量的意见和建议，搜集毕业生的薪酬、就业质量、就业适应性、稳定性、专业匹配度等数据进行分析，将分析结果反馈给学校各学科专业，以促进学校调整专业、改进教学，使职业院校的学科专业结构、人才培养模式与社会、行业企业对技能人才的要求相适应。

（四）激励校企深度融合的机制

职业院校的人才培养目标决定了校企合作是其发展的必要手段，目前校企融合因种种原因尚处于发展的初级阶段，职业院校普遍意识到校企合作对学校发展和人才培养的重要性，开展校企合作的热情很高，校企合作形式也比较多，但传统校企合作模式依靠行政命令或人情交往得以维系，这种合作模式不符合市场经济规律，没有建立院校和企业的平等地位和互赢关系，难以调动企业参与合作的积极性和主动性，合作层次普遍不够深入，也不能持续，远未形成长期良性合作的模式和机制。

在市场经济环境下，职业教育的校企合作面临新的情况，需要学校、企业会同政府创新符合经济发展规律的新机制。德国校企合作之所以成功，其主要运行机制是基于学校与企业之间的利益机制，而不是源于政府的激励或约束机制。虽然我国各地政府通过激励机制刺激企业的参与积极性，但是持续时间都不长，根本原因是没有从根本上增强企业参与职业教育的内在动力。在市场经济体制之下，校企合作行为应主要依靠市场来调节。

市场机制主导的校企合作模式是校企双方在平等自愿、互惠互利的基础上，以市场和社会需求为导向，采取市场机制运作，按照市场规律办事，体现市场机制优势的一种合作的模式，建立一个可持续发展的校企合作的良性循环机制，实现教育资源的优化整合。

1. 加快校企合作立法，明确政府、学校、企业的责、权、利

目前，我国关于校企合作的法规、优惠政策、鼓励措施尚不健全，校企合作没有可以依照的法规和实施细则。校企合作不仅是学校与企业的合作、教学与生产实践的合作，也是一种技术技能与市场经济行为相结合的合作。国家不仅要在政策上鼓励和引导企业积极参与技能人才培养，而且更应通过立法的形式，明确学校与企业在培养技术、技能人才方面的权利和义务，将校企合作纳入国家法律保障体系之内。

实践证明，税收减免政策是激励企业参与职业教育办学的有效举措之一。为推进职业教育校企合作的良性发展，中央政府和部分地方政府虽然相继出台了一系列税收优惠等政策，但总体上此方面的政策仍存在可操作性不强、吸引力不大等多方面不足。因而国家和地方政府应通过立法，明确企业在深度参与校企合作中税收等方面的优惠，以保障参与校企合作的企业的经济利益，增强校企合作对企业的吸引力。

此外，可建立由政府和社会多方资金来源的基金，通过立法明确规定基金用于奖励、支持行业、企业参与职业教育人才培养和基础能力建设。

2. 支持职业院校与行业企业合作开发职后技能培训项目，打造有市场竞争力培训品牌

随着我国经济转型和产业结构升级，人力资源素质不高、文化技能结构低下、人力资本积累不足已经成为经济发展的主要制约因素，因而加大技能培训力度成为政府、企业的关键任务，这对职业院校既是挑战也是机遇。职业院校面对挑战应及时把握机遇，积极为社会和企业开展职业技能培训

中职学校作为企业培训的主要提供者，拥有丰富的技能培训资源，完备的办学场所，具有一定的办学资源优势，但与实际生产间仍有一定距离。因而在培训市场竞争日益激烈的情况下，要做好充分的市场调研，与行业、企业建立良好客户关系和合作关系，分析企业培训的真正需求，与行业企业的技术骨干共同开发培训包，将企业的新技术及时补充到培训包中去，为企业提供最适切的技能培训服务。通过与企业合作，学校利用自身资源优势为企业提供技能培训服务，打造专项技能培训品牌，发挥职业院校的技能培训功能，拓展办学空间，培育新的发展增长点。

对于外来务工人员职业技能培训，各地政府通过"教育采购"政策促进职业教育培训的市场化。政府根据行业企业需求及行业技能专家的建议，制订培训计划，面向所有的职业院校和教育培训机构招标，只有质量高、成本低，并且培训

适应经济发展需要的学校才能中标，与政府签订"教育培训采购协议"，内容包括培训技能内容、培训人数、培训目标等，在达到培训目标的前提下，按照培训人数和培训效果等向学校支付培训经费，这种市场运作的机制可以引导职业技能培训市场发展，促进职业院校相互竞争，实现"优胜劣汰"，提高职业院校提升自身技能培训竞争力和发展的内在驱动力。

3. 建设校企合作的股份制生产性实训基地，面向社会开放，实现资源共享、互利双赢

职业教育离不开实训基地的建设，目前的实训基地建设中存在诸多问题和困难。问题之一是资金投入成本高，工科类、医学类、农业类等专业建一个实训基地需要较高的投入，一台国产的数控机床需要几十万元，而且运行成本也很高，机电、电力、通信等实训设备的使用损耗较高，发生故障的维修费用也较高，职业院校在建设这种高投入高运行成本的实训基地时面临巨大的资金压力。问题之二是区域内同类实训基地重复建设，资源严重浪费，目前大部分职业院校建实训基地一般都是独立建设，独立使用，缺乏共享性和开放性，导致同一区域内同类专业实训基地重复建设，造成资源浪费。问题之三是实训设备没有发挥应有价值，实训设备如果仅用于实践性教学，而不用于生产、培训和科研，那么就没有充分发挥实训设备的价值。问题之四是实训设备更新速度跟不上产业升级、技术更新，随着产业转型升级，实训设备改造和升级更新都需要增加新的投入，而职业院校自建的实训基地由于资金、使用周期等原因不可能及时更新。为了解决上述这些问题，职业院校可以采取和企业共同入股建立生产型实训基地，基地采用公司化运作方式，面向社会开放，实现营利，解决实训基地建设中的资金短缺问题。

校企通过共建的形式建立生产型实训室、实训车间，双方共享设备资源，进行市场化运作，把学生教学实践和生产融于一体，使得专业教学紧密地对接产业。把学生放在真实的生产环境中，由企业的专门技术人员作为实践老师指导，从而使学生技能得到提升，在指导学生实践的同时，企业技术人员在学生的学习实践中也完成了自己的生产任务，在这个过程中，学生的实践材料可以作为产品生产成本，不会额外增加学校和企业的经济负担，实践的产出就是产品，可以直接进入市场，这种生产性实训基地可以同时完成院校实践教学与企业生产双重任务，达到互利双赢。

建设生产型实训基地可以采用市场化股份制运作，建设之初就要明晰产权，学校和企业投入的有形资产和无形资产等都要通过权威专业的评估确定产权份额。一般地说，为了确保实训基地首先服务于实践教学需要，学校要对实训基地达到基本控股。生产型实训基地是为了服务于工学结合的教学改革，在工学结合

的条件下，实践技能的培养应该以生产过程的规律为主导来设计教学过程，教学过程也要满足生产的要求，要按照生产和市场变化的要求来设计教学过程。生产型实训基地既要保证生产过程的顺利进行，使合作企业获得合理的经济效益，又要保证学生在真实的生产环境中使技能得到提升，完成实践教学任务。只有这两个目标都达到了，才能使生产型实训基地持久运行。此外，要充分发挥股份制生产型实训基地的综合功能，如基地的新技术研发、社会技术服务和技能培训等功能，把生产型实训基地建设成全方位开放的基地，成为地区经济发展的亮点，为企业和职业院校的深度合作发展创造良好的外部环境。

4. 为职业教育集团建立法制化的契约制度，明确各成员责任

近年来，各地职教集团数量和规模得到长足的发展，但是作用并没有得到充分发挥。大多数职教集团只是一个松散型组织，成员单位原有的各自法人资格及人、财、物隶属关系不变。在实践过程中，很多松散型职教集团仅是形式上的联合，难以开展实质性的业务合作活动，职教集团内部校企合作陷入停滞不前的状态。究其原因，一方面职教集团的组织章程不具有法律效力，对成员不能形成实质性的约束力，另一方面职教集团不能作为独立实体进行交流和合作，因而职教集团的形成并没有促进校企合作的持续发展。要促进职教集团发挥在校企合作中的实质性作用，当务之急是职教集团要建立法治化的契约制度，对职教集团成员起到真正的约束作用，明确集团成员的责、权、利，使得集团成员单位的职业院校校长和企业的 CEO 实现交流互聘，企业的技术骨干和职业院校的教师实现双向流动，使得职教集团内部校企真正融合。

（五）多方参与的多元评价机制

由于职业教育的特点，对职业教育的评价，要建立多方参与、多样化的职业教育评价体系，发挥行业企业的评价主体作用，把行业标准和职业岗位要求作为职业教育质量评价的重要依据，并合理采用国家相关资格认证标准。

当前推进职业教育质量监测评价体系建设的首要任务是科学界定各自职能，处理好政府、学校、教育质量监测评估机构在职业教育质量监测评价组织体系中的地位和相互关系。

1. 建立多样化、多元的职业教育评价体系，发挥行业企业评价主体作用

要建立多样化、多元的职业教育评价体系。因为职业教育的发展，需要多样化的评价，有教育行政部门的督导评估，有学校根据学校的发展规划进行的自我评估，也有政府和院校根据需要邀请专业评估机构进行的第三方评估。此外，由于职业教育的特点，评价主体是多方参与、多元构成的，除了教育行政部门、职教专家、社会人士外，要充分发挥行业、企业的评价主体作用。

2. 政府着力于职业教育基本质量标准和监测评估制度建设

政府在职业教育质量监测评价职能方面不是直接参与评价，其核心职责在于改革完善已有职业教育质量监测评价制度，提供教育质量监测评价方面的法律法规和基础性制度；加大制度供给力度；积极推动职业教育质量监测评价立法；建立职业教育质量标准；建立质量监测评价机构准入、运行的基本制度；实现更加合理的职业教育质量监测评价制度安排。同时政府要建立对质量监测评价机构的监管制度。

职业教育评估是为了促进职业教育质量的提高，因而要把促进人的全面发展和适应经济社会发展需要作为衡量教育质量的根本标准。政府有责任建立符合经济结构转型、产业升级要求的职业教育质量标准，完善不同层级职业教育技能人才培养质量标准，健全质量评价制度，完善职业院校教学质量年度报告制度等。同时，中央政府有责任会同有关部门、科研院所、行业企业制定实施中职和高职专业类教学质量国家标准。

此外，政府要建立质量监测评估机构准入、运行的基本制度，建立对质量监测评估机构的监管机制。政府要为设置职业教育质量监测评估机构、建立质量监测评估工作规范、建设质量监测评估市场秩序提供基础性制度。政府通过登记、业务流程管理和元评估，实现对质量监测评估机构的监管，从而实现对职业教育监测评价予以有效调控。

3. 职业院校着力于自我监测评估和自主调控机制建立，成为面向社会自主办学的法人实体

作为办学主体，职业院校建立办学质量监控和内部质量监测评估机制，奠定职业院校自主办学的基础。

职业院校依据学校发展规划，制定学校办学过程和质量自我评估标准。职业院校依据国家和地方职业教育质量监测评价的基本标准，依据本校技能人才培养方案，建立与学校规划和人才培养方案相适应的学校自我质量监测评估运行体系和制度。建立自我质量监测评估机制，使职业院校在规划实施过程中能不断改进，及时调控自身办学行为，使职业院校主体能动性得到充分发挥。

4. 职业教育质量监测评估机构提供专业性、公正的质量监测评价服务，发挥第三方专业评估机构的作用

将现有的政府部门对职业教育的系列评价，从政府部门中分离出来，建立中立性质的第三方专业评估机构，使"评"在与"管"和"办"的互动中，保持相对独立性。质量监测评估应当由专门的机构来实施保证评估的专业性，鼓励专门机构和社会中介机构对职业院校的办学水平和质量进行评估，建立科学、规范的

评估制度。职业教育质量监测评估机构是具有独立法人地位的独立机构。专门从事质量监测评估业务，具有足以支持其机构权威的专业资质。在组织实施质量监测评估活动过程中，质量监测评估机构因其独立性和专业性，为职业教育提供科学、权威、客观、公正的质量监测评估服务。

职业教育质量监测评估机构通过政府部门支持和授权等方式，按照有关职教法规、职教发展规划纲要和教育部年度工作要点等，相对独立地开展相关职业教育的评价工作。在组织实施和参与多种类型评价工作的过程中，职业教育监测评估机构积极发挥对政府、职业院校及社会的导向、诊断、预警、评价、信息发布、对策建议、决策咨询以及评估结果开发利用等方面的作用，接受评估的政府和职业院校根据评价结果及对策建议实施整改，推动职业教育质量的提高。

5. 与国际高水平教育评价机构合作，逐步采用国际认证标准

目前，我国仅从宏观的政策层面对国际教育评估进行引导，而对如何开展国际评估工作还没有具体的实施细则。因此，政府应制定规范的国际评估规程，包括评估规章、评估指标体系以及评估运行机制等，要加强相关制度建设，加大政策扶持力度，确保国际评估的权威性、科学性和公正性，且形成国际评估常态机制，以评促建，促进我国职业教育质量稳步提升。

近年来，我国已有职业院校将国际评估这种方式和手段引入学科、专业和院系的考核评估工作中，将国际评估视为促进院校专业发展的重要举措，作为院校的机制创新工作来开展。但是，对绝大多数的职业院校来说，没有国际评估的相关知识、经验的积累和借鉴，国际职业教育评估是一项新课题、新挑战，因此，要加强探索，掌握国际评估的相关知识，加深对国际评估本质的认识，树立国际评估的新理念，增强对国际标准和国际理念的重要性认识，在重要产业领域先行先试，率先引进一批国际公认的职业资格认证机构，积极参加国内外资格证书"双认证"。

6. 发布评价结果，建立公共问责机制

职业教育评价要重视评价结果的运用，定期发布职业教育评价结果，运用评价结果，对职业教育质量进行动态的、科学的分析，深入研究技能人才成长规律，为改进职业教育教学、完善政策措施提供科学依据。

为提高职业教育评估工作效果，必须建立问责机制。各地要建立行之有效的问责机制，将职业教育评估结果作为考核、问责和实施奖惩的重要依据。强化限期整改，评估活动结束后，要求职业院校对存在的问题进行限期整改，对整改情况要进行复查，必要时可对职业院校主要负责人进行约谈，确保每次评估都行之有效，而不至流于形式。使职业教育评估成为推动职业教育改革发展的有力手段。

第三节　职业教育保障机制创新

构建职业教育保障机制是促进职业教育可持续发展的重要基础。职业教育保障机制创新的重点主要包括教育质量保障机制、教师队伍建设机制、教育经费投入保障机制和宏观环境支持机制四个方面。

一、教育质量保障机制

职业教育质量保障最为核心的是课程，具体表现为课程内容和教学质量。世界发达国家都建立了政府、行业和学校相互认可的，以职业能力培养为核心的职业教育标准体系。而目前我国还没有真正意义上处于实践操作层面上的职业教育质量保障机制，围绕课程内容与教学质量的保障建立相应的机制，加强职业教育与行业、产业的联系，以培养主动适应区域经济社会发展需要，培养数量充足、结构合理的高素质技术技能型人才具有十分重要的意义。

（一）组建由多方利益主体参与的国家职业教育课程标准委员会，改革专业课程体系

课程质量是职业院校教学质量的核心，也是衡量职业院校办学质量和市场应变能力的主要指标。在职业教育专业课程的设计中，最为核心的是如何将课程内容与产业界职业需求和岗位标准密切地联系起来，加强与行业的紧密协作，把掌握知识和技能、发展能力、培养良好的职业道德和个性心理品质等各类目标有机地结合起来，为行业提供高素质劳动者。

目前国内的职业教育课程设计中仍然是政府在起着主导作用，行业企业在职业教育方面发挥的作用有限，企业参与学校的方式缺乏长效机制，不利于行业企业参与学校课程的设计开发，职业教育的课程内容与市场需求存在脱节。

因此，为保证职业教育课程质量，应当组建由多方利益主体构成的国家职业教育课程标准委员会机构，构建行业企业参与学校课程开发的平台，改革职业教育的专业课程体系。

委员会的成员构成应当突出行业、企业具有职业教育发言权的特点，除了政府的相关部门代表（如教育部、工业和信息化部、水利部、农业农村部、科学技术部等），学校代表外，还要包括行业代表和有参与职业教育资质的企业代表，

其中行业和企业代表的成员数量应当占到 1/2 以上。行业和企业人士都应当是相关行业实践经验丰富、专业技能和理论功底较深的知名专家，他们能够协助政府提供最新的相关岗位能力要求及近期就业信息，指导院校和培训机构的课程设置与教学计划。

委员会的成员之间相互分工与合作，从而加强职业教育与外部经济界的联系。行业和企业代表对本行业人员的素质要求体会最深刻、最具体，是技能需求情况的最好判断者，因此由他们制定职业教育技能标准与培养方案，作为学校进行课程设计、开发和更新的重要依据。学校代表在制定具体课程标准时就要考虑这些技能领域，依据行业企业代表的意见和建议，将其落实到课程计划中去，并获得委员会成员的认可。此外，职业教育技能标准是随着产业结构调整和技术升级而不断更新和再评估的一个螺旋上升的过程，行业企业代表要及时更新技能标准的要求，以便学校在教学实践中可据此改变或增加课程内容、设置新的课程和新的项目，从而使得职业教育的课程更能适应当前及未来企业行业发展的需要。政府部门代表则负责协调组织，对课程标准进行最后的审定认证。其次是提供服务支持，如对于国际先进课程的评价和引进，对职业教育的优秀课程、教材信息化资源，实行国家购买制度。

通过国家职业教育课程标准委员会，可以使教育界与企业界的合作形成良性循环，行业直接参与课程设置与教学内容的确定，保证了课程内容与产业界职业需求、岗位标准挂钩，使求职者经过培训，能主动适应劳动力市场的需求。

（二）推行职业资格认证与专业学历教育相结合的制度，构建双证融通的课程体系

目前我国职业教育证书体系包括学历证书与职业资格证书两种类型，学历教育由教育部负责，职业资格证书由人力资源和社会保障部颁发。由于职业学历教育和职业资格认证分属于职业院校和劳动部门，不同的管理体制使两种证书教育成为独立的教育体系，无法形成协同发展的合力，尤其是考核具有两种标准，不仅给学生的学习带来一定的压力，而且容易出现学历职业教育与职业资格证书教育以及劳动就业培训不能有效衔接，导致既不利于普通教育与职业教育的沟通，也不利于高技能人才的培养。

职业资格证书制度是国家劳动就业的一项重要制度，是国家层面的人力资源开发体系的重要支柱，它适应了受教育者的需要，搭建了技能人才的成长通道，促进了职业教育的发展，还起到了检验职业教育培训质量的作用。与专业学历教育不同，职业资格是一种综合能力的体现，职业资格与职业岗位的具体要求结合密切，能更直接、更准确地反映特定职业实际工作的技术标准和操作规范。两个

体系各有偏重且相互独立，都不能单独承担起培养技能型人才的责任，必须在两者之间探寻一种有效沟通的模式和运行机制，建立起一种专业学位教育与职业资格培训相互贯通的教育模式，充分结合两者的优势，对职业教育和培训进行改革与创新。

因此，应当推行职业资格认证与专业学历教育相结合的制度，构建双证融通的课程体系。将职业教育与相应的证书培训结合，对职业资格证书内容与学历证书内容进行整合，为培养既有学历证书，又有职业资格证书的高技能人才和高素质劳动者奠定基础，也使得职业教育同时突出学历性和职业性。具体操作可以参照国家职业资格标准对应的专业，将国家职业标准作为教学计划制定的重要依据，将国家职业技能鉴定内容融合进专业课程设置，即开发"双证制"课程。"双证制"课程教学的优势在于可以加强院校与企业的沟通与联系，从企业获得来自一线的生产信息，技术信息与需求信息，院校根据信息及实际需要灵活调整专业与课程设置，使教学计划与职业标准相适应，做到既符合高职教育教学大纲的要求，又能涵盖职业技能鉴定的内容与标准，实现学历教育与职业标准的衔接，调节理论与实践教学比例，丰富教学模式，以满足就业对人才规格的需要。

真正做到以职业资格标准作为导向，制定与职业资格标准相衔接的教学方案，培养适应社会发展和市场需求相应的人才，整合和优化教育资源配置。中职学校和高职院校要加强与国家职业资格认证管理机构及行业、企业合作，积极在国家职业资格认证管理机构的有关组织中发挥作用，共同开发专业课程教学与职业资格认证的标准，改革教学内容，把"职业标准"融合到"课程标准"中去，把职业资格培训引入到专业课的教学中去。坚持对学生实行"双证或多证"的毕业标准，积极探讨建立"职业资格标准"学分与"学校专业课程"学分互认相互沟通的新型机制。

（三）规范职业技能培训、鉴定机构，建立职业培训质量的保障机制

职业培训是职业教育体系中的重要方面之一，它是面向全体劳动者提高从业能力和职业素质，承担着完成农村劳动力转移、农村实用人才、城镇职工就业和再就业培训等各类职业培训任务。适应市场需求的多样化职业培训有利于形成结构合理、类型多样、相互贯通、功能完善的职业教育培养格局和人才成长"立交桥"。

目前，国内的职业培训尚不发达，主要是由政府主导的中职学校进行，缺乏社会培训机构的身影，且存在诸多的困难。我国企业在参与职业教育和培训在职职工的积极性均未得到充分发挥。这与我们企业所处的市场环境和经济发展阶段密切相关。一是我国的市场经济机制还不够完善，资源配置尚未完全由市场来决

定，激励企业投入职业教育的动力明显不足。二是我国企业尤其是国有企业的现行评价制度导致短期行为，不利于企业从长远考虑人力资源问题，阻碍了校企之间的深度合作。三是我国的企业制度中尽管有了相关职业培训的责任，但是相关的配套措施尚未健全，对企业在人才培养上的社会责任没有充分体现。

因此，应当开放培训市场，建立教育培训机构资质标准、从业人员资格和专业发展标准、学习内容标准、学习成果评价标准等规范。

首先是制定职业教育培训机构资质标准和从业人员资格标准，用以规范和约束职业教育机构的注册和运行。这些标准可以包括遵守职业教育法规，财务管理制度，行政管理制度以及从业人员所具备的学历和职业资格证书，定期接受技能鉴定等。此外，还应该规范培训机构的专业课程内容标准，保障培训机构的办学质量。培训机构只有满足了这些标准，才能够获得认可，并进行培训活动。

其次是对培训机构办学质量进行评估。培训机构在第一次申请注册时要接受办学条件和资格的评估，办学一年以上的每年进行一次自评，每五年接受一次办学质量的水平评估，评估内容由政府相关机构确定，该评估工作可以是全面检查，也可以是局部抽查（包括某一专业类别或某一类资格证书）或通过审核注册培训机构上报的书面材料进行评估。通过办学质量的评估，政府相关机构有权决定培训机构能否继续注册和继续办学。

通过发展更多的社会职业培训机构，规范职业技能培训、鉴定机构，建立职业培训质量的保障机制，为公民提供高质量多样化的职业技能培训，满足外部劳动世界的不同需求，提高公民劳动技能素质，为社会输送高素质人才。

（四）加强教育专项督导评估，发挥行业企业的评价主体作用

职业教育质量直接关系到劳动力的综合职业素质的提高和国际竞争力的增强，建立科学的有效的教育督导评估体系，对保障职业教育的质量，培养经济发展所需的技术型、技能型的人才起着十分关键的作用。职业教育与普通教育有着很大的不同，市场意识更强，因此在职业教育的督导工作中，应当更加强调行业企业的评价作用，以使得职业教育更能适应市场的需求，反映市场的变化。

应当在国家层面成立专业的督导机构，发挥行业企业的评价主体作用，完善职业教育质量评价制度，定期开展职业院校办学水平和专业教学情况评估，实施职业教育质量年度报告制度。该教育督导机构应当是独立于教育部门的专业的评估机构，使评估更加客观公正，评估结果更具权威性和影响力。该督导组织成员由行业，企业和政府等多方利益相关者共同组成，行业和企业代表应该占到成员总数的一半以上。由行业企业代表制定具体的评价标准和评价指标，并且每年对职业院校的人才培养质量进行定期评估，确保专业设置、课程开发都能保证质量，

与行业的需要相吻合，同时还经常进行对行业雇主对职业教育和培训的满意程度的调查，提供对职业院校教育教学的看法和建议。对职业院校的教学质量进行评价，实施职业教育专项督导的"一票否决"制。通过将职业教育专项督导作为提高职业教育办学质量的科学管理手段，督促政府及其教育行政部门履行职责，转变职能，办好每所中职学校；督促指导中职学校贯彻、执行有关职业教育的方针政策和法律法规，遵循职业教育规律，深化教育教学改革，使职业教育发挥着同普通教育同等重要的培养人才的功能。

二、教师队伍建设机制

高水平的职业教育师资队伍是高质量教育水平的有力保障。建立符合职业教育特点的教师资格制度和职务（职称）评审办法，严把"双师型"教师入口关，切实保障具有教育教学能力和技术技能水平高的人才能够进入职业院校从教。高水平的职业教育师资队伍要从源头开始抓起，具体包括完善的师资培养培训体系、严格的教师资格准入制度，同时还需要特别加快双师结构专业教学团队建设，聘任（聘用）一批具有行业影响力的专家作为专业带头人，一批企业专业人才和能工巧匠作为兼职教师，使专业建设紧跟产业发展，学生实践能力培养符合职业岗位要求。

（一）完善职业教育专业教师培养培训体系，建立职业教育专业教师准入机制

职业教育是培养经济发展所需要的各类专业技术人才的主要机构，经济建设中扮演着越来越重要的角色。与学历教育相比，职业教育更强调教育过程中的实务导向，教师作为职业教育中教学计划设计与执行的关键人员，自身也应具备良好的专业实务能力。但是目前我国职业教育还很难真正做到学以致用，无法凸显职业教育的内涵，部分学生毕业后就业能力较差，无法适应实务工作的需要。多数教师缺乏实际工作经验，其教学能力和实务技能尚需得到进一步的提升。

近年来，我国各级政府采取各种措施加强职业教育师资队伍建设，各地先后成立了多个国家级和省级的职业教育师资培训基地和师资专业技能培训示范单位，为各类职教教师提供岗前培训，在职提升和高级研修等培训项目，初步形成体系健全的职业教育师资培训体系框架。课题组在调研的实践中，也了解到多地虽十分重视对职业教育教师的培训工作，但是职业教育教师培训的标准、内容和方式上仍有待于进一步完善。

因此，应当完善职业教育专业教师培养培训体系，建立职业教育专业教师准入机制。

首先是制定职业院校教师资格标准，要建立符合职业教育特点的教师培养、培训体系。职业教育院校应对师资培养培训体系进行必要的革新，探索新的教学模式，根据职教教师应具备的能力要求，分阶段、有计划地培养他们的专业理论知识、专业操作技能与教学技能。同时，教育部门应针对职业教育的特点，进一步完善现有的教师资格认定制度，科学设定职业教育教师资格认定条件，以突出职业教育教师自身的特点。

其次是建立职业教育教师评聘的合理机制，改革专业教师聘用制度，拓宽行业企业技术技能人才进入职业教育的渠道，建立相关标准制度。职业院校则应制定兼任教师相关政策和管理办法，建立兼任教师科学合理的工作量考评和薪酬补助机制，以吸引更多优秀的业界专家。通过聘请业界资深专家担任兼职教师，与本校专任教师共同授课，不仅可以使学生更直观地了解企事业单位的业务运作情况，也可以使本校专任教师在与业界资深专家互动的过程中，增加他们对业界的了解，随时把握业界的发展现状和未来的发展趋势，提升专任教师的实务能力。专兼职相结合的职业教育师资队伍，较好地解决了因专业转换所导致的职业教育专业教师的不足。并且专任职业教育教师和兼职职业教育教师因各自所具有的优势和不足，可以互相交流，取长补短，有利于职业教育师资队伍整体水平的提高。

最后是严格建立职业教育教师准入机制。职业院校规范教师的准入资格，规定教师需要有专业学历、教师资格和相关专业工作经历，熟悉企业生产流程。相关职业院校在师资招聘时，应将应聘者取得代表其职业能力和技术水平的职业资格证书或技术等级证书作为录用的条件之一。

（二）制定"双师型"教师职务和岗位标准，完善"双师型"教师培养机制

第一，制定"双师型"教师职务和岗位标准，改革教师管理制度。政府应建立和规范"双师型"教师的资格和评价的基本要求和标准。对不同层次、不同专业类别的"双师型"教师应提出不同要求，比如，学历要求、所在专业的实践工作经历、实践能力水平、应用技能水平或培训要求，以保证职业教育的教师水平和职业教育的质量。建立职业院校教师与企业工程技术人员、高技能人才的双向聘用机制，完善"双师型"评价标准和体系，提高"双师型"教师岗位待遇，引导专业教师积极加入"双师型"教师行列。这样，既有了考试制度等方面的改革、人才成长通道的贯通，又有了优秀师资作保障，解决职业教育目前存在的"断头路"问题，或许为期不远。其次是改革教师管理制度，开通职业教育急需专业教师引进的"绿色通道"，落实"政府定编、自主聘用、动态管理"的教师管理办法，从高校引进优秀毕业生、吸引行业企业技术骨干和能工巧匠到职业院校任教。

第二，建立双师型教师培养的校企合作伙伴关系，完善"双师型"教师培养机制。由政府、学校、企业三方共同参与合作培养双师型教师，建立契约关系，共通合作，互惠互利。首先是政府制定参与职业教育企业的条件和标准，遴选一批具有相应资质的企业；同时出台相关政策法规和可行的措施，落实企业承担教师培训的具体责任，并提供优惠的税收政策和补贴政策，促进企业参与合作培养。其次是职业院校和企业自愿建立合作伙伴关系，企业为职业院校教师提供培养培训机会，职业院校则为企业员工培训提供相应支持，通过建立健全职业院校与企业共同培养专业教师的新模式，促进职业院校与企业的密切合作实现二者的优势互补和共同发展。

（三）改变评价标准，构建体现职业教育特点的教师评价制度

职业教育教师评价是一项十分严肃与慎重的工作，直接涉及广大教师的切身利益，影响到教师积极性与创造性的发挥。科学与准确的评价是对教师工作价值、贡献、能力、素养等的全面肯定与认可，可以增强团队凝聚力，激发办学活力，减少矛盾，维护校园稳定，促进学院长远的可持续发展，充分调动高校教师的教学积极性，促进职业教育质量的提高。

与普通教育相比较，职业教育侧重于实践技能和实际工作能力的培养，因此在评价标准上也应有别于普通教育。因此，应当改变目前对教师的评价标准，构建体现职业教育特点的教师评价制度。

首先是教师评价的内容应当具有针对性，体现职业教育的特殊性。职业教育人才培养应当突出行业性、职业性和实践性。教师评价标准中要突出实践教学的特殊性，因为职业院校的主要任务是教会学生够用的理论、实用的技能。全面、准确、发展地对高职教师做出评价，才能激发高职教师的工作热情，提高教学质量。其次是教师评价的结果不应是终结性的，应用发展的眼光看待教师的教学水平。评价制度不仅是对教师过去工作表现和已经具备的素质的评价，更应引导教师的未来的发展，重视提高教师的教学水平。

通过改革现有的教师评价标准，加强对教师实践教学能力评价，促进教师提升职业能力素质，适应行业和产业经济发展的需要，不断吸收新的专业技术知识，提升教学水平。其次通过改革现有的教师评价标准，引导教师积极参与校企合作，鼓励学校的学术型教师为企业提供技术服务，解决企业亟须解决的技术问题。搭建学校教师与企业专业技术人员的合作平台，鼓励双方的合作与交流，共同解决技术难题，提升科研成果的转化效率。

三、经费投入保障机制

(一)改革完善职业教育经费保障机制,从"政府主导、财政为主"转向"政府引导、举办者投入和面向市场筹资"并举

职业教育经费保障机制设计,将更加注重以下三个方面:

第一,改变"政府主导"和"公共财政为主"的单线思维,更加注重发挥"政府引导、规范和督导作用"。政府切实履行发展职业教育的职责,把"健全多渠道投入机制,加大职业教育投入"作为政府履职的重要内容。在当前形势下,完善职业教育经费保障机制的关键,是要依法落实"(多元)举办者的投入责任"。

第二,"政府引导"贵在"以身作则、率先垂范",重在更加注重解决现行经费保障机制中存在的问题。当前,职业教育经费保障机制存在"三个不匹配"问题,即"经费总量与办学规模不匹配、生均投入与成本支出不匹配、举办者责任与义务不匹配",其最重要原因是"举办者责任未得到有效落实",其根源是"政府认识"责任不到位。

首先,由于各级政府对职业教育重要性认识不足,导致职业教育在国家财政性教育经费分配中"职业教育经费总量与事业规模不匹配"。

其次,政府认识不足导致履职不够,导致职业教育和各级各类教育生均经费(拨款)标准缺失,一方面使得各级政府在编制各级各类教育经费预算拨款时,没有相对科学合理的参考标准;另一方面,标准缺失成为职业教育与同级教育之间的经费结构失衡的重要技术原因,中职生均经费的实际投入水平低于普通高中,违背实践教学需高成本投入的基本办学规律;高职生均财政性教育经费拨款普遍低于本科,未能体现公平原则。

最后,由于政府自身对职业教育存在认识不足履职不够的问题,不仅导致职业教育在国家财政性教育经费分配格局中被边缘化,而且导致职业教育和各级各类教育经费(拨款)标准缺失,因此,政府亦难以监管企业办学和民办职业教育举办者的"出资责任"不到位。

第三,更加注重学校自主办学,引导和"倒逼"学校"面向市场、社会、企业多渠道筹集资金"。发展现代职业教育,要求大力推动专业设置与产业需求、课程内容与职业标准、教学过程与生产过程"三对接",如果一味强调"政府主导",不利于发挥学校自主办学的积极性,只有引导学校甚至倒逼学校面向市场、面向社会、面向行业企业办学,才能切实提升职业院校自身的服务能力。面向市场获取"技术服务收入",不仅是职业院校经费筹措的重要渠道,更是检验职业院校办学能力、办学质量的一块"试金石"。

（二）强化规范和督导，建立中职学校教育经费拨款问责机制、经费使用监管机制

强化规范和督导：依法抓紧制定中职学校"生均经费标准"，并以此为基础建立"生均经费标准拨付制度"及问责机制。省、自治区、直辖市人民政府应当制定本地区中职学校学生人数平均经费标准；国务院有关部门应当会同国务院财政部门制定本部门中职学校学生人数平均经费标准。中职学校举办者应当按照学生人数平均经费标准足额拨付职业教育经费，民办学校的设置标准参照同级同类公办学校的设置标准执行。民办学校的举办者应当按时、足额履行出资义务。

建立依法制定职业教育生均经费标准的问责机制。由国家教育主管部门牵头，会同国务院有关部门和国务院财政部门，按照高于普通教育生均经费投入的原则抓紧制定出中职学校生均经费基本标准（国家标准）或者出台指导性意见和原则，指导和推动各省市制定各地标准，以明确中职学校举办者的出资责任；国家教育主管部门对各地依法制定中职学校生均经费基本标准的情况进行督查，推进各地科学合理研制经费标准。同时，建立生均经费拨款标准动态调整机制，保证职业院校经费投入稳定增长。

建立举办者出资责任落实的检查机制。由国家教育主管部门牵头，先从对各级政府（省、地市和县市级地方政府，以及各级行业主管部门）的督导和问责开始，落实各级政府发展职业教育和公办职业教育举办者的出资责任；然后，由教育主管部门依法对企业办学和民办职业教育举办者的"出资义务"进行依法监管；最终形成"中等职业教育实行政府、行业、企业及其他社会力量依法筹集经费的机制"和"高等教育实行以举办者投入为主等筹措经费的机制"。

建立职业教育经费保障的监督评价机制。建议国家教育和财政部门定期对全国、各地职业教育经费投入情况进行分析评估，比如，对全国和各地职业教育在教育经费分配中的比重进行排序，对各地职业教育生均经费制定情况进行总结、交流，推广成功经验和先进方式。建立职业教育经费使用监管机制，完善财务管理状况与绩效评价相结合的动态监管办法。

（三）发挥市场在完善投入机制中的决定作用，激励行业企业和社会力量投入职业教育

以改革的思路完善职业教育经费保障机制，通过政策引导，逐步让市场机制在职业教育经费保障中发挥决定性作用，激励行业企业和社会力量投入职业教育，支持职业教育。

建议设立各种不同类型的职业教育发展基金，由社会、企业或政府提供资金，

由专门机构进行投资运作，投资收益用于资助职业教育发展。如为企业职业培训设立基金，以有效筹措企业职业培训的经费；为学校职业教育设立基金会，以有效管理政府的职业教育拨款。

企业职业培训基金，可以借鉴德国中央基金模式，由国家设立、以法律形式固定向国营和私营企业筹措经费，规定所有国营和私营企业，无论培训和非培训企业在一定时期内都须向该基金交纳一定数量的资金，通常按企业员工工资总额的一定百分比提取。国家根据经济发展状况确定和不断调整比例。中央基金由国家统一分配和发放，并规定有一套严格的分配制度和资金申请条件。这种筹资方式，较之传统的仅由举办培训的企业承担职业培训的费用，能够筹措到更多的企业职业培训的经费。由于举办培训的企业可得到这些资金，一方面可激发企业举办职业培训的积极性，另一方面可平衡企业间的经济负担，一定程度上避免了可能由此而引起的不平等竞争。而且无论对企业还是个人，接受有效的培训，未来的收益都是远远大于现实的付出，这也大大提高了企业和个人接受职业培训的积极性。

学校职业教育设立基金会，可以有效地管理政府的职业教育拨款。政府出资设立学校职业教育发展基金会，采取竞争性的经费管理模式，政府的经费资助不是采取直接拨款的方式，而是通过"政府购买培训"的方式激励公立与私立职业院校参与职业教育与培训。譬如基金会在确定购买哪所学校的教育培训时，采取公开投标的市场运作方式。首先由基金会制定教育培训要求，再由职业院校按国家技能标准和政府要求制定教学计划，最后由基金会组织进行评估来确定购买哪一所学院的教育培训，职业教育院校在激烈的竞争中得到发展。同时，如果企业需要培训，则由企业提出培训的需求和目标，职业院校派人与企业内专职培训教师共同研讨、制作培训项目数，包括课程设置、课时安排、教材选取、考核与评估、时间分配、场地安排、费用开支等，经企业认可后，由职业院校实施。这一过程不仅通过协商，也可由企业进行招标。这就需要职业院校凭着商业眼光和自身实力去投标，在职业教育市场上参与竞争，争取培训项目，以筹集更多资金。

各级政府还可以设立各种职业教育专项基金，如职业教育校企合作发展专项基金，培育、扶持第三方机构，与政府共同完成对区域内的产学融合、校企合作进行绩效评估，并根据评价结果对优惠政策、资金使用进行调整，同时将考核结果纳入到相关部门、职业院校领导班子考核中。

税收优惠，也是激励行业企业和社会力量投入职业教育，支持职业教育的一个重要手段。总结和提炼借鉴山东等地的改革实践，可以在以下方面进行探索。

在营业税、企业所得税、个人所得税政策方面：①鼓励学校组织开展实习实训及其他勤工俭学活动。对学生勤工俭学提供劳务取得的收入，免征营业税。鼓励企业接收学生实习、实训、学徒，企业为接收学生实习实训支付的报酬等费用支出，按规定在计算应纳税所得额时扣除。对政府举办的中职学校设立的主要为在校学生提供实习场所、并由学校出资自办、由学校负责经营管理、经营收入归学校所有的企业，符合相关政策的，给予免征营业税。②支持学校开展教学、技术研究和培训活动。对从事学历教育的学校提供教育劳务取得的收入，免征营业税。对政府举办的高等、中等和初等学校（不含下属单位）举办进修班、培训班取得的收入，收入全部归学校所有的，免征营业税。学校提供技术开发、技术转让和与之相关的技术咨询、技术服务，符合相关规定的免征增值税（营改增）。对于一个纳税年度内符合规定的技术转让所得不超过一定额度的部分（如500万元），免征企业所得税；超过部分，减半征收企业所得税。③支持社会力量资助现代职业教育事业。对企业通过公益性社会团体或者县级以上人民政府及其部门，用于教育事业的捐赠支出，在年度利润总额12%以内的部分，准予在计算企业所得税应纳税所得额时扣除。个人通过中国境内非营利的社会团体、国家机关向教育事业的捐赠，准予在个人所得税前全额扣除。④中职学校被认定为具有免税资格非营利组织的，其接受捐赠收入、财政拨款以外的其他政府补助收入（不包括因政府购买服务取得的收入）、收取的会费、不征税收入和免税收入滋生的银行存款利息收入等，按规定免征企业所得税。

在房产税、城镇土地使用税、耕地占用税、契税、印花税等政策方面：①支持学校校区建设。对国家拨付事业经费的学校自用的房产、土地，免征房产税、城镇土地使用税。对财产所有人将房产、土地等财产赠给学校所立的书据，免征印花税。对学校占用的耕地，符合规定条件的，免征耕地占用税。②学校承受土地、房屋权属用于教学、科研的，免征契税。③对县级以上人民政府教育行政主管部门或劳动行政主管部门审批并颁发办学许可证，由企业事业组织、社会团体及其他社会和公民个人利用非国家财政性教育经费面向社会举办的学校及教育机构，其承受的土地、房屋权属用于教学的，免征契税。

在关税和其他政策优惠方面：①支持境外组织和个人捐助教育事业。对境外捐赠人无偿捐赠的直接用于各类中职学校教育的教学仪器、图书、资料和一般学习用品，除国家明令不予减免进口税的商品外，免征进口关税和进口环节增值税。②支持学校更新设备。学校进口国内不能生产的仪器、设备，直接用于科学研究、科学试验和教学的，免征进口环节增值税。③捐资举办的民办学校和出资人不要求取得合理回报的民办学校，依法享受与公办学校同等税收优惠政策。

（四）健全资助政策体系，推进教育公平与效率

进一步健全公平公正、多元投入、规范高效的职业教育国家资助政策。逐步建立职业院校助学金覆盖面和补助标准动态调整机制，加大对农林水地矿油核等专业学生的助学力度。有计划地支持集中连片特殊困难地区内限制开发和禁止开发区初中毕业生到省（区、市）内外经济较发达地区接受职业教育。完善面向农民、农村转移劳动力、在职职工、失业人员、残疾人、退役士兵等接受职业教育和培训的资助补贴政策，积极推行以直补个人为主的支付办法。

在中等职业教育阶段，考虑试行职业教育券制度，扩大资助面的同时，促使家长和学生能够参与"公共决策力"，促进中职学校的竞争，提高教育质量。

改革职业教育贷款制度。由国家提供信用担保，愿意提供贷款的银行根据专业、行业前景、申请人自身素质进行筛选。银行根据自身利益需求，选择就业前景好的专业学生，淘汰过剩专业，前景堪忧的专业。这一选择同样益于职业教育自身发展。此外，对于银行不愿提供贷款的专业，但属于艰苦行业，国家战略需要的专业，由政府直接资助，提供低息或者免费贷款。

四、宏观环境支持机制

良好的宏观环境是发展现代职业教育的保障。由于我国职业教育的"弱势"地位，"崇尚一技之长、不唯学历凭能力"的社会氛围尚未形成，职业教育的战略地位一直难以落实。未来，为实现"发展环境更加优化"的重要目标任务，至少需要从"提升地位""提高质量""强化落实"三个维度，引导形成帮助和支持职业教育发展的宏观环境。

（一）加强就业准入制度执行，通过公平竞争形成与技能资格相配套的报酬分配体系，提升一线劳动者地位

就业准入，是指根据有关规定，从事技术复杂、通用性广，涉及国家财产、人民生命安全和消费者利益的职业（工种）的劳动者，必须经过培训，并取得职业资格证书后，方可就业上岗。就业准入制度是规范劳动者入职教育与培训，确定职业资格证书运用的一种就业制度。通过就业准入制度的执行，可以提高劳动者自身的技能水平，规范劳动力市场，优化劳动力配置。

课题组在国内的调研中发现，多地反映企业用人不规范，就业准入制度不完善，执行不严格，呼吁完善就业准入制度，加强劳动监察，规范用工行为的呼声十分强烈。然而现实的问题是，持有职业证书的毕业生在就业市场上并没有体现出增强就业竞争力的价值，甚至遭到冷遇。其根本原因在于我国职业资格证书的含金量不高，职业资格证书在社会上的认可程度低。因此完善就业准入制度的前

提仍然是提高职业资格证书的权威，在此基础上政府必须执行严格的就业准入制度和持证优先就业政策，促使市场行为规范。

加强就业准入制度的执行，完善区域内的劳动力市场，使其步入法治化、规范化的道路，成为区域内各种类型、各种层次人才就业的公平竞争的场所，形成与技能资格相配套的报酬分配体系。通过这一措施一方面促使学校推进双证书制度的教育，提高职业资格证书质量；另一方面，运用市场机制对职业资格证书优胜劣汰，即唯有品质高、实用性强的职业资格证书才能获得市场认可，持有者以此获得较高的报酬。职业资格证书制度作为就业准入制度的核心内容，将使得职业教育的分类体系和职业标准体系逐渐形成，从而才可能改变长期以来职业教育发展缺乏鲜明特色的缺陷，使得职业教育教学与市场就业需求紧密结合起来。

通过严格实施就业准入制度能够引导职业教育教学适应劳动力市场的需求及变化。因为就业准入制度是根据劳动力市场的用人需求、各种职业岗位对从业者职业知识和技能的现实要求而形成的，它直接反映了劳动生产领域对从业者素质的要求及变化。

（二）构建信息化平台，发挥教育信息化支撑和引领职业教育现代化的作用，提高教育教学质量

职业教育的发展要适应社会经济发展的需要，必须获得充足、准确的供给与需求信息。然而要把握准确的信息并不容易，欧美等发达国家孕育了数量众多且运作成熟的社会组织，比如行业协会以及其他从事信息收集整理分析的 NGO 组织，其院校和政府机构也十分重视信息的采集分析与发布，因而无论对于人才需求方和供给方都能获得充足有价值的信息。国内目前在职业教育信息的收集整理与分析等方面仍落后于发达国家。因此需要依托信息化平台，更好地把握入口、出口与中间过程等各环节，发挥教育信息化支撑和引领职业教育现代化的作用，提高教育教学质量。

建立技术技能人才需求发布制度。通过构建集数据采集、质量监控、管理、统计分析与反馈应用为一体的人才培养质量保障平台，发布技术技能人才需求，建立专业预警机制。信息化平台的建设将会进一步引导职业教育教学适应劳动力市场的需求及变化，使得职业教育教学与市场就业需求紧密结合起来。

建立教学过程精细化管理机制。依托信息化，促进职业院校全面、实时掌握人才培养的过程信息；教务处及相关部门对专业人才培养方案的实施与过程进行有效控制；专业负责人通过对同类专业课程体系和建设成效的对比，促进教育教学改革，提高人才培养质量。学校通过"数据挖掘"技术，可以获得一幅关于院校专业运行的完整图景，实现专业内涵建设的精细化管理。

建立毕业生质量跟踪反馈机制，促使校方与企业合作，了解企业需求。通过第三方组织对职业院校毕业生的就业评价，主要评价毕业生符合企业需求的程度，可以由毕业生在企业的收入增长、岗位晋升、企业对毕业生的知识结构和实际技能的满意度等方面来衡量学校培养企业所需要人才的匹配度，以此机制促进学校关注企业不断变化的人才需求，促进校企合作。

（三）构建国家法规政策落实机制，形成立体、透明的执行督导评估体系，落实职业教育治理各项任务

当前，为使加快发展现代职业教育的各项任务、举措得到准确、有序、协调的推进，时间表、路线图、任务书能够落到实处，下一步迫切需要构建国家法规政策落实机制，形成立体、透明的执行监督体系。这也是实现由办职业教育向管职业教育转变，由职业教育管理走向职业教育治理的重要举措。

各级政府部门加强统筹协调。在中央，充分发挥职业教育工作部际联席会议的监督作用，同时由教育部领衔设立工作落实办公室。在地方，同样要发挥职业教育工作联席会议作用，设立工作落实办公室；要将相关工作落实情况纳入教育部现代信息决策系统，定期发布信息，服务决策管理；要通过政府委托或者购买服务等途径，积极支持专业学会、行业协会、基金会、专业机构等各类社会组织开展工作执行情况评估，发布评估报告；鼓励新闻媒体等社会各界对工作执行落实情况进行监督。

在宏观环境整体优化的基础上，期待全社会能够更好支持和帮助职业教育发展，营造人人皆可成才、人人尽展其才的良好环境，形成"崇尚一技之长、不唯学历凭能力"的社会氛围。形成适应发展需求、产教深度融合、中职高职衔接、职业教育与普通教育相互沟通，体现终身教育理念，具有中国特色、世界水平的现代职业教育体系，为实现"两个一百年"奋斗目标和民族复兴的中国梦提供坚实的人才保障。

第七章 多元化教育理念下的学校管理创新策略

第一节 开放性教学理念下的教学管理

一、开放与开放理念

（一）开放的含义

开放，既有展开之意，又有解除封锁、限制等义。管理学意义上的开放，即信息沟通与交流，主要包括人流、物流和信息流。有学者认为"开放"即系统处于开放状态，是系统与环境存在物质和能量交换的唯一途径；也有学者认为师生只有在不断的交换对知识的理解、各自的思想感情、不断碰撞出新的火花，生成新的看法和理解，才有了知识的传播与生成，才使课堂教学中富含的生命价值得以体现，使课堂教学充满生命活力，具有了生态性，也就是"开放"性。

将"开放"之词应用于教育教学，可以追溯到20世纪50年代的英国，20世纪60~70年代流行于美国。美国的教育思想受学校即社会，教育即生活，教育即生长的理论影响下，开放课堂教学得到普遍推崇。学生通过社会实践，广泛接触社会生活，将知识应用于社会，在生活中成长。这种教育思想着眼于学生人格发展，强调学生在实践中提高学生独立操作的能力，认为学校教育不仅仅是传授知识，更主要从学生身心特点出发，让学生自主选择感兴趣的活动，在游戏和活动中培养能力。显然，这种教育加强了学校与社会的沟通、交流，更加贴近社会、贴近生活、贴近实际。按照国外的一般认识，开放课堂往往指课堂结构不一定严谨，讨论的问题没有唯一正确的答案或者简单的答案。于是，有人就把开放课堂的问题归结于结为无条理、不完整、模棱两可的观点，涉及多个学科领域、多种资源与探究模式，是一种以题为核心，充分调动学生思维活动的教学模式。该教学模式非常强调培养学生学习地位的主体性、学习方法的探究性，将传统的"灌输式"教学模式转向学生自主获取知识的教学模式，将教师给学生答案为学生自主探究答案，使学生通过自己的自主思考和努力探索，在自主探索中掌握知识、发展智力、提高能力，并从自主学习和探索中获得求知的乐趣。

一般地，学校从来就是开放的，然而不同的时空内放的程度是大相径庭的。传统的教学模式，许多学校基本是封闭的，关门办学、闭门造车，学校孤悬于社会大系统之外，主要依托于教育行政部门获取教育资源，学校与社会联系甚少。同时，学校内部各要素之间往往也是相互封闭的，信息沟通不畅。这是学校教育教学难以创新，学校难以发展的根本原因之一。现代的教学模式，在改革开放后大背景指引下，学校教育教学已经不是一个自我封闭的教育环境了，学校系统内外方方面面存在着依存和共生关系，这决定了学校对社会、学校内部之间的全面、全方位的开放，表现为沟通染道是畅通的，信息传递是快捷的。

基于开放和开放教育的意义，开放课堂可以理解为一种突出学生主体、创设学习环境、丰富教育资源、拓展教学空间、主动探索学习的教育方式。旨在充分通视人性，尊重个性，给予学生更多自由，让他们在变化的空间和丰富资源的学习情境中自主探索寻求知识。从教学内容看，意味着中职教学的书本世界向生活世界的回归，中职教育也必须回归生活世界，回归学生的生活；从教学过程看，中职学生是开放性的、创造性的存在，中职教育不应该用僵化的形式作用于学生，否则就会限定和束缚学生的自由发展。

（二）开放理念

时下，"理念"之词出现的频率相当高，正确理解理念的内涵是解决课题问题的前提。顾名思义，"理"指理性或理论，"念"指观念、信念或标。整合起来意思就是在理性思考的基础上而形成的富于创新的观念和应追求实现的目标。理念是人们经过长期的理性思考及实践所形成的思想观念、精神向往、理想追求和哲学信仰的抽象概括。少学者认为，理念，是一学校办学的理想和信念，是学校办学的灵魂和指针，也是学校可持续发展的精神支柱。

开放理念是指学校作为一个系统，为了获得其生存和发展的空间，必然受制于环境的制约，需要与社会各方面进行物质、能量、信息的交换和传递。运用在教学管理方面，"开放理念"是一种包容性、民主性、自主性和创新性的教育。学校教育不应是自我封闭的系统，必须用开放的大视野加以思考、谋划和推进。只有开放的学校教育，才能实现"处处是教育之所，时时是教育之机，人人是学习之人"的教育理想。

还有一些学者认为所谓的开放理念，可以理解为开放的理念，也就是说具有开放的观念和理想追求。比如，开放理念下的课堂教学，表现为开放的教学观念、开放的教学课程、开放的教学时空、开放的教学方式、开放的教学评价等；表现为以学生为中心,运用多样化的教学方法、手段和途径,取消和突破各种对课堂教学和学生学习的限制和障碍,实施个性化、个别化教学。在开放理念指导下,课堂教学目标紧扣"知识和技能、过程和方法、情感态度价值观"的三维目标,因材施教;课堂教学环境,既有"时空、设施"的物质环境,更有"师生关系、生生关系"的人际环境,还有以"校风、班风、教风、学风"所表现出的文化环境等;教学内容凸显学科之间的知识整合,学生可以自主选修课程;教学方式倡导教师协同教学与个别化指导,学生个性化学习与合作学习;教育评价以发展性评价为基本原则。开放理念下的课堂不是教师单方面表演的舞台,而是师生互动和交流的场所不仅是学生训练的场所,而是引导学生发展的平台;不只是传授知识的平台,更是探究知识和展现智慧的福地。

二、开放理念下课堂教学的基本特征

(一)师生关系的民主性

心理学研究表明,人只有处于一种平等、宽松的交流与互动中,思维才容易被激活,思维与思维的碰撞,才容易迸发出智慧的火花。

传统的中职课堂教学方式的典型特征是灌输,有的学者曾经这样描述灌输:教师教,学生被教;教师无所不知,学生一无所知;教师思考,学生被考虑,教师讲,学生听;教师制定纪律,学生遵守纪律;教师做出选择并将选择强加于学生,学生唯命是从;教师选择学习内容,学生适应学习内容;教师是学习过程的主体,学生是纯粹的客体。显然,灌输教学方式是一种封闭的教学方式,过于强调教师的作用,忽视学生的作用,这种师生关系是一种典型的控制与服从的关系。在调研过程中,常常发现一些老师在课堂上,旁征博引,雄辩滔滔,但学生的学习热情总是不高,课堂气氛沉闷,教师的教学活动变成了独角戏。这样的课堂,很难保证学生的学习参与率,不利于激发学生的学习热情,这样的"灌输式"的教学是没有生命力的。

现代中职课堂教学活动中,课堂氛围应当是民主的、宽松的、和谐的,才有利于学生思想的解放和思维的开放;教师坚持摒弃"师道尊严",师生在学业上的指导关系、在人格上的平等关系、在情感上的朋友关系、教师成为学生的良师益友,有利于培养学生的创新精神和实践能力。特别是在新课程改革背景下,教学方式是从灌输到引导;工作方式是从孤立到合作;师生关系是从控制到对话;教师角色是从知识传授者到学习促进者;从课程执行者到课程研究者和课程开发者。

开放性的课堂教学,就是以满足以上任务要求为立足点。"我的课堂我做主",

做主的是学生，教师是学生们参与学习活动的"服务员"，教师的一切措施和方案围绕学生而展开，学生的主体性地位得以充分发挥，课堂教学氛围是温情、友情、亲情的聚集体。其课堂是一个教师教的过程也是自己学习的过程，只不过教师和学生学习的内容的侧重点有所不同而已。教师在整个课堂上与学生同学习、同研究、同时享受知识带来的欢乐，又让学生享受到老师的尊重、爱心，使他们真正体验到自己是课堂学习的主人。这样，老师这个"不一样的同学"就会走进学生的心中，与学生同呼吸、同思维，大家一起共同学习、共同研究、共同进步。在这样一个开放的课堂教学中，教师才能赢得学生的信任，教师才能看到真实的自己，学生也才会看到真实教师。开放课堂教学的体验，无论是对每一个教师，还是每一个学生都是一种知识和情感的享受。

（二）教学时空的广延性

课堂教学表现在时间上和空间上的广延性，是开放课堂教学的又一显著特征。

首先，课外教学活动是课堂教学的延伸和补充，是开放课堂教学的基本组织形式。利用学校教学课堂以外的时间和空间，根据青少年学生的兴趣爱好，有针对性的组织学生参加社会实践活动，既可以补充课堂教学内容、途径和时空上的不足，而且在开放过程中发展学生的个性特长，运用学校所学的知识，为社会服务，提高学生应用知识和解决实际问题的能力。

其次，校外教学活动是课堂教学的继续和拓展，是开放课堂教学的重要组织形式。校外教育教学活动的开放性主要表现在向社会开放、向教学内容开放、向教材开放和向时空开放。第一，校外教学将课堂搬向校外教育机构和社会，突破了学校课堂空间的束缚，而且通过学校教育教学的社会化，以真实的社会生活为教学内容，这种让学生走向社会、了解社会、感受社会，可以提高社会责任感，促进学生走向社会、走进生活，促进学生学习生活化、教育社会化。第二，校外教学活动的教育内容应根据社会发展要求、学校教育需要和学生兴趣，灵活选择教育内容，这样可以贴近青少年时代特点、使学生贴近社会生活。第三，校外教学活动应向教材开放，校外教育的教材不局限于书本，一个场景就是活的教材；校外教育不局限于体系，一个案例就是典型教材。

开放课堂教学，将教学内容和教学组织形式延伸，使课堂教学具有弹性化的组织形式和灵活多样的教学方法，充分利用社会资源，组织丰富多样的教学活动，对于调动学生的参与热情，培养学生实践能力，具有不可替代作用。

（三）教学过程的合作性

合作学习成为开放性课堂教学的重要组成部分。学生主动参与、乐于探究、勤于动手，培养学生搜集和处理信息的能力、获取知识的能力、分析和解决问题的能力以及交流与合作的能力。学生的学习过程其实就是一种合作的过程，学生的学习方式也是一种合作的方式。

开放性课堂教学提倡合作学习，是因为课堂上师生之间、学生之间的关系所决定的。在一堂课里存有大量的基础知识、基本技能与解决问题的方法需要通过小组合作学习促使学生共同掌握。在学习过程中，学生将遇到许多意想不到的问题和困境，只有通过课堂上的讨论，才能消除学生的疑惑。在合作学习中，教师扮演问题设计者、目标指引者、探讨参与者的角色；而学生则是以小组合作活动为主，小组合作学习是合作学习的基本形式。同时，合作学习强调的合作探究不要流于形式，要教会学生合作学习的方法，培养合作学习的良好习惯。有这样一个例子值得反思：

一次分管教学的方校长听课的时候发现，教师比较重视学生合作探究，也设置一些合作学习环节，进行分组讨论，但是，教师事先没有交代合作学习的方法，加上平常没有进行合作学习训练，结果是什么状况呢？课堂场面看起来非常热闹，学生讨论也有较高的激情和兴趣，当教师要求学生汇报合作学习成果的时候，收效甚微，不尽如人意，没有实质性效成果。该校长坦然认为，这样的合作学习，学生从中获得锻炼还是不多的，课堂实效性也就不高了，其合作学习实效性就大打折扣了。

开放性课堂注重有目的、有计划、有组织的学生合作学习，关键是要教给学生合作学习的方法，遴选学习小组的组织者，教给他们组织小组学习的方法与技能保证学生围绕教师提出的问题在学习，保证每一个组员都有参与学习；教师还可以运用评比的手段，应用激励机制，调动小组学习的积极性。这样，合作学习不再流于形式，合作学习是有效的，课堂的实效性也就提高了。

综上所述，开放性课堂的特点，其本质上重在开放性。开放性课堂要求教师无限制地发挥聪明才智，要求教师具有较高的驾驭课堂能力，要求教师坚守职业道德，要求教师引领学生走向社会实践和组织学生合作学习；开放性课堂也是没有什么固定的模式的，随堂应变，其实质就是坚持以学生为主体，教师为主导，提倡以学论教。固然，实施开放性课堂教学是有难度的，难就难在它对教师要很高，做到放而不乱，收放自如，难就难在学生及其家长的支持和配合，没有学生和家长的支持，开放性课堂教学就将引发顾客的不支持甚至发难；难就难在社会是否形成正确舆论和提供载体。

三、走向开放的教学管理策略

(一)开放理念下课堂教学管理原则

1. 自主性原则

能够充分发挥自主的人具有四个显著特征：即具有洞察力、创造性、建设性、和选择性。这就启示着在开放的课堂教学过程中，发挥学生的自主性，一要训练学生的洞察力，用一种新的思维方式来分析旧事物的过程，从原有熟悉的看法当中自主发现新旧事物之间的关系，自主接收已知材料所蕴含意义的愿望；二要培养学生的创造性，用开放的思维、开放的态度、开放的时空、开放的手段，创造条件促使学生探索知识，发现问题、创造解决问题的方法，提高学生根据环境形成新的关系的能力；三要培养学生建设性态度，只有在开放的教学背景下自由发展的条件，才能培养学生成为一个健康向上、锐意进取、对学习抱有建设性态度、适应社会发展变化的人；四要培养学生选择性行为，作为具有自主学习主体的学生，对于学习过程有选择行为的自由，作为学校和教师只能是正确引导，不能够抑制。这样，学生才能在课堂教学过程中按照自己的学习兴趣和爱好、学习经验和教训去学习且不断塑造自我，尽可能地挖掘自身的潜能，努力使每一个学生的个性得到充分而自由的发展。有很多的孩子在接受教育的过程中，逐步被毁掉了，一半是被学校毁掉的，一半是被家长毁掉的。这是因为在教学过程中，没有给学生足够宽阔的联想空间，包办太多，不可能使学生在一个相对自由宽松的环境中学习，更谈不上学习的乐趣。因此，不毁掉学生而解放学生的必要条件是让学生享有自主学习、自主发展的权利，这也是开放课堂教学必须坚持的基本原则。

2. 开放性原则

开放的课堂，开放性是它的主要形式。首先要坚持开放的教学观念和目标。开放的教学观念让学生不仅仅停留在认识论的阶段，而是充分挖掘自身潜能，不断发自己的个性逐步提高学习能力。因此，只有更加开放的课堂教学才能让学生了解知识、开拓视野，为他们更好的认识世界提供一个更加宽阔的平台。其次，坚持开放的思维和情感。开放性原则主要针对现代课堂教学要享有开放的内容、开放的理念、开放的思维和开放的情感。现当代中职课堂教学十分关注学生的情感开放，而情感开放的基础就是师生之间平等的交流，教师帮助学生消除沟通障碍是开放课堂的基础，激发学生内心感悟成了开放性原则一种有价值的沉淀，更是转化为教学行为的必经过程。当今社会发展呈现两个显著特点，一是互联网发展迅速，由此带动的信息、经济发展和知识更新日新月异；二是社会整体在进步，发展在提速，人本思想益凸现。这些特点让当代中职学生信仰多元化，思潮多变。

因此,现在中职学生课堂教学更要注重时代性、创新性及和谐性。

3. 实效性原则

开放课堂并非作秀,一定要体现在实际效果上体现在真正的实效性课堂中。开放是一种形式,形式要为内容服务,形式与内容的统一才能达到预先设计的教学目标,将教学目标落实到实处这是开放课堂教学的终极目标。第一,实效性课堂要求有实效型教师。教师能全面掌握教材,分析教材的重难点和关键点,而非教学知识点的累加,而是在课堂自主性原则与开放性原则下的一种拓展延伸;能有效地组织教学资源并优化配置教学资源,使教学资源科学而合理地运用到课堂教学之中。第二,实效性课堂要求有合作型教师。课堂教学中教师这一外因得到充分发挥,学生这一内因得到完全释放,这需要教师和学生密切合作,教师能较全面了解学生,考虑全班学生的个体差异情况后灵活制定教学细节。第三,实效性课堂要有智慧型教师。当代中职学生都有比较鲜明的个性特点,作为学习活动的主体具有内在潜力且能不断发展自身潜能的一代,学生对于学什么,怎么学,学习进度都有独到的见解,这要求现代教师必须具有课堂教学环境的应变能力和教学机智。第四,实效性课堂要有情感型教师。教师职业决定了教师的服务职能,即为学生提供教育服务,这也是教师专业情意所决定的,这就要求教师在开放的课堂教学中充满热情、激情并充满期待,热情真诚友善宽容,给予学生相当的信任,也得到学生的认同。总之,课堂教学的实效性要在一个良好的教学氛围中与教学循序渐进原则相联系,追求速度固然是高效的一个重要因素,但课堂教学中最重要的还是在尊重教育客观规律下追求教学的质量。

(二)构建开放的中职课堂教学管理体系

1. 教学理念的开放性

最高层次的教育是什么?教育让学生自由发展,显然不是指对人的原始与野性的放任,而是在教化之后的更高层次的一种觉悟。要达到这一境界,必须要依赖教育,通过教育促进学生和谐发展和持续发展;要让学生自由发展,必须创设学生自由发展的环境。显然,"开放"就是中职课堂教学的基本理念;形成开放而自主的学习文化,就是中职课堂教学改革的价值追求。

理念是行为的先导,有什么样的教学理念,就有什么样的课堂教学行为,而且理念对行为的影响常常表现为潜在的或者是不自觉。因此,构建开放的课堂教学,新的教学理念将成为课堂教学改革的核心;构建开放的课堂教学,就要实现教学观念的现代置换,改造传统落后的教学行为。因而,中职课堂教学,要借新课程改革之东风,关注并了解新的教学理念,这种新的教学理念突出学生学习的开放性、自主性和创新性,建立与时代相通的符合课程改革精神的课堂教学理念，并逐步内化成自己的自觉行为，使自己成为一个与时代要求相适应的新型教师。

2. 师生关系的开放性

众所周知，课堂是教师和学生共度生命历程的发生地，课堂虽然不是教学的唯一阵地，但肯定是学生学习的主阵地。因此，要开放课堂教学，必须要有师生关系的开放性，教师要变课堂为使得学生心理上不要产生恐惧，行为上走出被动接受教"学堂"，变教为主为引导学生探究式的"充满着活动，让课堂充满着创造性。"

在开放课堂教学中，师生心理相融是教学的前提，特别是教师要用一种爱心、善心、真心对待学生。不可回避，教学过程中随时会出现一些诸如"不认识字"、"不会解题"等现象，作为教师要有一种心理准备，面对这种局面，要用教育机智去处理，尽可能做到艺术性，不要拒绝学生。因此，教师要坚守教学相长心态走进课堂，因为教师非圣贤，时常也有"卡壳"之时。特别是在开放课堂教学过程及其结果往往是事先不可预设的，始终处于动态变化中，许多知识、问题都超过了教师的预想之外，知识毕竟是无止境的，教师也可以虚心向学生学习。同时，教师允许并鼓励学生"考问"自己，反驳师说，打破教师权威；教师鼓励学生怀疑教材、突破经典。只有在这样状态下，才能促进教师和学生共同进步和成长。

3. 教学内容的开放性

在教学过程中，教学内容的开放主要表现在以下两大方面。一方面，凭借教材但不拘泥于教材。教材固然重要，但教师在教学过程中要敢于根据教学实际灵活运用教材，创造性地处理教材，比如对教材内容进行删减、添加、修改，补充有助于提升学生素质或者素质教育的相关知识，不断丰富教学内容。这需要教师打破"应试教育"的束缚，另一方面，在教学的过程中，鼓励学生大胆质疑。

4. 教学方法的开放性

（1）训练开放的思维

我国传统课堂教学方法，重视间接经验的获取，重视前人成果的记忆，忽视创造性思维培养，其结果就是造成学生对权威的深信和对书本的依赖。因此，开放性课堂教学就要求教师转变教学观念，训练学生创新思维，启发学生探索未知，大胆改革教学方法。

创造性思维是在一般思维的基础上发展起来的，它是后天培养和训练的结果，它具有思维的变通性、独特性和敏感性。开放课堂教学，教师引入开放性问题、引导学生从不同的思维角度去探索，这就为学生的思维空间留下了充分的余地，对提高学生创造性地发现、提出、分析、解决问题的能力是非常有益的。

（2）强化开放中合作

合作学习是指学生在小组或团队中为了完成共同的任务，有明确责任分工的互助性学习。合作学习不只是师生交往，合作还是一种资源共享。在开放课堂教学中，学生的知识结构包括了教材提供的知识、教师提供的知识、师生互动的知识和学生之间互动的知识，学生身边每一个人都是宝贵的学习资源。而且，打破教师"一言堂"现象，学生学会自主、探究、合作学习。

（三）创建开放的课堂教学模式

1. 自主松散式

自主松散式的课堂教学模式，表现为五个方面的转变，一是教师角色由权威型向伙伴型转变，教师就是学生的学习伙伴；二是学生由被动听讲向主动参与转变，学生就是课堂的直接参与者，没有学生参与的课堂是封闭的课堂；三是教学媒体由演示工具向认识工具转变，教学媒体不仅就是教师的演示工具，更主要的是作为学生动手操作后的发现和总结的工具；教学过程由传授型转变为引导型转变，教师不是传统意义上的知识的解读者和传授工具，更主要的是知识引领者和开拓人。五是教学内容和形式由封闭型向开放型转变，根据学生兴趣爱好、年龄阶段、地理位置，自主选择学习内容和形式，自主探索学习。无论是教材还是教师，都应该把学生的"自我"看成教学的根本要求，要围绕学生的"自我"需要进行。这样的开放式课堂才有一种被学生接受的气氛，使学生信任自己的体验和价值，形成真是的自我概念，当然强调自主并不是让教师对学生放任自流，只是从另外一个角度把新型师生平等的关系展现得淋漓尽致。

自主松散式的课堂教学模式一定需要有教师的科学引领和有效的控制，可以说自主松散式的开放课堂教学很大程度上取决于教师对教材、对学生的有效控制，否则容易导致形式热闹，效果不好的尴尬局面。

2. 多向联系式

开放课堂教学要联系学生实际，学生需要什么，让学生有一个表达的机会，脱离学生的教学是盲目的教学。现代开放课堂教学不仅仅局限于在教室、在学校的学习，更多倡导教师不断扩展教学渠道，使学生走向更真实的社会。

课堂教学要向教室开放，就要指导学生走向社会，使课堂教学紧密联系社会实际，这就需要教学中充分利用诸如社会图书馆、博物馆、展览馆、科技馆、青少年活动中心、工厂、农村、部队、政府机关和企事业单位以及科研院所等公共设施及其有关方面的人才，亲身观察和体验社区生活。

（四）完善开放课堂教学的考核评估

1. 用发展性评价观评价课堂

开放课堂教学评价观念，一是要求对课堂教学评价超越教室空间，改变同一个标准评价所有课堂的局面；二是摆脱用一张试卷的评价课堂教学效果的限制，用不同的标准、用不同的结果、用发展的眼光，衡量不同特点的学生，一个尺度下的劣者很有可能是另一尺度下的优者。在课堂教学评价体系中，开放课堂教学的观念应表现为：评价主体互动化，即评价过程中主体间的双向选择、沟通与合作；评价内容多元化，即注重对学生综合素质的考察、个性差异的尊重；评价过程动态化，即将终结性评价与形成性评价相结合，实施多次评价、常规性评价，将评价贯穿于开放课堂教学全过程。

2. 明确开放课堂教学评价主体

开放性的课堂，不仅需要教师自我评价，还需要学生、家长和社会的客观评价。

当代中职学生个性鲜明，对于学习往往更容易形成自己独特的见解。教师应站在学生的立场，用欣赏的眼光看待学生的评价，接受学生的反馈评价。通过评价，学生更易获得自信且在快乐享受学习中不断提升自身的知识水平和技能从而得到更多的成长机会。教师除了鼓励学生评价外，还要引导学生参与到互动评价，比如有小组评价、集体评价等，在对他人进行评定的过程当中要发挥自我的聪明才智，这也是一种不同形式的创新活动。集体评价中能创造良好的课堂氛围，有利于学生开阔思路，提高分析和辨别能力而提高学习效率，同时也有利于培养学生团结互助的精神，有利于中职学生良好心理品质的形成。在师生互评的过程当中能够建立一种和谐平等的师生关系，这是开放课堂教学有效性的关键性因素。

教育服务的对象不仅是学生，其实还包括学生家长。因此，家长评价也是评价主体之一。一方面，家长应该积极主动地参与开放课堂教学管理，积极评价开放课堂效果。另一方面，家长评价课堂教学，有利于协调家庭教育与学校教育的关系，实现学校教育与家庭教育的和谐统一。社会是开放课堂教学的广阔舞台和重要载体，没有社会的支持，开放课堂教学将会成为空谈。因此，衡量开放课堂教学效果的好坏与优劣，社会各界特别是社区最有发言权。

3. 纠正开放课堂教学偏差

在新课程改革背景下，教师要有足够的责任心主动接受课堂评价反馈，在确保反馈信息真实有效的情况下及时纠正教学偏差。开放课堂教学偏差主要表现在三方面：第一，现代开放课堂教学越来越多的运用多媒体来展现课堂学习内容，这样教师疏于板书的设计；教师注重用图片、声音及视频来提高学生学习兴趣没有对知识点进行查漏补缺的补充，很多学生更多地注意图片信息而忽略了知识点的学习，所以需要教师把多媒体和板书有效的进行结合。第二，现代教师在开放课堂中往往会设置某种情境来开发学生的想象力，导语的设置成了开放课堂成败的关键教学步骤，导语设置是否合理直接将影响整个课堂的进程和氛围。第三，中职学开放课堂教学不要局限于讲座式教学方式，讲座式教学课堂难以呈现开放课堂"学生主体"的特点，强调教师的主导作用就更容易忽视学生的主体作用。教师对于学生的指导更多的是老师说学生听，教师多用口头讲述的方法对学生进行知识点的讲解，这样一单一的指导方式让学生觉得枯燥乏味且容易忽视学生的接受和理解能力，大大降低了课堂学习的效果。因此，教师应多设置引人入胜的课堂环节或者提出能够激发学生激烈思考和讨论的问题，带动学生的学习积极性让其更用心的投入课堂学习中。

纠正开放课堂教学偏差最重要的就是及时性原则。中职学生的情感效应极为明显，同时时间也相对比较短暂，所以在较短时间内对开放课堂教学进行口头、书面等评价记录，对学生的问题进行有效反馈；教师应抓住并充分利用学生短时间内的求知心理，用诚恳亲切的态度启发学生深度思考设法及时与学生进行沟通交流并及时总结以达到预期的效果。

纠正开放课堂教学偏差的过程本身既是教师对知识的一种创新，又是学生对学习的一种理解和升华，同时更是一个递进的、复杂的思维过程；纠正教学偏差的过程应该是由学生主动的积极参与，是一个开放的、民主的、和谐的过程。这个开放式纠正偏差的教学步骤更是把学习与实践、社会与生活等各种相关学习因素融合为一体的师生互动合作的过程。

第二节　多样化教学理念下的教学管理

一、多样化教学管理原则的确立

研究多样化教学管理模式首先必须确立切合教学实践的管理原则。但从实践来看，身处第一线的教育领导者和管理者们常希望从一般的管理理论中寻找解决教育管理问题的答案，或者将其它管理学中的概念、规则、程序与方法等直接应用于高等教学管理实践中，如将市场经济中的竞争原则、企业管理中的计时（量）计酬的方法等应用于教学管理中，结果达不到预期的目的。另外，许多管理者在管理实践中信奉权力、信仰甚至直觉，不愿深入研究中职教学组织的特征并制定与之相符合的管理原则，结果常常事与愿违。所以，研究管理原则有重要的理论与实践意义。学校教学管理模式多样化必须遵循下列原则：

（一）科学性与思想性相结合的原则

教学管理既要遵循管理的一般规律，又要遵循教育的固有规律，同时还要注重引入科学的管理理论和先进的管理方法。为了培养德智体全面发展的高素质人才，教学管理必须根据教育发展和人才成长的规律，应用科学理论和相关的管理理论建立教学管理的理论体系，并指导人才培养方案、教学计划、教学大纲及管理制度等的制定。同时，教育是培养人的过程，教学过程不仅要培养学生获得科学知识、分析客观事物和现象的能力，使他们具有一定的学术见解，了解本学科的前沿动态及各种学术流派和学术观点，而且在教学过程中还要强调培养学生的正确思想观念和崇高信念，养成正确的道德观。因此，坚持科学性与思想性相结合对构建学校多样化教学管理模式是非常必要的。

（二）学术管理与行政管理相结合的原则

教学管理不能单纯的管理，与一般的管理活动不同，是学术活动和行政活动的统一。它通过组织和协调全体教学、科研人员的学术行为，合理支配和使用各种教育资源，调动学术人员的积极性，提高学术水平。学校行政管理主要是对学校人、财、物、事、信息及相互关系等的协调与运作，是实现对学校资源的合理配置，从而使学校充分发挥作为教育和科研机构的作用，提高办学效益和水平的管理。在教学管理中，既要加强行政管理又要发挥教授等学者专家群体在管理中的作用。

（三）柔性管理为主和刚性管理为辅的原则

在中职教学管理中，存在着柔性管理和刚性管理。柔性管理，主要包括人性管理、情感管理、激励管理、培训管理、竞赛管理、民主管理等非强制性的管理方法和手段。这一管理涉及人的思想、观点、情感、价位观、道德准则、作风等。这种管理是无形的管理，具有权变性、可塑性、深层次性、自我调节等特性。刚性管理，主要包括规范管理、制度管理、政策管理、聘任管理、调配管理等等。但刚性管理具有很多缺陷，最大缺陷就是单纯强调物质因素的作用，用严格的组织和规章制度管理人，权力等级森严，把人看作会说话的机器，却忽视了人的社会属性，不利于调动人的积极性。柔性管理是一种"以人为本"的管理，强调在尊重人的人格独立和个人尊严的前提下，以提高广大师生积极性和创造性。因此，在教学管理中要柔性管理与刚性管理相结合，并以柔性管理为主，用柔性管理来带动刚性管理。

（四）民主管理与集中管理相结合的原则

中职的教学管理包括集中管理和民主管理。在集中管理中，校长处于学校的中心地位，对学校的工作全面负责并集中指挥。广大教职工要维护校长的权威，支持校长行使管理权和指挥权；同时，校长的管理和决策需要科学化和民主化，需要保证广大教职工的主人翁地位和合法权益。要做到两方面完美的结合，就需要加强学校的民主管理。所以说，中职的民主管理是中职管理的重要组成部分。在教学管理中，民主管理是很重要的，因为中职领域人才荟萃，学术思想活跃，所以中职要发挥广大师生的智慧和力量，调动他们的管理热情，形成优良的工作和生活环境、和谐的人际关系特别是上下级关系及上下级之间的畅通的交流渠道。

二、多样化教学管理模式的设想

学校教学管理模式多样化的构建应当在指导思想上遵循"以人为本"的宗旨，"以人为本"是以人性为根本，即尊重人的权利，尊重人的发展，尊重人的个性，以人的权利、发展和个性的需要为出发点。"以人为本"的观念，是以马克思主义关于人的学说为理论依据的，马克思主义科学地揭示了人的本质，认为"人是一切物的尺度"，在人与社会的发展中，人处于最基本的地位，人的发展是社会发展的最终决定力量。它清楚地告诉人们，人是创造一切财富的动力，人是世界的主人，也是教育这块阵地的主人。推动"应试教育"向素质教育转变的真正动力，不是财，不是物，而是有先进教育思想、有科学教育胆识，敢于打破旧体制、旧观念、旧习惯，敢于开创新局面的人。可见，以人为本，目中有人，是实施素质教育的重要思想前提，二级学院教学管理的改革，应充分体现教学管理的多样性、灵活性、有效性和目的性，注重加强学生综合素质的提高与完善，使学生在思想道德素质、文化素质、业务素质、身体和心理素质诸方面得到健康和谐的发展。因此建立适应未来社会发展的多样化学校教学管理模式，应从下面几方面实行多样化。

（一）教学管理制度多样化

教学管理制度是教学管理思想、理论、观念的具体化，是对教学管理实践的抽象规定，是教学管理思想、观念、理论作用于教学管理实践的中介。那么，它必然要受相应的思想、观念和理论的支配。解放思想、转变观念是教学管理改革的先导，是教学管理制度更新的动力。如果没有教学管理新思想、新观念的萌动，就难以推进中职教学管理模式的创新。传统的教学管理重过程和行为管理，轻目标管理。缺乏有效的激励竞争和淘汰机制。这种管理模式不利于调动教师和学生的积极性。现代教育理念要求"以人为本"。教学管理制度要着力体现以学生为本、以教师为本的理念。随着教学改革的深化，教学管理制度创新势在必行。适应学生个性化发展的要求，教学管理制度主要通过以下创新来实现这一目标。

1. 实行学制多样化

学分制模式学分制有利于激发学生主动学习的热情，促进学生个性发展，使教育主体有更多的自主权和选择权；有利于调动教师进行教育教学改革的积极性，更新教学内容，改进教学方法，提高教学质量；有利于推动管理体制改革，提高管理人员素质，达到高效管理、优质服务；有利于推进国际化进程。学分制的特点：一是按学院招生，按学科专业大类制定教学计划，实施按学科专业大类组织基础教学，按学生与社会实际需要进行专业培养，使毕业生有很好的学科发展基础、较宽的知识面和适应未来岗位变动的工作能力。二是实行弹性学制，通常为三至六年。三是扩大学生学习的自主权，学生可选修跨系、跨专业的课程等等。四是可以发展学生的个性特长，对优秀生、拔尖生进行因材施教培养。但实施学分制必须以良好的师资条件、教学条件和较高的管理水平为基础，否则将造成教学秩序的混乱。

学年制模式学分制在教学组织的严谨性、知识学习的系统性、人才培养的效益性等方面存在一些缺点，学年制的优点可以弥补学分制的缺点，特别是在教育资源比较紧张和学生基础稍差的情况下，在同样的时间内，学年制培养出的合格毕业生更多一些。

2. 建立教学管理激励制度

人的许多行为是因为受到激励而产生的。激励，着眼于激发人的潜能，充分发挥其主观能动性。因而管理，从根本上来说更在于激励。学院的管理更是如此。因为学院是个复杂的系统，它涉及诸多的制约要素，但所有要素都集中作用于人。教与学是相辅相成的互动过程，只有同时发挥两者的主动性，才能全面提高教学质量。建立有效的教学管理激励制度有利于提高学生的综合素质，有利于激发学生的学习动力，有利于调动教师和学生的主动性和积极性。

第一，坚持精神激励与物质激励相结合。精神支持可通过质量评价来体现，质量评价要同教职工的利益相挂钩，使评价结果不同程度地在报酬分配、工作安排、职务晋升、职称评定上反映出来。物质需要可归结于与基本生活相关的如住房、工资水平、生活条件和工作环境的改善等内容，虽然这些需要多属于比较低层次的需要，但是这些需要是每个教职工都面临的现实问题，具有很大的激励作用，中职学校领导者应该根据自己学校的财力、物力、科学地确定物质激励的水平，最大限度地满足中职教职工对物质需要的追求。

第二，鼓励教学改革和创新来规范教风、学风。鼓励教师对教学改革的积极性，并从多方面提供基金，对教学改革的研究成果应用于教学实践的教师给予一定的奖励。通过学院教学委员会对教师的教学效果如教学内容、教学方法、教学组织形式作出较为全面的评价并在评价标准中及时引入教学改革的新成果。以教师的创新、求实、严谨治学的精神来感染学生，对学生产生潜移默化的作用，从而形成良好的学风。

第三，建立良好的学院文化。一个良好的学院文化是由人际关系、工作环境和氛围、学院的舆论导向、传统文化积淀构成的。良好的学院文化不仅直接影响着每个人的工作热情和工作效率，而且影响着每个人的成长与发展。人与人之间的和谐关系、情感的沟通本身就是一种力量，是一种高效的激励源。这种潜移默化的激励力量是难以估量的。

3.建立教学—科研相结合的制度

教学与科研是一个具有内在联系的不可分割的统一体，二者是相辅相成的，没有科研的教学不能称其为中职中的教学，没有教学的科研不是中职中的科研。在当今科技飞速发展的时代，要提高教学质量，必须把本学科前沿的东西反映到教学中去，这就首先要求教师把握本学科的最新发展动向，站在本学科的前沿。为此，教师必须从事科学研究，在科学研究中提高学术水平，教学效果也会明显提高。教学与科研相结合，也是培养学生能力的重要方式。

学院应建立学生创新教育课程并把它纳入到日常教学和管理，如建立"中职学生生走进科研"、"创新实验研究"等课程，把这些创新课程列入中职学生的培养方案中，在学院中开展创新活动，营造浓郁的科研氛围，形成热爱科研、追求创新的学术风气。使众多学生在"走进科研"的系列活动中体味到科研创新的乐趣，而且还要设立学生科研创新基，学生科研成果奖，针对学生在学习中自发进行深入研究所取得科研成果给予奖项。

（二）教学管理方式多样化

我国人才培养模式呈多样化，相应要求我国教学管理呈现由集权管理逐步转向分权管理，由微观管理转向宏观管理，由过程管理转向目标管理的灵活多样的方式，实现中职教学管理重心由上向下的转移，给学院一片开放的领地，自由的空间。

第一，建立激励导向制，逐步实现集权管理向分权管理，刚性管理向柔性管理的转变，给予教师和学生更多的民主、自由。激励每一位师生在教学活动中不断的去实践、探索和创新，从而营造良好的教与学的氛围。让人积极的而非消极的、主动的而非被动的、灵活的而非僵化的去适应教学、改造教学、开发教学。只有坚持以激励导向为主，以监控为辅的教学质量保证体系才能逐渐形成良好的治学风气，使管理进入良性循环，使全校师生更多的去关注宏观层面的教学质量，培养出更多适合社会发展需要的多样化人才。

第二，设置更加灵活的专业和课程，把原来划分过细的老专业，重新规划融合为大专业，形成宽专业培养模式，根据市场变化不断调整专业结构，融合专业，对市场潜力大、社会需求多的专业加以重点培养，对已经不适应市场需要的专业逐渐淡化，促进学生培养质量。学院应遵循原则性和灵活性相结合的原则。对课程进行演变，不断更新教学内容，加强专业学科发展前沿的选修课程，加强教学内容的知识更新。并增设专业文化素质课，由各学科方向的学术带头人分别讲述各自领域的基本情况和发展动态，使学生在进入专业课程学习之前能获得对本学科的认识，增强其对本专业的兴趣，从而将学生正确地引入本学科领域。系统地安排院士、博士生导师和留学归国人员以及外籍教授进行学科研究最新动态的讲座，让学生博采众家之长，增强学生对学科前沿的了解。

第三，科学的选课制度，学院根据学生的选课情况进行排课。允许学生先听课再选课，根据选课情况再排课。并在导师指导下合理选课，寻求合理的知识结构，这在一定程度上减少选课的盲目性，体现出了学生学习的自主性。

第四，课内与课外教学相结合，为了全面适应21世纪科技、经济、社会、文化的发展对多样化人才的需要，教学应坚持以创新教育为核心，加强学生的实践教学环节。在巩固原有的各种实践环节的基础上，增设一些创新课程，如"中职学生走进科研"，"创新实验室"，让学生结合自己兴趣，自主选题，自己制定实验方案，完成全过程实验。实践课程的开设，其目的是使学生能早期进入科学研究，在设计实验方案、数据整理与分析、撰写论文等方面得到全方位实战训练，全面提升学生的实践能力和创新能力。

（三）教学管理手段多样化

在教学管理过程中充分运用现代化信息手段，以提高工作效率，加强工作的科学性和合理性。

第一，运用网络技术，充分发挥文件管理软件的作用，及时了解学校的最新精神，提高教学管理效率，缩短了校—院的距离。

第二，运用计算机软件进行管理，如应用成绩管理软件对学生的成绩进行管理，教学管理人员通过成绩管理软件，对学生的状况如专业排名、课程的不及格率、不及格人数、学分等充分的了解，反馈这些信息给学生和教师以改进教学方法，提高教学质量；运用教学评估软件考查学院的教学质量；运用排课和选课软件使教学管理人员可以有效地整合学校的教学资源。这样可便于教学管理人员对教师的教学情况进行更详细、具体的分析。

总而言之，教学管理手段是多种多样的，教学管理人员要不断学习现代管理知识应用现代教学管理手段来制订和实施管理措施，通过创新教学管理模式，提高人才培养质量。

（四）教学方法和手段多样化

教学方法是一个集教学思想、教学方式、教学策略、教学组织于一体的综合系统，而不仅仅表现为教师在课堂中使用的教学行为。因此，学院在教学的实施过程中，应采取教学方法与教学手段多元化。应用现代技术编写课件和使用多媒体课件和教学软件，通过互联网进行教学，这样多媒体课件的广泛使用使单位时间内学生获取的信息大大增加，教学中的难点和重点得以突出，教学效率大大提高。

在教学中，可对一些主干课程使用外文原版教材或双语进行教学。一些课程可采取一课多师和聘请外籍教授、外校教师和工业界的科技专家给学生授课，使学生能博采众家之长。

在教学实践中，增大课程讨论的比重，课堂上使师生产生互动，变学生被动地接受知识的过程为主动学习过程。对于日常教学，采用研究式讲解，竭力营造和谐、宽松的学习气氛，激发学生的发散性和求异性思维。让学生在学习中自己发现问题，解决问题。鼓励学生个性发展，对于学生的探索行为，即使其行为模式和结果超出了教师的设想和期望，也不是简单的否定，而是肯定其积极合理的方面，并给予修正性的引导。与此同时，鼓励教师由第一课堂走向第二课堂，以讲座和专题报告等更为灵活、内容涵盖更为广泛的方式进行教学。突破教材内容的限制，同时给教师自身素质也提出了更高的要求，这些灵活的形式和全新的内容也使学生更容易接受，更有兴趣探讨，从而激发学生的创新意识。在课程考核方面，采用口试、笔试、课程论文等多种方式。

教学方法和教学手段的多样化，不仅提高学生学习兴趣和效率，而且提高教学质量。现代教学内容越来越丰富，教学过程越来越复杂，所要完成的任务又是多方面的，而且不同教学方法本身有自己的长处和局限，因此教学方法的使用应该是有多种多样的教学方法相互配合，综合使用。尤其是在中职，由于课程门类众多，学生个别差异大，教学目的与任务的层次较为复杂，教学手段设备较先进，因而教学方法的多样性与综合化更为突出。

（五）教学组织形式多样化

教学组织形式是教学理论的一个重要组成部分，它主要研究教师是如何把学生组织起来进行教学活动、如何分配教学时间、如何利用教学空间等问题。在教学理论和实践中，教学组织形式正是处于真正具体落脚点的地位，教学任务的完成、教学过程的实施、教学方法的运用、课程的开设等，必须凭借和运用一定的组织形式。班级授课制是教学的基本组织形式，由于本身固有的缺陷，不利于学生个别差异与因材施教，因此，为了使教学适应每个学生的兴趣、能力和需要，组织形式呈多样性，有利于教师鼓励学生各抒己见，各尽其才。

"茶馆式"教学教学组织采取分片法，教师、学生相互交流提问，学生可以提问，甚至与教师辩论，该组织形式有利于启发学生思考和逆向思维，授课气氛十分活跃，形成了教与学的互动过程。

个性化教学由学生自主选择课程类型、安排学习时间，也可以自行设计个性化的主修计划；在课程组织上，教师可安排很多讨论课，围绕某个主题，供学生自由发言，表达个性化的意见；平时作业常采用小论文和小报告形式没有千篇一律的标准答案，培养学生独立思考能力。

平等性教学教师每周都安排固定的答疑时间，在教师办公室等候学生，既强调了教师职业化，又体现了学生平等享受教学资源的权利；对课堂上的提问和发言，教师十分注意学生公平参与，强调每位学生都有机会。讲座式教学聘请院士、教授作为专业知识介绍课的任课老师，围绕若干个主题展开，引导学生学习兴趣，开阔学科知识视野。

教学科研法提倡中职学生早期进入科研领域，鼓励学生与教授一起就一课题进行研究，即从入学开始便以简单的形式从事研究工作。越来越多的学生从低年级开始便参加科研活动。

（六）教学质量评价标准多样化

多样化的人才培养目标和培养规格，必然要求多样化的教学质量评价标准，以适应社会经济对人才规格、类型、层次需求的多样化，求学者需求的多样化。社会是一个复杂的巨大系统，对人才的知识、技能和素质的质量要求千差万别。不同层次、不同类别的人才培养模式，其方法与培养目标不尽一致、要求不一、跨度更大、甚至大相径庭，从而形成学术型、技术型、实用型、文化补偿型等多层次结构的人才培养体系。对于学术型、研究型人才的培养，学科发展前沿和各学科的交互性显得十分重要；对于应用型技术和管理人才的培养，社会的需求偏重于对人才知识、技能和素质的要求，因而对学科的深度就相对淡化。例如，同样是法学领域，培养一个法学家和培养一个法官或律师，其质量要求和培养方式与途径是不同的；同样，造就科学家和工程师、经济学家和企业家、文艺理论家和作家等等，其质量内涵和培养方式也有明显的差异，因此，学科门类不同、学科性质不同，衡量人才的质量标准也不同。学生个人的能力基础、性格特征、内在需求不同，所能达到的质量要求亦不同，这些都决定质量标准的多元化。

第三节　后现代教育理念下的教学管理

一、后现代教育

后现代主义是 20 世纪 70 年代开始广泛流行的一种社会思潮，迄今为止一直为人们所追捧，它代表着一种流行、前卫、个性的潮流，但是我们很难对后现代主义下一个精准的定义。探究发现，后现代主义的理论学家们大多反对各种约定俗称的形式，追求独立创新的个性，追求简约时尚，反对不切实际的空谈等。后现代主义对建筑、法学、文学、教育学、社会学等多个领域产生了深远的影响，并且在不同的时期具有不同的意义和价值。

（一）后现代教育理念的基本内涵

虽然后现代教育的概念不是非常的确定，但是其思想内涵在中国已经践行了三十多年，它经历了尝试期、持续期和发展期，到 21 世纪初以后其思想已经渗透到各个层次的教育教学过程。

（二）后现代教育倡导多元化思维

在后现代的教育理念当中，首先推崇的是多元化思维，即其认为人对世界的认识是多元性的，首先每个独立的个体认识世界的角度不同，其次，每个个体对世界的理解不同，因此我们提倡从多视角出发理解和发现世界，在教育理念当中我们尊重每个教育主体的教育思想，推崇个性化活教育，鼓励每个教育主体从多元化的角度研究问题，钻研学术。

（三）后现代教育倡导实用性思维

后现代教育思想提倡实用性，即在进行教育改革的过程中，严格教学效果制度，对教育教学的改革首先应符合专业特色，不应做一味的模仿，对教学手段和方法应做实用性研究，注重可行性和实际效果的调研与实践。

（四）后现代教育倡导批判性思维

后现代教育思想的批判性，主要是指对学术知识的严谨性，在现在形形色色的教育书籍、期刊、杂志、网络资源等信息渠道中，不乏滥竽充数的东郭先生，因此作为教育教学的执行者，甄别知识的真伪，考量知识的专业性，任重而道远。

二、后现代主义教育理念的时代思考

后现代主义的思想已经诞生几十年了，它从起初的赫赫声威到渐渐淡出教育领域的思潮，是因为我们在进行教育教学的后现代构建过程中，没有跟上时代的脚步，没有掌握时代的脉搏。

目前职业教育的受众大多以95后为主，受众对知识的接受力较强，对新鲜事物的兴趣浓厚，这就要求在进行教育改革的过程中抓住专业教育中的新鲜度，做专题性的改革，同时95后受众简单直接，因此要求教育过程中不要拖泥带水，要直击专业的核心，并应该具有一定的深度。

目前国家经济快速发展，后现代的教育理念应立足经济发展的趋势，我们需要培养的是符合时代和企业需求的人才，因此在教育教学过程中国家经济和时代信息应作为大的环境背景，主要体现在其批判的思想上，知识是具有时效性的，后现代的教育应该用批判的眼光去看待每一个专业知识探究其真伪，衡量其时代性，对于那些过时的、落后的知识应当重新构建。

三、后现代教育理念下职业教育的思考

目前的职业教育面对巨大的转型压力，有来自本科院校职业化发展的压力，有来自于社会对职业教育否定性的压力，在压力中生存，就必须注入新鲜的血液。后现代教育的思想虽然已经提出了很久，但是必须要符合职业教育的发展思路。

（一）职业教育必须依托后现代教育思想的指导

在教育教学的过程中遵从多元化、实用性、批判性等要求，职业教育的教育理念是"技能人才"的培养，因此，在多元化方面应表现为教师对该专业技能的全面性和专业性，并应该用批判的思维去对本专业的技能提出可行性的创新改革，争取在专业技能方面有一个新的突破。

（二）职业教育的改革应体现简约的特色

在进行教育教学的过程中，职业教育应该脱离开繁文缛节，用最高的效率创造最有价值的教学效果，做出最有成效的教育改革。

（三）职业教育的教育工作者应该进行特色性的教育教学设计

在目前教学改革成风的时代，每一个教师都是教学改革的设计者、实施者和成效的评估者，因此后现代教育的思想要求每一位教师在进行教学设计的过程中秉承实际、可行、专业、简洁的原则进行，教学效果是检验教学改革成功与否的

唯一标准。

（四）每一位职业教育工作者，都需要思考后现代教育的精髓

都应该不断完善专业知识，进行有个性、有特色，做符合职业教育要求教育开拓者，让职业教育发挥其社会主导力，成为中国教育的有一支生力军。

1.现代师生关系

师生关系是教育思想中一个重要课题，从教育史上对师生关系问题的探讨来看，师生关系经历了从"教师中心论"到"学生中心论"的观点主张。自古以来，我国就有"尊师重道"的重要传统，这是中国传统文化之重要精粹，教师通过对学生传道、授业、解惑，给学生带来了改变命运的知识，为其打开了认识世界的窗户，在此教育过程中，教师理所当然地赢得学生的尊重、树立起了绝对权威。直到今天，"师道尊严"作为一种民族文化、心理积淀，仍在一定程度上影响着教育的延伸和发展。教师以教书育人为本职，自然就注重以科学地的教学设计和教学方法来发挥自己在教学过程中的主导作用，可是按照自己对教学的理解，按部就班地传递或灌输知识，难免就会忽略学生的感受，将原本丰富多彩的教育活动变成对学生标准化的"塑造"。因此，在批判旧教育的过程中，"学生中心论"的出现试图打破和颠覆教师的知识权威，以展现出另一番教育图景。然而，在教育实践中，过于强调学生的主体地位，却似乎将师生关系推向了另一个极端。学生成为教育过程的中心，教师只能围绕着学生的"兴趣"来不断地创造各种新奇的教学方式，以迎合学生听课的兴趣，教书育人的精神主旨被教学工艺的精致追逐所取代。

无论是"教师中心"亦或是"学生中心"，皆在对主体客体进行划分，这也正是现代主义观念中典型的主客二元对立思想。一方为中心，另一方必然处于边缘，师生关系拘泥于"主体—客体"的二元对立模式中无法突破。

2.后现代主义和主体间性理论

在后现代主义视野中，每个人都有自己的独特性和主体性，以及与其他主体的关联性，任何人都不可能单独存在或者作为中心而存在，主体和主体之间的关系应是平等的。针对现代主义的"主体—客体"二元对立模式，后现代主义提倡以主体间性理论来瓦解，消除其中心主义和极端个人主义。

主体间性是后现代思想中的一个重要概念，它的产生标志着一种消解主客体对立和主体中心的新主体哲学的出现。主体间性理论有两层含义：一是主体间的"互识"，即交往过程中的主体是如何相互认识、相互理解的；二是主体间的"共识"，即交往过程中主体间如何对同一事物达成相同理解，也即主体间的相通性和共同性。

从"互识"到"共识"的主体间性概念对于弥补传统认识论的不足有着积极的、合理的意义，推动传统认识论中主客之间相互对立的"我—他"关系向后现代视野下平等共存的"我—你"关系的转变。

3.强调主体间性的师生关系重新定位

后现代倡导的主客体间"我—他"到"我—你"关系的转变，在师生关系中表现为教师或管理者和学生在实践、认识活动中从单向的主客体关系向互为主体关系的转变。教师和学生的区别仅仅体现于具体实践的分工之中。我们也可以将这种新型的主客体关系称为，主体间的"耦合"互动。具体来说，包括两方面的含义：一是指教师或学生作为教学活动的主体，在其相互作用中各自所体现出的能动性、自主性、独特性、创造性等一系列特性；二是指在师生交往过程中，不同主体合理地表现自身的主体性，并与其它主体相互作用，形成理解的、相通的和共生的关系。前者需要我们对教师观和学生观重新定位，以达到"互识"，后者需要我们在后现代视野下重新审视教师和学生之间的关系，以促成主体间的"共识"。

（1）重新认识教师观：角色的转变

后现代教育消解了教师在教育活动中的中心地位。教师不再是知识权威的代表者，不再是传统的、单向的知识授予者或高高在上的教学管理者，而是由这些中心角色转变为温和的阐释者、平等的对话者、合作的参与者等角色。教师的任务更多的是引导学生设定适当的学习目标，为学生提供信息和知识，帮助学生探寻实现目标的最佳路径，并在这一过程中使其养成良好的学习习惯，形成有效的学习方法，激发其主动认知和质疑精神等。但是，教师卸下主角的光环，并不意味着教师的作用和地位将完全消失，只是起作用的方式发生了改变。教师将由传统的依靠规则、制度等自身之外的力量而使学生信从，转变为依靠个人精神品格、人格魅力而使学生信从，从"外在"的权威，转而走向"内在"的权威。

（2）探究新型学生观：崇尚多元和差异

现代教学往往强调学生的整齐性和一致性，要求学生按照同一的进度、同一的方法、同一的内容学习知识，并以相同的标准评价他们。这种"公平"忽视了学生智力、情感、认知、基础、经验、背景的不同，造成了对学生最大的不公平。后现代主义倡导的学生观更加重视人的差异化、多元化和创造性，并引导我们重新思考学生的本质、学生的个性、学生的发展及学生的地位等问题。学生是具有创造性、差异性和独特性的存在，作为学习活动中的主体，在整个教育过程中与教师是平等的，教育的最高理想是在尊重学生个性和差异性的基础上，不断开发学生的潜能、创新精神和创造能力，促进学生个性化、多元化发展。

（3）塑造新型师生关系：强调对话和交往

主体间性教育观认为，在教育实践过程中，教师和学生之间不是"主体—客体"二元对立的关系，而是互为主体性的关系，教师是学生的主体，反之，学生亦是教师的主体。师生之间是一种基于师生合作、民主平等、教学相长的互惠式关系，而不是单一的先知与后知、传授与接受、控制与服从、主导与主体的关系。这种关系在教育教学过程中以对话和交往的方式传达出来。

后现代主义塑造的新型师生关系首先是一种基于互相尊重而平等对话的关系。师生之间的对话并不是简单的教师的"教"与学生的"学"的信息双向传递过程，而是基于双方地位平等的，彼此之间思想、认知、情感潜移默化的过程。它是师生关系由现代教学中不平等的"我—他"关系，向后现代强调的主体间的"我—你"关系的转变。在这一过程中，学生是一个个独立地、受尊重的个体，也是平等的知识探究者和创造者，和教师具有同等的话语权。教师要尊重、鼓励和支持学生，在对话和思想交流中碰撞出火花，课堂无疑是师生间对话最大的平台。在课堂教学过程中，教师要尊重学生，鼓励和支持学生勇于提出不同的观点和看法，乐于与学生共同探讨，在对话和思想交流中碰撞出火花，使双方在探究真知的过程中达成共识。同时，真诚对话和用心交流，有助于增进师生间的相互理解和彼此包容，而且对话本身就是学生个性、品格、态度、观念等培养与形成的沃土。

新型师生关系还体现为一种有感情有责任的交往。教师和学生的交往活动是教育过程中最基本、最重要的一种人际交往活动，它包括知识信息的传递、道德情感的熏陶、意志行为的规范等交往活动。这种交往不是以理性的规则、规范、功利性为准则，而是一种情感的约定，是源自师生之间的自我的责任对对方产生作用。在这种关系中，教师和学生以真实、自由、开放的心态，建立起彼此之间既有充分自由又有相互责任的人际关系，共同经历教育和学习中的生命发展的过程，以形成健康的情感和人格，达到生命的完整。

4.实现"耦合"互动的路径探讨

后现代思想和主体间性理论为构建新型的师生关系提供了视角和理论指导。结合教育教学实践，实现教师与学生之间的耦合互动还需要从以下几方面着手。

（1）强化专业素质，塑造教师良好形象

教师在师生关系中扮演着多重角色，既是学生学习的指导者、调适者、研究者，也是学生价值观念一定程度上地引领者、塑造者。要得到学生的爱戴，就得有过硬的学术能力和内在的人格魅力。为此，教师要努力完善自己、提高自己。一方面，要树立终身学习意识，以提升专业素质为核心，不断更新自己的知识结

构，通过自主学习和行动研究有关"学生如何学习及教师如何教学的专业知识及能力"，不断提升教育教学能力与学术研究水平。另一方面，要加强自身修养，提高师德素养，使自己待人热情、真诚、宽容、负责，在自主、合作、探究的教学过程中，尽可能地了解学生的家庭背景、个性差异、兴趣爱好、发展特点，激发学生的学习兴趣与活力，引导学生正确人生观、价值观、世界观的形成，帮助学生成长成才。

（2）重视学生主体性，培养独立思考与批判思想

高校师生关系的重建或改善首先应建立在教师角色转变的基础上，跳出教师单方面的传授思维和重灌输的取向，由课堂主体、知识权威转变为教学主体、引导者，给予学生充分的尊重、信任、自由和支持，更好发挥学生作为一个个不同的个体、独立存在的主体意识。要鼓励和支持学生敢于批判和质疑，同时本身也敢于并乐于接受正确的批判和质疑，将教学过程更多地体现为一群个体在共同探究有关课题的过程，使学生善于独立思考，勇于挑战权威，积极构建一种在学习中质疑、在批判中成长的良性成长路线。

（3）提高教学管理艺术，构建和谐师生关系

在教学管理活动中，要经常换位思考，站在学生角度看待事情，将心比心、以心换心，拓宽学生表达意见渠道，真诚倾听学生心声，善于并积极与学生沟通交流，而不是以管代教、以堵代疏、以批评代替教育，造成学生心理封闭、师生之间的情感淡漠，影响了教育教学效果。要最大限度地尊重和维护教师及学生的权利，用心履行各自应尽之义务，通过权利的相互尊重支持与义务的相互尽责履行，构建起民主平等、合作对话的师生关系，或平等的合作伙伴关系、学习型伙伴关系，共同努力实现教学效能的最大化、师生关系和谐化。

四、后现代职业教育改革创新

在职业教育改革的大环境下，力图突破原有的教育思维模式，开辟一条特色的教改之路。

（一）在专业设置上，根据每年社会岗位需求的变化，调整专业建设方向

有针对性的进行教育教学，体现了后现代教育的批判性思想。在具体实施的过程中，我们应紧密结合市场，增加教育一线与企业一线的实时沟通，建立定向需求跟踪制度。

（二）在专业建设中，精简课程、模块课程，让专业学习更有体系性

体现后现代教育简约的思想。传统的专业建设，教育以单课程为主，拼凑成整个专业的教学计划，学生在学习的过程中只是分散，系统性较差，因此在专业建设的过程中，我们可以根据专业企业中的岗位设置，设立几个专项的模块，按照模块教学，同时可以打破现在多模块同时进行的方式，采取独立模块单独进行的方式，即可以在入学的每个学期分别开设一到两个模块，由该模块的责任教师单独完成，直至三年教学的终止。

（三）在教学手段和方法上，应突出多样化

有结合企业的定岗实习、工学交替，也有课堂教学的实训教学和理论研导，在教学过程中突出学生的主导地位。目前我国职业教育的要求是理论教学和实训教学的占比分别为50%，而职业教育的实训大多以定岗的方式进行，要想实现50%的占比并非难事，关键是如何做好理论教学的改革。笔者认为在理论教学改革中首先应丰富教学手段，其次要做好课程设计，而后是对理论教学的总结和回复。举例而言，经济学类的课程是典型的理论课程，但同时它也是管理类专业的必修课程，其重要性可见一斑，因此，对于经济学的课程我们可以采取沙盘、创想、翻转课堂等方式丰富课堂知识，同时在该模块的结束之时，应做好课程的总结和提炼。

综上，职业教育改革需要马不停蹄的进行，后现代教育理念能够在思想上起到指引的作用，重新正视后现代教育思想的重要性是我们重新进行教育改革的前提基础。只有真正从思想上解放了，才能真正的做好教育改革，职业教育尤甚之。

参考文献

[1] 王红顺.学校管理创意策划 60 例 [M].济南：山东文艺出版社，2016.07.

[2] 龚文冲，叶向前.托管之路学校管理随笔 [M].上海：上海教育出版社，2016.05.

[3] 李飞.引领与自主学校变革中的教师领导与管理 [M].成都：西南交通大学出版社，2016.09.

[4] 张利国.民办学校产权制度研究以分类管理为视角 [M].北京：中国民主法制出版社，2016.09.

[5] 张泠.中等职业学校物业管理专业教材物业管理礼仪规范 [M].济南：山东科学技术出版社，2016.10.

[6] 郭广宝.全国中等职业学校"十二五"物业管理专业国家级规划教材物业租赁与经营 [M].济南：山东科学技术出版社，2016.10.

[7] 陆汉彬，陈雅香，张建荣，施佩琳.探索学校管理的艺术 [M].上海：上海教育出版社，2017.06.

[8] 瞿梅福.学校管理生命化的实践 [M].杭州：浙江大学出版社，2017.02.

[9] 赖怡.学校发展与班级管理 [M].昆明：云南大学出版社，2017.07.

[10] 林文明，王林发.学校细节管理的执行力 [M].江苏凤凰教育出版社，2017.06.

[11] 张旭，罗海鸥.学校高效管理的创新力 [M].南京：江苏教育出版社，2017.06.

[12] 李雪.高等学校应用技术型经济管理系列教材会计系列审计学原理第 2 版 [M].上海：立信会计出版社，2017.08.

[13] 张赫.高等学校物流工程与物流管理专业系列规划教材交通运输工程学概论 [M].大连：大连海事大学出版社，2017.09.

[14] 黄安心.全国高等学校应用型人才培养企业行政管理专业系列规划教材企业行政管理概论第 2 版 [M].武汉：华中科技大学出版社，2017.05.

[15] 卢晓中.学校管理案例研究 [M].广州：华南理工大学出版社，2018.08.

[16] 包凤岭.学校管理策略[M].天津：天津古籍出版社，2018.02.

[17] 陈惠娟，万叶华.实现"高原期"教师转型的学校管理机制再造[M].上海：同济大学出版社，2018.09.

[18] 柳国梁.学校管理探新来自宁波的39个案例[M].宁波：宁波出版社，2018.10.

[19] 雷思明.依法治校与学校规范化管理操作指南[M].北京:教育科学出版社，2018.01.

[20] 胡兴宏，汤林春.新优质学校设计[M].上海：上海教育出版社，2018.12.

[21] 侯龙龙.学校积极领导力探索[M].北京：机械工业出版社，2018.07.

[22] 赵万东.学校管理及其创新策略研究[M].北京：北京工业大学出版社，2019.11.

[23] 马善波.特殊学校班级管理给班主任的37封信[M].北京/西安：世界图书出版公司，2019.05.

[24] 郎宏文，郝婷，高晶.普通高等学校创新创业教育"十三五"规划教材创业与创新管理[M].北京：中国铁道出版社，2019.08.

[25] 李朝阳.美国城市学校的发展与管理研究[M].成都:西南交通大学出版社，2020.08.

[26] 姜封祥.做心灵的唤醒者中等职业学校班级管理工作实务[M].青岛：中国海洋大学出版社，2020.05.

[27] 潘清泉.高等学校应用型经济管理专业十三五规划精品教材管理心理学[M].武汉：华中科技大学出版社，2020.01.

[28] 韩晶雪.尊重教育理念下学校建设的行与思[M].长春：吉林大学出版社，2020.07.

[29] 周建松.论中国特色高水平高职学校建设[M].杭州：浙江工商大学出版社，2020.09.

[30] 杨乃定.高等学校应急管理[M].西安：西北工业大学出版社，2021.01.

[31] 李桦，张广东，黄蘅玉.学校心理咨询操作规范与管理[M].广州中山大学出版社，2021.12.

[32] 李吉雄.教苑守望学校教育教学管理实践与探索下[M].兰州：兰州大学出版社，2021.04.

[33] 陈德英，李雪.高等学校应用技术型经济管理系列教材会计系列高级财务会计[M].上海：立信会计出版社，2021.04.